VAN TRIPS EN EUROPE

LILIA RENAULT ET VALENTIN BASTARD

VAN TRIPS EN EUROPE

hachette

SOMMAIRE

IRLANDE

ESPAGNE

SUISSE

ITALIE

GRÈCE

ALBANIE

PORTUGAL

SLOVÉNIE

MONTÉNÉGRO

ÉCOSSE

ISLANDE

CROATIE

DD-032-KW 69

HELLO ! NOUS C'EST LILIA ET VALENTIN.

On s'est rencontrés en 2017, et notre histoire a vraiment pris son envol lors d'un voyage en Nouvelle-Zélande, en pleine pandémie. C'est là qu'on a découvert la vanlife et qu'on a commencé à partager notre quotidien sur Instagram. Depuis 2022, on sillonne l'Europe à bord de notre van aménagé, MANOU, notre petit cocon de 5 m² qui fait aussi office de studio photo roulant. On y vit presque toute l'année, au rythme de la lumière, des rencontres et de la nature.

Photographes et vidéastes, on adore partir à la recherche des plus beaux coins d'Europe, qu'ils soient incontournables ou plus secrets. Nos voyages durent souvent plusieurs mois, et notre plaisir, c'est de partager nos coups de cœur, nos conseils et nos découvertes pour inspirer notre communauté à créer leurs propres aventures.

Pour nous, la vanlife, c'est bien plus qu'un mode de voyage : c'est notre quotidien. Se réveiller face aux montagnes, cuisiner devant un lac, rouler sans but précis, suivre le soleil... ou parfois, dormir sur un parking de supermarché parce qu'il n'y avait pas mieux, chercher de l'eau pendant des heures, ou se laver à l'eau froide. À travers nos images, nos récits et nos astuces, on partage un mode de vie libre, minimaliste et profondément humain. Si toi aussi tu rêves de grands espaces, de bivouacs sauvages ou de lacs turquoise, bienvenue à bord !

LA VANLIFE EN EUROPE

INFOS PRATIQUES

On a la chance d'habiter en France, une vraie porte d'entrée sur l'Europe et un terrain de jeu immense pour les amoureux de la vanlife. Depuis la pandémie, ce mode de voyage a explosé, et malheureusement, certaines incivilités ont entraîné la fermeture de spots magiques. Pour que ça ne se reproduise pas, il est essentiel de connaître les règles locales : il n'existe pas de loi européenne unique, alors renseigne-toi à chaque étape !

En général, dormir une nuit dans son véhicule est toléré si tu restes discret (pas de mobilier dehors, pas de bruit). Mais le camping sauvage est souvent interdit, surtout dans les parcs naturels. Certains pays comme la Norvège ou la Suède sont très ouverts, alors que l'Autriche, l'Italie ou la Suisse sont plus stricts (gare aux amendes !). Pour bivouaquer sereinement, utilise des applis comme Park4Night, respecte les lieux, arrive tard, pars tôt et vérifie toujours les panneaux sur place.

LIMITATION DE VITESSE

- **En ville** : 50 km/h (parfois 30 km/h)
- **Routes secondaires** : 80-90 km/h
- **Routes rapides** : 100-110 km/h
- **Autoroutes** : 120-130 km/h Attention aux radars, surtout en Suisse où les amendes sont salées !

TÉLÉPHONIE

La plupart des forfaits français fonctionnent sans surcoût dans l'UE, mais attention hors UE (Suisse, Norvège, Royaume-Uni...). Pense à vérifier ton forfait et à désactiver Internet avant de passer la frontière. Les cartes eSIM (Saily, Holafly...) sont une bonne alternative.

TROUVER UN SPOT POUR DORMIR

Télécharge plusieurs applis (Park4Night, iOverlander, PlacetoBee pour la Suisse). On te conseille de repérer les spots à l'avance et d'arriver vers 16-17 h pour avoir le choix sans déranger. Vérifie la météo pour éviter les terrains boueux !
Si un panneau interdit la nuit en van, trouve une autre solution, comme un parking public de village (en restant discret).

PARTIR EN SOLO OU AVEC DES ENFANTS

C'est tout à fait faisable, et même enrichissant ! Lilia est déjà partie seule, et ça s'est très bien passé. L'avantage du van, c'est la flexibilité : si tu ne te sens pas bien, tu bouges. Pour les enfants, il faut juste un peu plus d'organisation (étapes plus courtes, pauses fréquentes, occupations pendant le trajet).

MATÉRIEL À EMPORTER

- Lampes frontales
- Batterie externe
- Gourde
- Vêtements adaptés (couches chaudes, imperméable, chaussures de rando)
- Sac à dos
- Produits d'hygiène biodégradables
- Jeux de société
- Réchaud, équipements de cuisine
- Serviettes microfibres
- Extincteur
- Trousse de secours
- Adaptateur prise européenne
- Sac-poubelle, trousse à outils basique
- Option : barbecue portable, hamac !

CHARTE DE
BONNE CONDUITE

Avant de t'embarquer sur les routes, on voulait partager avec toi ce qui nous tient à cœur : le respect de la nature, des lieux et des autres. Pour que la vanlife reste possible et agréable pour tous, il y a quelques règles simples à suivre :

Toujours respecter la nature et ne laisser aucune trace de son passage.

Utiliser des produits biodégradables pour préserver l'environnement.

Se garer uniquement sur des spots autorisés ou tolérés, et demander l'accord du propriétaire si c'est un terrain privé.

Éviter de rester plusieurs nuits au même endroit pour ne pas gêner les locaux ou attirer l'attention.

Être discret, respectueux du lieu et des voisins.

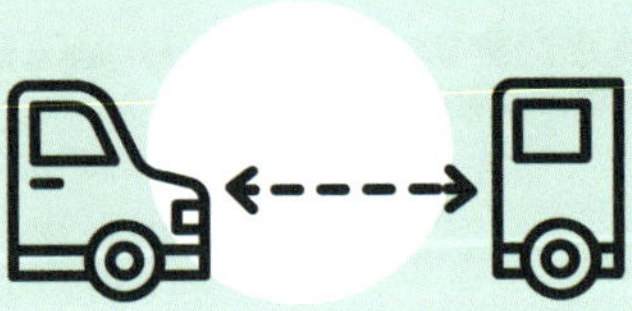

Ne pas se garer trop près des autres vans pour garantir un espace d'intimité.

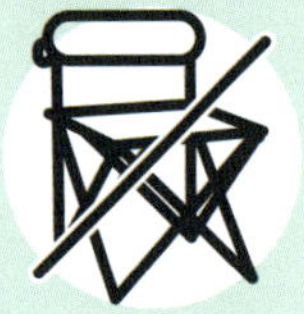

Ne pas sortir de mobilier ou d'affaires dehors.

Être courtois avec les habitants, essayer de parler quelques mots de leur langue et respecter leurs cultures.

C'est grâce à ces petits gestes qu'on pourra continuer à profiter de la vanlife, tous ensemble, encore longtemps.

PARTIR À L'ÉTRANGER AVEC SON VAN

Faire un road trip en Europe avec son propre van, c'est facile et accessible grâce à l'ouverture des frontières et à la qualité des routes. Il suffit d'avoir ses papiers à jour (carte d'identité, permis, assurance, carte grise) et de vérifier les équipements obligatoires selon chaque pays (triangle, gilet, vignette...). Renseigne-toi aussi sur les règles locales pour le bivouac et la circulation.
En anticipant un minimum l'itinéraire et la météo, tu t'assures un voyage fluide et inoubliable.

DOCUMENTS À AVOIR

- Passeport ou carte d'identité valide
- Permis de conduire français (permis international hors Europe)
- Carte grise du véhicule
- Attestation d'assurance valide à l'étranger
- Carte européenne d'assurance maladie (CEAM)

RÉGLEMENTATION ET ÉQUIPEMENTS

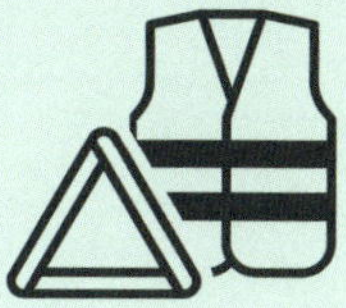

Triangle de signalisation et gilet réfléchissant (obligatoires presque partout)

Vignette autoroutière pour certains pays (Autriche, Suisse, Slovénie...)

Chaînes ou pneus neige selon la saison et la destination

PARTIR AVEC UN VAN DE LOCATION

Tu n'as pas de van ? Pas de souci ! De nombreuses agences proposent la location de vans pour tous types de séjours. Il te faudra un permis B valide depuis au moins 2 ans, une carte de crédit pour la caution, et vérifier ce que comprend l'assurance. Certains loueurs incluent tout (literie, cuisine...), d'autres non. Vérifie aussi que le van peut circuler dans tous les pays prévus (vignettes, zones à faibles émissions...).

SITES DE LOCATION

- Roadsurfer
- Yescapa
- Indie Campers
- Wikicampers
- WeVan

FORMALITÉS

- Permis B depuis 2 ans minimum
- Âge minimum (21-25 ans selon les loueurs)
- Carte d'identité ou passeport valide
- Vérifier les autorisations de circulation dans chaque pays

NOS CONSEILS

- Prends en vidéo l'état du van avant de partir (extérieur/intérieur)
- Vérifie les équipements fournis (vaisselle, literie, gaz...)
- Vérifie la couverture de l'assurance, surtout pour les routes non goudronnées

C'est une super façon de tester la vanlife avant de te lancer dans l'achat de ton propre véhicule !

EUROPE DU NORD

ISLAN

DE

DURÉE
7 JOURS

DÉPART
REYKJAVIK

ARRIVÉE
STOKKSNES

DISTANCE
1500 KM

Bienvenue sur l'île de feu et de glace ! Prépare-toi à vivre un road trip inoubliable, tant les paysages sont uniques et à couper le souffle. Ici, chaque virage t'offre un décor spectaculaire : cascades vertigineuses, plages de sable noir, sources d'eau chaude naturelles, volcans en activité, glaciers majestueux et icebergs dérivant lentement... Un vrai bol d'air pur et un concentré de nature brute. Petit défi : sauras-tu compter les moutons ? Sur cette île, ils sont encore plus nombreux que les habitants !

PROGRAMME

JOUR 1

- **MATIN** Visite de la ville de Reykjavik
- **APRÈS-MIDI** Sky Lagoon - Spa source d'eau chaude

JOUR 2

- **MATIN** Visite du glacier Kötlujökull
- **APRÈS-MIDI** Geyser de Strokkur + Cascade de Gullfoss

JOUR 3

- **MATIN** Visite de Kerlingarfjöll
- **APRÈS-MIDI** Source d'eau chaude à Hveravellir

JOUR 4

- **MATIN** Route vers la cascade Seljalandsfoss (3 h 30 de route).
- **APRÈS-MIDI** Cascade de Skógafoss + Cascade de Kvernufoss

JOUR 5

- **MATIN** Sommet de Dyrhólaey (macareux si saison) + Plage de Reynisfjara + Grotte de Hálsanefshellir
- **APRÈS-MIDI** Fjaðrárgljúfur + Randonnée à Múlagljúfur

JOUR 6

- **MATIN** Glacier Jökulsárlón + Plage des Diamants
- **APRÈS-MIDI** Plage de Stokksnes + Village viking

JOUR 7

- **JOURNÉE** Retour à l'aéroport

À savoir : visiter l'Islande n'est pas de tout repos si tu veux en profiter au maximum. Les routes sont longues et peuvent être fatigantes. On te recommande de te programmer une séance dans un Spa islandais pour terminer ton voyage en beauté.

REYKJAVIK

À seulement 50 min de l'aéroport, visite la capitale islandaise, Reykjavik, pour t'imprégner de l'ambiance locale et de son univers créatif. La ville est colorée, il s'y cache de nombreuses œuvres de street art, des rues avec des arcs-en-ciel au sol, des façades de toutes les couleurs... Avec ses bars animés et de la musique live, surtout l'été, c'est aussi l'endroit parfait pour sortir le soir. Le centre-ville se visite facilement à pied : tu pourras flâner dans les boutiques locales ou t'attarder dans les cafés cosy, et si tu cherches de quoi te couvrir (d'un joli pull islandais, par exemple), tu trouveras ton bonheur.

→ **FLÂNER DANS LE CENTRE-VILLE** et découvrir les rues colorées et les œuvres de street art.

→ **SE PROMENER** dans la rue principale, **LAUGAVEGUR** pour le shopping, les bars et les cafés cosy.

→ **DÉCOUVRIR LA RUE COLORÉE SKÓLAVÖRÐUSTÍGUR**, qui mène à l'église.

→ **VISITER L'ÉGLISE HALLGRIMSKIRKJA** pour profiter d'une vue à 360° sur la capitale.

→ **SE DÉTENDRE AU SKY LAGOON**, le meilleur spa de l'île, et tester le rituel Skjol en 7 étapes inspiré des traditions nordiques. Point GPS / 64.11648, -21.94629.

→ **SE PROMENER SUR LE VIEUX PORT** et, pourquoi pas, partir en excursion pour observer les baleines.

● ÉTAPE 1

ACCÈS
À 50 min de l'aéroport.

QUAND Y ALLER ?
En fin d'après-midi pour profiter de l'agitation de la ville, et au coucher du soleil en gagnant les hauteurs pour une ambiance chaleureuse.

POUR Y DORMIR
• Reykjavík Eco Campsite, à 2,5 km du centre-ville. Un camping sans électricité. Point GPS / 64.14615, -21.87601.

PARKING GRATUIT
Point GPS / 64.1521169, -21.9486562.

GLACIER KÖTLUJÖKULL JOKULL

Une expérience à tester lors de ton voyage en Islande : visiter une grotte de glace ! Pour cela, tu peux passer par la compagnie Into the Glacier qui t'emmènera dans le glacier Kötlujökull, le plus vaste du sud de l'Islande, situé sur le volcan Katla. C'est parti pour visiter le plus grand tunnel de glace au monde !

EXPÉRIENCES

→ **PRENDRE PLACE À BORD D'UN CAMION D'EXPÉDITION** pour rejoindre le glacier dans des conditions extrêmes.

→ **S'ÉQUIPER** de vêtements chauds et de crampons pour la visite.

→ **EXPLORER LA GROTTE DE GLACE** lors d'une visite guidée d'une heure à travers les tunnels.

→ **OBSERVER LES JEUX DE LUMIÈRE** à l'intérieur de la grotte.

SPOT PHOTO

À l'intérieur de la grotte, à travers les différents tunnels.

ACCÈS
À 1h40 de la capitale. Le glacier n'est accessible que par des visites guidées au départ de Husafell.

QUAND Y ALLER ?
Cette grotte de glace est ouverte toute l'année, contrairement à d'autres qui n'ouvrent qu'en hiver.

POUR Y DORMIR
• Hotel Husafell, un magnifique camping sur un champ de lave, sans électricité. Point GPS / 64.69963, -20.86986.

PARKING
À Husafell. Point GPS / 64.69954, -20.8687.

ÉTAPE 2

STROKKUR GEYSER

● ÉTAPE 3

Situé dans la zone géothermique de Haukadalur, il s'agit du geyser actif le plus connu d'Islande. Il jaillit toutes les 10 min et peut atteindre jusqu'à 20 m de haut en fonction de son activité. Le spectacle est impressionnant, même si l'odeur de soufre est bien présente. Véritable emblème du pays, le site attire de nombreux visiteurs.

SPOT PHOTO

Au moment de la montée du geyser.

EXPÉRIENCES

→ **OBSERVER LE GEYSER** jaillir jusqu'à 20 m de haut. Attention aux projections, car l'eau du geyser peut atteindre 90 °C.

→ **DÉCOUVRIR LA ZONE GÉOTHERMALE** et ses différentes sources d'eaux chaudes.

→ **SE PROMENER AUTOUR DES BASSINS FUMANTS** pour ressentir l'activité volcanique du site.

ACCÈS
À 1 h 30 de Reykjavik et à 2 h 30 du glacier Kötlujökull.

QUAND Y ALLER ?
À toutes les saisons, tôt le matin pour profiter du reflet du soleil dans le geyser, loin de la foule.

POUR Y DORMIR
• Camping Geysir, à 200 m des geysers, sans électricité. Point GPS / 64.3094, -20.30496.

PARKING PAYANT
À côté du centre de visiteurs, ouvert 24 h/24. GPS/ 64.30927, -20.30337.

CASCADE DE GULLFOSS

Bienvenue devant l'une des premières grandes merveilles d'Islande : la cascade de Gullfoss, qui tombe sur deux étages. Son nom signifie « chute d'or » et, lorsque la brume forme un arc-en-ciel, le lieu prend des allures féeriques. Alimentée directement par le glacier Langjökull, elle atteint près de 32 m de haut. Depuis la plateforme, le spectacle est saisissant : on a l'impression que la cascade disparaît sous terre, avalée par la faille. En hiver, lorsqu'elle se couvre de glace et de neige, le paysage devient encore plus magique.

ÉTAPE 4

EXPÉRIENCES

→ **CONTEMPLER LES DEUX NIVEAUX DE LA CASCADE** depuis les plateformes d'observation.

→ **SE RENDRE AU CENTRE DES VISITEURS** pour comprendre l'histoire et la formation de Gullfoss.

SPOT PHOTO

Depuis les plateformes d'observation.

ACCÈS

À 10 min du geyser de Strokkur.

QUAND Y ALLER ?

En été, pour les arcs-en-ciel et en hiver pour une atmosphère blanche et féerique.

POUR Y DORMIR

• Camping Geysir, à côté des geysers. Point GPS / 64.3094, -20.30496.

PARKING GRATUIT

À seulement 2 min à pied de la cascade.

MONTAGNE DE KERLINGARFJÖLL

Un site spectaculaire pour la couleur rouge orangé de la terre, mais aussi pour sa zone géothermale, où l'on observe des sources chaudes, des fumerolles, et parfois un reste de glace de l'hiver passé. Un sommet montagneux tout simplement incroyable et impressionnant, qui offre de nombreux sentiers de randonnée.

À savoir :

• Par temps pluvieux, le sol se transforme en boue. Prends des chaussures imperméables qui ne craignent pas la saleté.

• On y accède seulement de juin à septembre, car les pistes sont fermées en hiver, ou via des expéditions en 4x4.

ÉTAPE 5

ACCÈS
À 1 h 30 de la cascade de Gullfoss.

QUAND Y ALLER ?
Entre juin et septembre, par temps ensoleillé.

POUR Y DORMIR
• Highland Base at Kerlingarfjöll, avec vue superbe, propose hôtel ou tiny houses, accès Spa et piscine. Point GPS / 64.68339, -19.29978.

PARKING GRATUIT
Au-dessus de la zone géothermale.

→ PARCOURIR LA LOOP TRAIL
2 h de marche | boucle de 4 km environ.
Pour découvrir la vallée colorée et ses sources chaudes.

→ GRAVIR LE SOMMET DE SNAEKOLLUR
4 h de marche | 7 km A/R
Pour profiter d'une vue spectaculaire sur le massif.

→ EXPLORER LES DIFFÉRENTS SENTIERS BALISÉS selon ton niveau et ton envie de randonnée.
• Green Trail = 3 km | 45 min
• Red Trail = 12 km | 4 h
• Orange Trail = 21 km / 6 h

→ SE DÉTENDRE À HVERAVELLIR
À 1 h vers le nord, source d'eau chaude aménagée entre 38 °C et 40 °C (douches et hébergement sur place ; payants).

CASCADES DE SELJALANDSFOSS ET GLJÚFRABÚI

Derrière le rideau d'eau.

Seljalandsfoss est l'une des cascades les plus emblématiques d'Islande, avec une chute spectaculaire de 60 m. Facilement accessible, à seulement 5 min du parking, elle se visite à toute heure et offre des jeux de lumière superbes, surtout en soirée.
Tout près, ne manque pas Gljúfrabúi : plus secrète, cette cascade de 40 m se cache dans une gorge et nécessite de marcher dans l'eau pour l'atteindre, mais le spectacle en vaut la peine. Les deux cascades sont alimentées par la rivière Seljalandsá, dont l'eau pure provient directement du glacier Eyjafjallajökull.

→ **PASSER DERRIÈRE LE RIDEAU D'EAU** de Seljalandsfoss pour une expérience immersive (prévois un imperméable !).

→ **OBSERVER LE COUCHER DU SOLEIL OU LES AURORES BORÉALES** selon la saison, avec la cascade en premier plan.

→ **VISITER LA CASCADE CACHÉE DE GLJÚFRABÚI,** accessible en marchant dans l'eau.

→ **PRENDRE LE TEMPS D'ADMIRER LA LUMIÈRE DORÉE** qui transforme la cascade lors du soleil de minuit.

ACCÈS
À 3h10 de Kerlingarfjöll et 2h de Reykjavik.

QUAND Y ALLER ?
En dehors des heures d'affluence. Privilégie le coucher du soleil pour de belles lumières.

POUR Y DORMIR
Il est interdit de dormir sur place.
• Parking du port de Landeyjahöfn, à 13 min de la cascade : possibilité d'y dormir, avec accès aux douches, toilettes et vue sur la mer. Point GPS / 63.53083, -20.11703.

PARKING PAYANT
Directement à côté de la cascade.

ÉTAPE 6

En face de la cascade Skóga-foss avec au premier plan un champ de lupins, cette fleur bien connue en Islande (c'est la saison début juillet). Point GPS : 63.5246812, -19.5165849.

CASCADES DE SKÓGAFOSS ET KVERNUFOSS

Skógafoss est sans doute la cascade la plus célèbre d'Islande, impressionnante par sa puissance et sa taille : 60 m de haut pour 25 m de large. Grâce à son débit constant, elle ne gèle jamais, ce qui permet de la visiter en toute saison. Par temps clair, tu auras presque toujours droit à un arc-en-ciel à ses pieds ! Le site séduit aussi par ses falaises couvertes de mousse et les mouettes qui tournoient au-dessus de l'eau. À seulement 30 min à pied, découvre Kvernufoss, une cascade plus secrète et paisible, nichée dans une petite crique. Moins fréquentée, elle offre la possibilité de passer derrière le rideau d'eau. Le sentier pour y accéder est charmant et facile, parfait pour une balade tranquille.

→ **MARCHER AU PLUS PRÈS DE LA CASCADE SKÓGAFOSS.**

→ **EMPRUNTER LES ESCALIERS** pour atteindre le sommet de la falaise, longer la rivière Skoga, découvrir d'autres cascades et éviter la foule.

→ **VISITER LA DEUXIÈME CASCADE KVERNUFOSS.**

→ **VISITER LE MUSÉE DE SKOGAR** dédié à la culture islandaise et aux traditions rurales, juste à côté du parking.

→ **TESTER UNE BALADE À CHEVAL ISLANDAIS** face à la cascade (Skógafoss Horse Riding / Turf Horses).

ACCÈS
À 30 min de la cascade Seljalandsfoss.

QUAND Y ALLER ?
Évite les heures d'affluence. En été, les cascades seront verdoyantes et puissantes, tandis qu'en hiver, elles seront féeriques et beaucoup moins touristiques.

POUR Y DORMIR
• Skogar Campsite, possibilité de dormir directement sur le parking de Skógafoss, avec sanitaires et douches, mais installations très rudimentaires. Point GPS / 63.52795, -19.51267.

PARKING PAYANT
Uniquement au parking de Skógafoss pour ne payer qu'un parking et profiter des deux cascades.

● ÉTAPE 7

Depuis la Pointe de Dyrholaey.

DYRHÓLAEY ET LA PLAGE DE SABLE NOIR DE REYNISFJARA

• ÉTAPE 8

Reynisfjara est l'une des plus belles plages au monde (et une plage iconique islandaise), mais aussi l'une des plus dangereuses ! On peut y observer, en fonction des conditions climatiques, des vagues puissantes (« sournoises ») qui changent de force même lorsque la mer est calme. Malgré tout, le lieu reste incontournable, notamment en été, pour observer les macareux moines nichant dans les falaises, sur le promontoire de Dyrhólaey. En hiver, la plage devient encore plus sauvage avec les vents de la côte islandaise, la neige tombant sur le sable noir et les aurores boréales dansant lorsque la nuit tombe.

ACCÈS
À 30 min de la cascade de Skógafoss.

QUAND Y ALLER ?
Privilégie le crépuscule pour admirer le coucher du soleil au bout de la plage. Par mauvais temps, l'ambiance devient très islandaise, mais reste prudent : ne t'approche pas des vagues et évite la marée haute.

POUR Y DORMIR
Il est interdit de dormir sur place.

- Vik Camping, sans électricité, douches payantes et communes. Point GPS/ 63.41928, -18.99553.

PARKINGS PAYANTS
À Dyrhólaey et Reynisfjara.

→ **VISITER LA RÉSERVE NATURELLE DE DYRHÓLAEY** et profiter de ses différents points de vue sur la plage de sable noir.

→ **OBSERVER LES MACAREUX MOINES** nichés dans les falaises de Dyrhólaey en été.

→ **ADMIRER LES AURORES BORÉALES EN HIVER**

→ **VISITER LA GROTTE DE HÁLSANEFSHELLIR** entourée de spectaculaires colonnes de basalte hexagonales. Ce décor fascinant, qui semble taillé par l'homme, est en réalité une œuvre naturelle sculptée par les volcans et l'érosion marine.

→ **S'ARRÊTER DEVANT LES 3 PICS DE REYNISDRANGAR**, ces colonnes de basalte qui émergent de la mer. Selon la légende, il s'agirait de trolls pétrifiés par le soleil alors qu'ils tentaient de tirer un bateau jusqu'au rivage. Leur silhouette apparaît même dans la série *Game of Thrones*.

→ **DÉCOUVRIR LA PETITE VILLE DE VIK** et son église au toit rouge entourée de champs de lupins.

CANYON DE FJAÐRÁRGLJÚFUR

Impossible de passer à côté de ce joyau naturel ! Ce canyon spectaculaire, long de 2 km et profond de près de 100 m, s'est formé il y a environ 9 000 ans grâce à l'érosion glaciaire. Son sol fragile, composé de palagonite, résulte du refroidissement rapide de la lave au contact de la rivière Fjaðrá. Entouré de verdure, le site est accessible en 30 min de marche depuis le parking, par un sentier aménagé sur les hauteurs.

EXPÉRIENCES

→ **DÉCOUVRIR LE CANYON** depuis les différents points de vue et les passerelles.
1h A/R

→ **VISITER LE VILLAGE HISTORIQUE DE KIRKJUBÆJARKLAUSTUR** à 10 min en voiture.

→ **OBSERVER LE CRATÈRE DE LAKI** en continuant la route à bord d'un 4x4 en été.

→ **MARCHER LE LONG DU SENTIER SUR LES HAUTEURS** pour admirer la verdure et la profondeur du canyon.

ACCÈS
À 1h de Dyrhólaey.

QUAND Y ALLER ?
En été, le canyon est très vert, mais évite les heures d'affluence.
En hiver, paysage enneigé et glacé, sentier parfois glissant.

POUR Y DORMIR
Il est interdit de dormir sur place.
• Camping de Tjaldsvæðið Kleifar, juste à côté de la cascade de Stjórnarfoss. Très simple et rustique, mais avec une magnifique vue. Point GPS / 63.80108, -18.05721.

PARKING GRATUIT
On te conseille de monter au parking supérieur qui est gratuit, environ 10 places, pour éviter la foule et être directement sur place. Point GPS / 63.7795176, -18.1684209. Le parking principal se situe à l'entrée du canyon.

• ÉTAPE 9

SPOT PHOTO

Au niveau du petit promontoire en face de la première cascade et du canyon.

CANYON DE MÚLAGLJÚFUR

● ÉTAPE 10

Un canyon encore plus incroyable que le précédent : celui de Múlagljúfur ! Il s'étend sur 3 km de long. Les parois sont impressionnantes, abruptes et bien vertes. C'est un spectacle magique auquel s'ajoutent l'envolée des oiseaux nicheurs et les différentes cascades qui jaillissent de part et d'autre. Les différentes vues sont à couper le souffle, donnant l'impression d'être dans un autre monde.

EXPÉRIENCES

→ RANDONNER JUSQU'AU CANYON

2h A/R | 7km | 400D+

Si la visibilité est bonne, tu pourras observer le glacier de Fjallsárlón qui se trouve en face. L'endroit est sauvage et somptueux, parfait pour éviter la foule !

Attention : le sentier peut être glissant en fonction de la météo.

→ PROFITER DES DIFFÉRENTS PANORAMAS sur le glacier si la visibilité est bonne.

→ OBSERVER LES OISEAUX NICHEURS et leurs envolées tout au long du parcours.

ACCÈS

À 1h40 de Fjaðrárgljúfur.

QUAND Y ALLER ?

En hiver, l'accès y est plus compliqué car le sentier peut être très glissant et la route non dégagée.

POUR Y DORMIR

Il n'y a pas de camping dans cette zone. On te recommande de poursuivre ton chemin jusqu'à la plage de Stokksnes où tu peux dormir sur place.

PARKING PAYANT

À la journée par véhicule.

SPOT PHOTO

Depuis le petit sentier au-dessus du parking, pour prendre de la hauteur et photographier les icebergs.

LAGON GLACIAIRE DE JÖKULSÁRLÓN

Après avoir admiré les cascades, les plages de sable noir et les canyons d'Islande, cap sur un lagon glaciaire unique. Jökulsárlón s'est formé grâce à la fonte du Breiðamerkurjökull, le plus grand glacier d'Europe, visible en toile de fond. C'est aussi le lac le plus profond du pays, avec ses 250 m. Entre l'eau bleue limpide, la glace blanche et le sable noir, le spectacle des couleurs est tout simplement magique.

→ **OBSERVER LE DÉPLACEMENT DES ICEBERGS** du glacier jusqu'à la mer avant qu'ils ne fondent sur la plage de diamants.

→ **MARCHER SUR LA PLAGE DE DIAMANTS**, très populaire, pour admirer les blocs de glace échoués sur le sable noir.

→ **OBSERVER DES PHOQUES** qui chassent et nagent entre les icebergs ou se prélassent sur la glace.

→ **FAIRE UNE EXCURSION EN BATEAU** pour approcher le glacier de plus près.

→ **RANDONNER** autour du lagon.

→ **VISITER LES GROTTES DE GLACE NATURELLES** en hiver avec un guide (Glacier Adventure).

ACCÈS
À 10 min du canyon de Múlagljúfur.

QUAND Y ALLER ?
En hiver, ambiance mystique et glace abondante. En été, lumière dorée superbe, mais la chaleur peut faire fondre la glace sur la plage de diamants.

POUR Y DORMIR
Il n'y a pas de camping dans cette zone. On te recommande de poursuivre ton chemin jusqu'à la plage de Stokksnes où tu peux dormir sur place.

PARKING PAYANT
À la journée par véhicule.

ÉTAPE 11

PLAGE DE STOKKSNES

ÉTAPE 12

On termine en beauté notre visite du sud de l'Islande avec la plage de Stokksnes et la montagne de Vestrhorn, un lieu sauvage, mystique et ultra photogénique en toute saison. Par temps calme, l'immense plage de sable noir se transforme en miroir géant, reflétant la montagne sur l'eau.
Attention : on entre sur un site privé, l'accès est payant, mais accessible 24 h/24 ! Parfait pour y observer le coucher du soleil ou encore les aurores boréales si le ciel est dégagé.

EXPÉRIENCES

→ **LONGER LA PLAGE** pour profiter du paysage.

→ **OBSERVER DES PHOQUES** qui se prélassent près du rivage.

→ **VISITER UN VILLAGE VIKING** reconstitué au-delà de la plage. Pour la petite histoire : il s'agit d'un décor de film inachevé en 2010.

→ **OBSERVER LES AURORES BORÉALES** par ciel dégagé, loin de toute pollution lumineuse.

Depuis le parking, au milieu des touffes de plantes bien vertes.

ACCÈS
À 1h20 de Jökulsárlón et 6h de Reykjavík.

QUAND Y ALLER ?
À toutes les saisons, mais évite les heures touristiques. Au lever et au coucher du soleil pour des reflets dorés.

POUR Y DORMIR
• Vestrahorn Camping, à côté du Viking Café, 2 douches, idéalement situé pour visiter la plage. Point GPS / 64.25528, -14.9939.

PARKING PAYANT
Ticket à prendre au Viking Café, ou via la borne automatique en dehors des heures d'ouvertures. Puis gare-toi directement à côté de la route en face de la plage.

L'ISLANDE

DISTANCES CLÉS DEPUIS REYKJAVIK :
- Keflavik à 50 min
- Geysir à 1 h 30
- Vik à 2 h 30

AVEC TON VAN

Depuis la France, prends le ferry Smyril Line depuis Hirtshals (Danemark) jusqu'à Seyðisfjörður (2 à 3 jours, coûteux).

LOCATION SUR PLACE

Louer un van à Keflavik ou Reykjavik est facile. Compte entre 100 et 300 € par jour selon la saison et le modèle (les 4 x 4 aménagés pour les routes F sont 20 à 40 % plus chers).

Loueurs conseillés :
- Campeasy
- KúKú Campers
- Happy Campers
- Go Campers
- Geysir

LES 4 SAISONS

EN HIVER

les ⊕ Aurores boréales fréquentes si le ciel est dégagé, paysages féeriques et enneigés, très peu de touristes, grottes de glace naturelles.

les ⊖ Routes souvent fermées, météo très froide et difficile, nuit polaire avec peu de lumière, certains sites inaccessibles.

EN AUTOMNE

les ⊕ Paysages flamboyants entre forêts de bouleaux et toundra jaune, rouge ou orange, moins de monde, premières aurores boréales après l'été.

les ⊖ Météo capricieuse (pluie, vents forts), visites parfois compliquées, certaines routes commencent à fermer.

AU PRINTEMPS

les ⊕ Journées plus longues, nature qui renaît, cascades en crue, paysages bien verts et routes qui rouvrent.

les ⊖ Certains sites restent fermés, météo très variable (soleil, pluie, vent).

EN ÉTÉ

les ⊕ Soleil de minuit, journées interminables en juin et juillet, ambiance estivale, accès à presque tous les sites et routes 4x4 ouvertes.

les ⊖ Forte affluence touristique, prix plus élevés, pas de grottes de glace naturelles.

QUE PRENDRE AVEC SOI ?

La destination reste froide même en été. On te recommande de prendre de quoi bien te couvrir pour rester au sec sous la pluie et te protéger de vent.

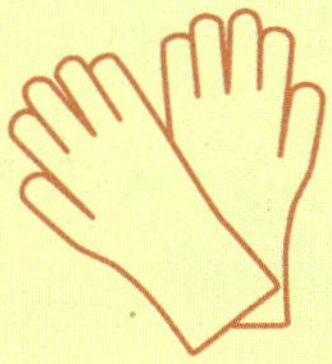

BONNETS ET GANTS MÊME EN ÉTÉ.

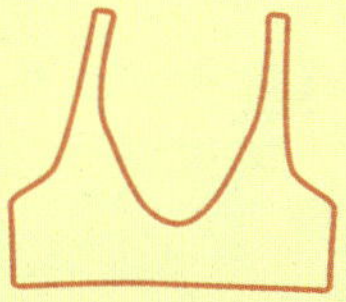

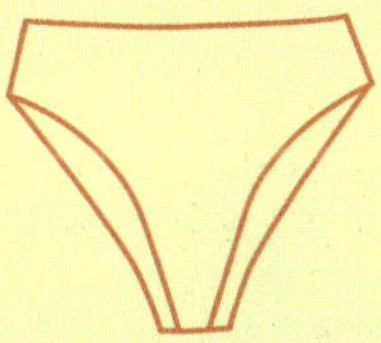

MAILLOT DE BAIN POUR LES SPAS ET LAGONS (EN PRENDRE UN QUI NE CRAINT PAS LES SOURCES GÉOTHERMALES).

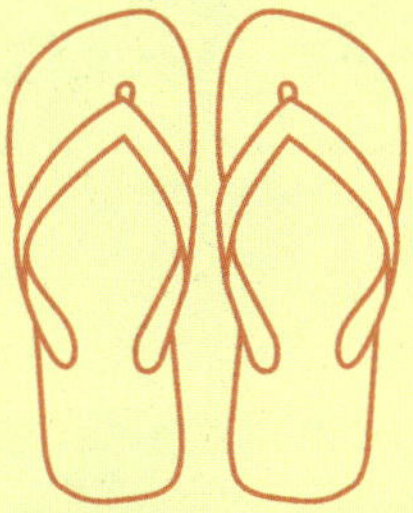

CLAQUETTES POUR PROFITER DES SOURCES D'EAU CHAUDE.

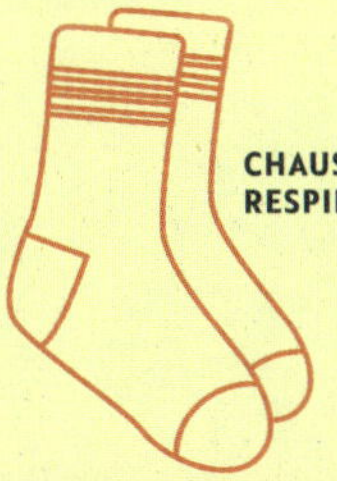

CHAUSSETTES RESPIRANTES.

MASQUE DE NUIT SI TU VIENS LORS DU SOLEIL DE MINUIT POUR DORMIR PLUS FACILEMENT.

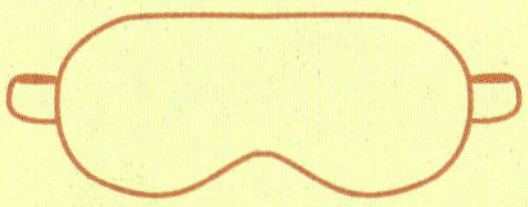

POLAIRE / DOUDOUNE LÉGÈRE IMPERMÉABLE.

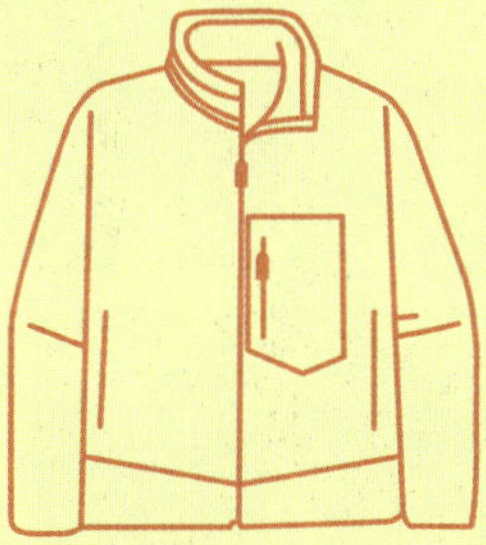

CHAUSSURES DE RANDONNÉE IMPERMÉABLES.

MONNAIE

La monnaie locale est la couronne islandaise (ISK). En 2026, 1 € ≈ 145 ISK. La carte bancaire fonctionne partout, privilégie une carte sans frais à l'étranger.

SÉCURITÉ

L'Islande a été élue comme l'un des pays les plus sûrs au monde ! Seules la météo changeante et les vagues sur la côte demandent vigilance.

BUDGET

L'Islande est l'une des destinations les plus chères d'Europe. Pour un road trip à deux d'une semaine, compte environ 1 500 €, selon ton mode de voyage et tes choix d'activités.

LANGUES

La langue officielle est l'islandais, mais l'Islande étant une destination fortement touristique, les habitants parlent facilement anglais. D'ailleurs les visites guidées se font presque toutes en anglais.

OÙ DORMIR ?

Si tu pars en road trip en van, retiens ces règles islandaises :
- Le camping sauvage est interdit, même si tu restes dans ton véhicule.
- Plus de 200 campings sont répartis dans tout le pays (environ 35 €/nuit pour deux sans électricité).
- Certains parkings autorisent le camping et proposent souvent douches chaudes et toilettes.

Avant de partir, télécharge ces trois applis gratuites :
- parka.is : pour payer tes stationnements (presque tous les parkings sont payants et surveillés, attention aux amendes).
- Park4night : pour repérer parkings, campings et spots pour la nuit ou la journée.
- CampingCard.is : pour un accès à plus de 40 campings de mi-mai à mi-septembre, rentable dès 8 nuits (environ 180 € en 2025, taxes en supplément).

Important : vérifie toujours les règles locales, par exemple sur Park4Night.

ÉCOSS

E

DURÉE
10 JOURS

DÉPART
LOCH LOMOND

ARRIVÉE
NEIST POINT

DISTANCE
500 KM

L'Écosse est notre véritable coup de cœur. Après deux semaines à parcourir cette région en van, nous avons été émerveillés par ses paysages grandioses, rappelant ceux de la Nouvelle-Zélande. Ce séjour nous a apporté un bien-être total et continu. L'Écosse est vraiment l'endroit parfait pour un road trip !

PROGRAMME

JOUR 1

- **MATIN** Loch Lomond
- **APRÈS-MIDI** Conic Hill

JOUR 2

- **MATIN** Kilchurn Castle
- **APRÈS-MIDI** Glencoe

JOUR 3

- **MATIN** Glencoe
- **APRÈS-MIDI** Pap of Glencoe

JOUR 4

- **MATIN** Steall Waterfall
- **APRÈS-MIDI** Viaduc de Glenfinnan

JOUR 5

- **MATIN** Eilean Donan Castle
- **APRÈS-MIDI** Portree

JOUR 6

- **MATIN** Old Man of Storr
- **APRÈS-MIDI** Kilt Rock & Mealt Falls + Quiraing walk

JOUR 7

- **MATIN** Rubha Hunish
- **APRÈS-MIDI** Neist Point

ÉTAPE 2 - KILCHURN CASTLE

LOCH LOMOND

Dans les Highlands, Loch Lomond, le plus grand lac d'Écosse, est niché au cœur du parc national du Loch Lomond et des Trossachs.

ACCÈS
À 50 min de Glasgow | À 1 h 40 d'Édimbourg.

QUAND Y ALLER ?
En pleine journée.

POUR Y DORMIR
• Spot nature, à 10 min, en pleine forêt. Point GPS/56.0843829, -4.4451305.

PARKING PAYANT

RANDONNÉE

1 h 30 A/R
4 km
Facile

→ GRAVIR CONIC HILL
Cette randonnée, assez facile et bien balisée, est parfaite pour se mettre en jambes et pour bien commencer un voyage en Écosse.

ÉTAPE 1

ÉTAPE 2

KILCHURN CASTLE

Tu sais que tu es en Écosse quand tu découvres ce lieu ! C'est un vrai coup de cœur ! Ce château du XVe siècle, niché au cœur du magnifique Loch Awe, presque intact, avec une atmosphère envoûtante, t'emporte dans un autre monde. La vue est à couper le souffle et l'expérience unique. À noter : c'est aussi l'endroit parfait pour observer les célèbres vaches écossaises, les highlands !

ACCÈS
À 1 h 40 de Conic Hill.

QUAND Y ALLER ?
Au coucher du soleil.

PARKING
Celui du château.

PRIX
Entrée du site gratuite, mais visite payante.

ÉTAPE 3

GLENCOE

Aussi connue comme la plus belle vallée d'Écosse, cette destination est un incontournable ! On se sent si petit au milieu de ces montagnes imposantes qui surgissent de partout. C'est un véritable régal pour les yeux, un mélange entre les Alpes et la Nouvelle-Zélande, mais à une altitude beaucoup plus basse. Il n'y a qu'une seule route qui traverse cette vallée, et elle mène également vers l'île de Skye. Si tu aimes rouler, c'est un petit paradis !

ACCÈS
À 2h30 de Kilchurn Castle.

POUR Y DORMIR
• Quelques parkings sont accessibles. Vérifie sur Park4Night pour trouver le bon spot.

SPOTS AVEC VUE

→ **PASSER PAR RIVER ETIVE BRIDGE**, en venant du sud, un magnifique viaduc qui plonge directement dans l'ambiance.
Point GPS / 56.6516, -4.8524.

→ **DÉCOUVRIR UNE STATION DE SKI**, réputée en hiver, juste après Black Rock Cottage.
Point GPS / 56.63244, -4.82786.

→ **S'ARRÊTER À LAGANGARBH COTTAGE**, petite maison blanche posée au milieu de la tourbière. Possibilité de se garer sur le bord de la route (attention aux voitures).
Point GPS / 56.66671, -4.98247.

→ **MONTER À THE MEETING OF THREE WATERS**, avec de nombreux parkings aménagés sur la route principale.
Point GPS / 56.66242, -4.96573.

→ **ADMIRER LOCH ACHTRIOCHTAN**, petit lac paisible entouré de montagnes vertigineuses. Un petit pont près du parking gratuit offre une vue spectaculaire.
Point GPS / 56.66452, -5.03801.

→ **RANDONNER AU PAP OF GLENCOE**
3 h | 7 km | Moyen
Elle mène au sommet du Pap of Glencoe, avec une vue imprenable sur le Loch Leven. Même pendant l'ascension, le panorama est déjà spectaculaire. Attention toutefois : en cas de pluie ou de brouillard, mieux vaut faire demi-tour.

STEAL FALLS

Situées au cœur de la vallée de Glen Nevis, les Steall Falls sont l'une des merveilles naturelles les plus impressionnantes d'Écosse. On peut y admirer des paysages spectaculaires qui ont servi de lieux de tournage pour des films tels que *Highlander* et *Harry Potter*...

ACCÈS
À 45 min de Glencoe.

VISITE
Gratuite.

PARKING PAYANT
Le parking est interdit aux grands véhicules qui peuvent se garer juste avant, sur un parking payant.

RANDONNÉE

2 h
7 km
Facile/modéré selon la météo

Cette randonnée est assez populaire en raison de sa facilité. En chemin, on découvre les célèbres lieux de tournage d'*Harry Potter*, dont une scène filmée juste à côté de la cascade. En été, les plus motivés peuvent même se baigner dans la rivière !

ÉTAPE 4

ÉTAPE 5

VIADUC DE GLENFINNAN

Le fameux viaduc d'*Harry Potter* ! Même si tu n'es pas fan, ce viaduc est à voir au moins une fois dans sa vie. Magnifique au milieu de la vallée, il a été construit en 1897 et des trains y passent encore.
Le célèbre Jacobite Steam Train part de Mallaig jusqu'à Fort William. D'avril à octobre, il emprunte deux fois le viaduc :

- 10 h 50, venant d'Édimbourg
- 15 h, venant de Fort William

ACCÈS
À 45 min de Steall Waterfall. 20 min de marche depuis le parking pour atteindre la plateforme de gauche.

QUAND Y ALLER ?
En haute saison, arrive 1 h à l'avance.

PARKING PAYANT
À côté de l'office d'information du site.

EILEAN DONAN CASTLE

En route vers l'île de Skye, fais une pause pour admirer ce château et son pont en pierre. Le lieu est magnifique et le château très bien conservé. Tu peux le visiter ou simplement te balader autour. Prends aussi de la hauteur pour profiter de la vue.

ACCÈS
À 2h30 du Viaduc de Glenfinnan.

QUAND Y ALLER ?
En fin de journée, lorsque le château est éclairé par de petites lanternes.

VISITE
Payante.

PARKING PAYANT
Entre 10h et 18h.

ÉTAPE 6

PORTREE ET L'ÎLE DE SKYE

L'île de Skye est accessible depuis le continent par un pont reliant Kyle à Lochalsh. Portree, la plus grande ville de l'île, est un excellent point de départ pour explorer Skye. On te conseille de flâner dans ses rues pittoresques et d'admirer le petit port aux maisons colorées. Tu trouveras tout ce dont tu as besoin : magasins, restaurants et hébergements au cœur de l'île.

ACCÈS
À 1h d'Eilean Donan Castle.

ÉTAPE 7

OLD MAN OF STORR

• ÉTAPE 8 •

RANDONNÉE

1 h 30 | 4 km | Intense

Ce voyage au nord de l'île de Skye commence avec la randonnée la plus emblématique du pays, et notre préférée ! On comprend rapidement l'enthousiasme pour ce site, avec ses montagnes spectaculaires, notamment les trois « vieux messieurs » comme on les appelle. Ces trois monts s'élèvent vers le ciel, comme sculptés par les dieux.

Après avoir donné tout ce que tu as, tu arriveras entre les montagnes, et le chemin est tout simplement magnifique. Mais la plus belle vue se trouve de l'autre côté : poursuis le chemin jusqu'au bout.

ACCÈS
À 15 min de Portree.

QUAND Y ALLER ?
Le matin.

POUR Y DORMIR
• Staffin Caravan & Camping Site, en pleine nature. Point GPS / 57.62203, -6.19605.

PARKING PAYANT
À l'entrée du site.

KILT ROCK & MEALT FALLS

Cette cascade jaillissante se jette directement dans l'océan, offrant un spectacle magnifique et grandiose ! Un arrêt rapide est possible grâce à un grand parking et une plateforme d'observation à proximité. Tu pourras également apercevoir une vieille cabine téléphonique juste à côté.

ACCÈS
À 15 min d'Old Man of Storr.

• ÉTAPE 9 •

QUIRAING WALK

RANDONNÉE

2 h | 7 km | Assez facile

Poursuis ton aventure avec la deuxième plus belle randonnée de l'île de Skye : The Quiraing. Quelle surprise ! Le soleil était au rendez-vous. Le paysage était tout simplement magnifique ! Ces petits monts disséminés partout, cette immensité sans âme qui vive, sans maisons, juste la nature et quelques lacs. C'est ce genre de paysage qui te rappelle que tu es bien en Écosse.

ACCÈS
À 20 min de Kilt Rock & Mealt Falls.

QUAND Y ALLER ?
Le matin ou le soir.

POUR Y DORMIR
Même spot que pour Old Man of Storr.

PARKING PAYANT
À l'entrée du site.

RUBHA HUNISH

RANDONNÉE

2 h 30 | 6 km | Assez facile Sentier bien balisé, mais il peut être boueux par endroits, et le retour se fait en montée.

Notre randonnée préférée du voyage ! Elle est adorable et surtout, elle mène à un petit refuge surplombant la mer. La randonnée est assez facile, même avec des rafales de vent de plus de 100 km/h, on peut atteindre la cabane !

Le refuge est ouvert à tous, gratuit, et parfait pour une nuit si tu as ton propre matériel (sac de couchage, matelas...). Un petit salon, des tables et un lit en hauteur t'attendent, mais pas de toilettes. Pense à respecter et à laisser l'endroit propre. Idéal aussi pour bivouaquer autour avec ta tente.

ACCÈS
À 45 min du Quiraing.

QUAND Y ALLER ?
Par beau temps ou même lorsqu'il pleut pour s'abriter dans la petite cabane, profiter d'un apéro et admirer le coucher du soleil.

PARKING GRATUIT
À l'entrée du site.

À SAVOIR ABSOLUMENT

Ce sont des terres privées avec des vaches écossaises ! Si tu as plus de chance que nous, tu pourras peut-être les observer.

Prends des chaussures imperméables, car le chemin se termine dans les tourbières, sans marquage !

ÉTAPE 11

NEIST POINT

RANDONNÉE

Le plus beau phare d'Écosse ! La route pour y arriver est longue, mais magnifique. Nous y sommes retournés plusieurs fois pour l'admirer sous différentes lumières.
Pour les plus aventureux, un sentier mène au pied du phare.
Tu peux également longer la falaise à droite du parking pour observer le phare. Une cascade se cache juste en dessous.
De nombreuses balades longent la côte depuis ce point.
C'est un spot prisé des Écossais pour observer les dernières lumières de la journée.

ACCÈS
À 2h de Rubha Hunish.

QUAND Y ALLER ?
Au coucher du soleil.

POUR Y DORMIR
Sur les parkings près du phare, toléré, mais souvent très venteux.
• Le camping Kinloch, à 30 min. Point GPS / -44.8437, 168.35061.

PARKING GRATUIT
À l'entrée du site.

ÉTAPE 12

L'ÉCOSSE

DISTANCES CLÉS DEPUIS ÉDIMBOURG :
- Île de Skye : 6 h ;
- Glencoe : 3 h.

DEPUIS GLASGOW :
- Île de Skye : 5 h ;
- Glencoe : 2 h.

AVEC TON VAN

Depuis la France, deux options :
- Eurotunnel de Calais à Folkestone (35 min, rapide mais plus cher).
- Ferry Brittany Ferries depuis le nord de la France vers le sud de l'Angleterre, traversée plus longue (2 à 6 h mais moins chère).

Depuis l'Irlande du Nord, Ferry Larne–Cairnryan (2 h), pratique et direct.

LOCATION SUR PLACE

Vans à louer à Édimbourg ou Glasgow. Compte entre 70 et 230 € par jour selon la saison et le modèle.

Loueurs conseillés :
- Roadsurfer
- Indie
- Yescapa
- Scotland
- Campers.

LES 4 SAISONS

EN HIVER

les ⊕ Une atmosphère magique, des paysages sauvages et très peu de visiteurs.

les ⊖ Une météo assez rude et des routes parfois difficiles à pratiquer.

EN AUTOMNE

les ⊕ Les couleurs automnales ajoutent du spectaculaire aux paysages, et peu de touristes.

les ⊖ Des températures encore douces, mais pluies fréquentes et journées plus courtes.

AU PRINTEMPS

les ⊕ Une nature en pleine floraison, et peu de touristes.

les ⊖ Températures encore fraîches la nuit.

EN ÉTÉ

les ⊕ Une météo clémente et de longues journées. Toutes les infrastructures sont ouvertes.

les ⊖ Plus de monde et des moustiques, certains sites très fréquentés.

QUE PRENDRE AVEC SOI ?

UNE VESTE IMPERMÉABLE ET COUPE-VENT.

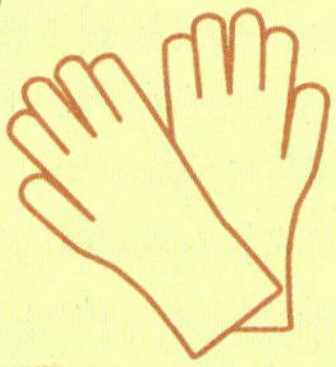

DES COUCHES CHAUDES EN CAS DE BAISSE DE TEMPÉRATURE (FORT PROBABLE).

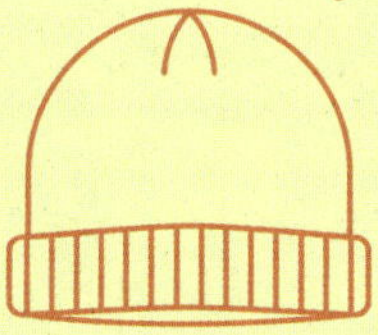

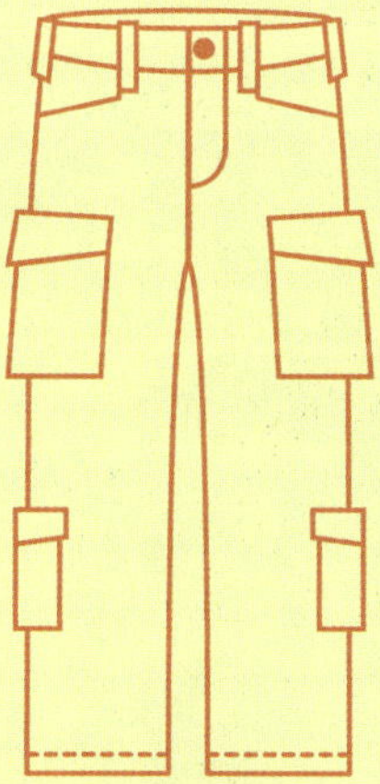

UN PANTALON DE RANDONNÉE.

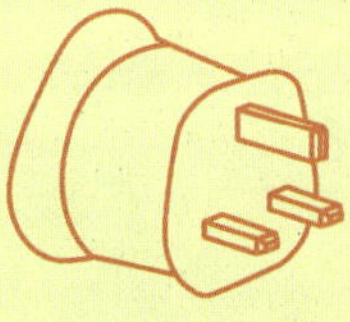

UN ADAPTATEUR DE PRISE (TYPE G – PRISES BRITANNIQUES).

UNE BONNE PAIRE DE CHAUSSURES DE RANDONNÉE (IMPERMÉABLE DE PRÉFÉRENCE).

UNE PLAYLIST DE MUSIQUES/PODCAST POUR LA ROUTE.

LANGUES

Anglais.

MONNAIE

Livre Sterling.
En 2026, 1 € ≈ 0,90 GBP.

SÉCURITÉ

N'oublie pas de conduire à gauche. Sois prudent, car les routes écossaises sont étroites. À part cela, l'Écosse est un endroit très sûr pour les voyageurs.

BUDGET

Pour un road trip en Écosse à deux de 10 jours, compte entre 1 200 € (mode économique) et 3 500 € (plus de confort, restaurants et activités payantes), selon tes choix de transport, d'hébergement et de loisirs.

OÙ DORMIR ?

Bivouaquer ou dormir sur des spots nature avec son van est toléré. Veille simplement à ne rien sortir dehors pour respecter les lieux et les habitants. L'Écosse est l'un des pays les plus faciles pour voyager en van, et nous avons adoré cette expérience !
Important : vérifie toujours les règles locales, par exemple sur Park4Night.

IRLAN
DU NO

DE
RD

DURÉE
5 JOURS

DÉPART
DERRY / LONDONDERRY

ARRIVÉE
BELFAST

DISTANCE
~500 KM

L'Irlande du Nord, qui fait partie du Royaume-Uni contrairement à la République d'Irlande indépendante, offre tout le charme celtique : falaises escarpées, routes étroites et sinueuses, le tout relevé d'une touche british. Les habitants sont toujours souriants et chaleureux, rendant le road trip en van particulièrement agréable. Seul bémol : la météo, souvent changeante, à laquelle il faut savoir s'adapter !

PROGRAMME

JOUR 1

- **MATIN** Derry / Londonderry
- **APRÈS-MIDI** Roe Valley Country Park

JOUR 2

- **MATIN** Plage de Benone + Temple de Mussenden
- **APRÈS-MIDI** Château de Dunluce

JOUR 3

- **JOURNÉE** Giant's Causeway / La chaussée des géants

JOUR 4

- **MATIN** Admirer les ruines du château de Dunseverick
- **APRÈS-MIDI** Pont de corde de Carrick-a-Rede + Château de Kinbane

JOUR 5

- **MATIN** The Dark Hedges
- **APRÈS-MIDI** Route vers Belfast

JOUR 6

- **JOURNÉE** Belfast

DERRY / LONDONDERRY

C'est le point de départ parfait pour un road trip en Irlande du Nord. Cette ville, la deuxième plus grande d'Irlande du Nord, située à la frontière entre la République d'Irlande et l'Irlande du Nord, est un endroit riche en histoire. Elle a conservé des remparts entièrement intacts, témoins de son passé, qui symbolisent aujourd'hui la réconciliation et l'ouverture portées par une énergie culturelle et une ambiance conviviale.

EXPÉRIENCES

→ **PARCOURIR LES REMPARTS** pour se plonger dans l'histoire de la ville.

→ **VISITER LE MUSEUM OF FREE DERRY** pour comprendre le conflit nord-irlandais.

→ **DÉCOUVRIR BOGSIDE**, quartier catholique de la ville, et ses fresques murales emblématiques, témoignages de l'époque des Troubles.

→ **TRAVERSER LE PEACE BRIDGE** symbole de réconciliation entre les deux rives de la ville.

→ **SE BALADER DANS LE ROE VALLEY COUNTRY PARK**, entre forêts, gorges spectaculaires et vestiges industriels.

SPOT PHOTO

Le Peace Bridge au coucher de soleil via la rive est.

ACCÈS
À 1h30 de Belfast via l'A6. Roe Valley Country Park est à seulement 30 min de Londonderry.

QUAND Y ALLER ?
Mai, juin ou septembre pour profiter de la floraison, d'un climat agréable et de moins de touristes.

POUR Y DORMIR
• Benone Tourist Complex, superbe camping avec piscine au bord de l'eau, à 40 min de Derry. Point GPS / 55.1630047, -6.8712579.

PARKING PAYANT
En centre-ville, majoritairement payants.

ÉTAPE 1

Depuis le temple Mussenden, au coucher du soleil, pour capturer les falaises et la plage en contrebas dans des couleurs chaudes.

● ÉTAPE 2

PLAGE DE BENONE ET LE TEMPLE DE MUSSENDEN

Parcourir cette plage à cheval est une expérience inoubliable. Tu peux aussi y rouler avec ton véhicule pour une sensation de liberté, en restant attentif aux autres. Et n'oublie pas qu'en Irlande, on conduit à gauche ! Tout près, le temple de Mussenden domine les falaises et mérite une visite.

→ **SE PROMENER SUR LA PLAGE** et, si les conditions le permettent, rouler sur le sable avec ton véhicule.

→ **MONTER À CHEVAL SUR LA PLAGE LORS D'UNE RANDONNÉE ÉQUESTRE**
Avec Crindle Bespoke | 3 h | Facile.
Pour une expérience typiquement irlandaise. Convient à tous les niveaux.

→ **VISITER LE TEMPLE DE MUSSENDEN**, perché au bord de la falaise, et admirer la vue plongeante sur l'océan. Ce temple a été construit en 1785 pour abriter une bibliothèque et servait aussi de lieu de recueillement pour son propriétaire.

ACCÈS
À 50 min de Derry/Londonderry. Le parking du temple est à seulement 5 min de la plage.

QUAND Y ALLER ?
Mai, juin ou septembre : températures douces, ciel dégagé, moins de touristes. Privilégie le coucher du soleil face au temple.

POUR Y DORMIR
• Cabane perchée à Burrenmore Nest, dans la forêt, à 5 min de la plage. Point GPS / 55.1519, -6.8416.
Attention : il est interdit de dormir sur la plage avec son véhicule, à cause des risques liés aux marées.

PARKING GRATUIT
Stationnement gratuit à l'entrée de la plage ou sur le sable (si la marée le permet). Pour le temple, parking principal ou petit parking gratuit à Bishop's Gate.

CHÂTEAU DE DUNLUCE

Le voyage se poursuit sur la magnifique Causeway Coastal Route (A2) qui longe les falaises d'un côté et la mer de l'autre. C'est la route incontournable pour visiter l'Irlande du Nord en van : elle offre les plus belles vues du pays. Tu arrives ensuite devant ce château du XIIIe siècle, une ruine spectaculaire perchée sur une falaise à 36 m au-dessus de l'océan. C'est un site payant avec un tout petit parking.

Sur la plateforme au coucher du soleil.

SPOT PHOTO

ACCÈS
À 40 min de la plage de Benone.

QUAND Y ALLER ?
Le matin ou en fin d'après-midi.

POUR Y DORMIR
• Ballyness Caravan Park, au bord d'un lac. Point GPS/55.19455, -6.51625.

PARKING GRATUIT
À l'entrée.

EXPÉRIENCES

ÉTAPE 3

→ **VISITER LE CHÂTEAU.** Entrée payante.

→ **FAIRE UNE PETITE BOUCLE** autour du château.

Depuis les colonnes hexagonales, au coucher du soleil, pour réaliser un selfie.

GIANT'S CAUSEWAY LA CHAUSSÉE DES GÉANTS

• ÉTAPE 4

C'est l'endroit le plus visité en Irlande du Nord parce que, oui, ça vaut vraiment le coup de venir voir ces formations rocheuses exceptionnelles ! C'est un endroit unique en Europe, alors profites-en ! Selon la légende, le géant Finn McCool aurait construit ce pont pour rejoindre son rival écossais à travers la mer. Ce site exceptionnel avec ses rochers de forme hexagonale ressemblant à des escaliers, est vraiment incroyable et improbable à observer. Ces colonnes se sont formées il y a plus de 60 millions d'années lors d'une intense activité volcanique. C'est un lieu où la science et le mythe se rencontrent.

→ **EXPLORER À PIED LE SITE** et ses alentours.
1 h | Facile | gratuit.
Attention : les roches glissent à la montée des eaux.

→ **PROFITER D'UNE EXPÉRIENCE IMMERSIVE** au centre d'information à l'entrée pour découvrir ce site classé au patrimoine mondial de l'UNESCO. Tu y trouveras des expositions interactives sur la géologie, la faune, la légende de Finn McCool et la formation des colonnes.
À savoir : le billet « Expérience Visiteur » te donnera accès à une place de parking réservée, à des expositions interactives, à des audioguides multilingues et à une navette gratuite pour aller jusqu'au site.

ACCÈS
À seulement 10 min du château de Dunluce en voiture ou via des navettes depuis la ville voisine. Accès aussi possible à pied par les sentiers littoraux. L'entrée est gratuite pour les piétons. Navette A/R disponible.

QUAND Y ALLER ?
Au coucher du soleil face aux roches. Ambiance mystique garantie, même sous la pluie ou la brume.

POUR Y DORMIR
Il est interdit de rester dormir dans son véhicule sur le parking du site. Même spot que pour le château de Dunluce.

PARKING PAYANT
Possibilité de se garer sur le parking du Visitor Center ou sur le parking du Causeway Coast Way Car Park et continuer jusqu'au site à pied par un sentier.

CHÂTEAU DE DUNSEVERICK

Le lendemain matin, direction ces ruines au-dessus d'une petite falaise sur fond de mer et de ciel bleu, entourées d'une prairie verte occupée par des moutons : un arrêt à faire absolument !

ACCÈS
À 5 min de marche du parking.

QUAND Y ALLER ?
Tôt le matin ou en fin d'après-midi pour profiter d'une lumière douce et de moins de touristes.

POUR Y DORMIR
Sur le parking, c'est abrité du vent.

PARKING GRATUIT
Petit parking gratuit d'une dizaine de places.
Tu peux aussi stationner sur le bas-côté de la route dans un renfoncement pour 3-4 voitures.

EXPÉRIENCES

→ **EXPLORER LE SITE** et les alentours. Prévois 15 min pour la visite. C'est aussi le point de départ de randonnées le long de la côte.

→ **OBSERVER LA FAUNE** et se détendre.

SPOT PHOTO

En face du château en ruines entouré des falaises avec l'océan en arrière-plan.

ÉTAPE 5

SPOT PHOTO

En haut du sentier pour avoir une belle vue sur le pont et l'îlot.

ÉTAPE 6

PONT DE CORDE DE CARRICK-A-REDE

Une belle promenade et un peu d'aventure en Irlande du Nord avec ce joli pont en corde suspendu à environ 30 m au-dessus de l'océan reliant un petit îlot rocheux. La promenade est charmante et longe la mer. Le lieu est rempli d'histoire. Autrefois, les pêcheurs faisaient halte ici pendant plusieurs jours et y installaient leurs filets de pêche.

EXPÉRIENCES

→ **EXPLORER LE SITE.**
Boucle d'1 h | payant.
Idéale pour se dégourdir les jambes. Attention : si le vent est trop fort, le pont sera interdit d'accès.

→ **OBSERVER LA FAUNE ET LES OISEAUX MARINS.** Si tu as de la chance, tu verras peut-être des dauphins et des phoques.

→ **VISITER LE PETIT VILLAGE DE BALLINTOY.**
À savoir : il est fortement recommandé de réserver les billets, surtout en haute saison.

ACCÈS
À 20 min depuis Giant's Causeway.

QUAND Y ALLER ?
Par une belle journée ensoleillée ou au lever du soleil pour faire la randonnée.

POUR Y DORMIR
Il est interdit de rester dormir sur le parking du site.
- Parking du château de Kinbane. Point GPS / 55.22730, -6.29130.
- Camping Glenmore Campsite, situé en pleine forêt. Point GPS / 55.22026, -6.31261.

PARKING PAYANT
À l'entrée du site.
Attention : interdit aux véhicules de plus de 2 m. Parking gratuit en haut de la route pour ces véhicules.

SPOT PHOTO

Sur la colline après le château en ruines.

ÉTAPE 7

CHÂTEAU DE KINBANE

En t'arrêtant sur le parking de ce petit château pour y dormir, tu pourras découvrir cet endroit au coucher du soleil. C'est la promenade parfaite. Certes, le château est en ruines, comme souvent ici, mais il est perché à côté des falaises et c'est magnifique à voir.

EXPÉRIENCE

→ **EXPLORER LE SITE ET LES ALENTOURS.**
40 min A/R.

ACCÈS
À partir du parking, suis le sentier qui descend un escalier le long de la falaise (accès facile).

QUAND Y ALLER ?
Au petit matin pour admirer le lever du soleil ou en fin d'après-midi pour des couleurs douces.

POUR Y DORMIR
Sur le parking du château.

PARKING GRATUIT
À l'entrée du site.

SPOT PHOTO

Au milieu de la voie vers le début du chemin et zoome pour capturer les arbres qui s'entrelacent.

THE DARK HEDGES

Notre spot coup de cœur de tout notre voyage ! Il s'agit d'une magnifique route de campagne (interdite aux véhicules), avec de grands arbres majestueux qui se courbent au-dessus de la route, formant ainsi un tunnel naturel spectaculaire. C'est beau, paisible et envoûtant.

EXPÉRIENCE

→ **EXPLORER LE SITE ET LES ALENTOURS.**
15 min (minimum).
À savoir : les Dark Hedges ont gagné une renommée internationale en tant que décor de la série télévisée *Game of Thrones*, où ils sont le théâtre de la *King's Road*, dans la saison 2. Ils ont également été utilisés dans le film *Transformers : The Last Knight*.

ÉTAPE 8

ACCÈS
Il est interdit d'y rouler avec son véhicule pour préserver le lieu.
Il faut marcher 5 min depuis le parking pour accéder à cette magnifique avenue de hêtres. L'accès au site est gratuit, hors parking.

QUAND Y ALLER ?
À partir de mars ou avril quand les arbres sont plus touffus qu'en hiver, et au lever du soleil pour éviter la foule (sauf les agriculteurs du coin) et avoir une belle lumière. En pleine journée, le spot est vite pris d'assaut.

POUR Y DORMIR
Il est interdit de dormir sur place en van, mais il y a plusieurs campings possibles aux alentours.

PARKING PAYANT
À l'entrée du site, un peu cher et mal entretenu, mais pas d'autre option.

BELFAST

ÉTAPE 9

Belfast, capitale de l'Irlande du Nord, est le reflet d'un passé chargé et d'un présent dynamique. La ville s'est réinventée : aujourd'hui vibrante et festive, elle attire par son dynamisme. Ses fresques murales emblématiques, traces saisissantes du conflit des Troubles, racontent son histoire avec force. Peintes sur les murs, elles font de la ville un véritable musée à ciel ouvert. Un incontournable.

→ VISITER LE CHÂTEAU DE BELFAST, perché sur Cave Hill, pour une vue imprenable sur la ville et la mer.

→ DÉCOUVRIR TITANIC BELFAST EXPERIENCE

Le musée sur l'histoire du Titanic se trouve sur les quais du quartier historique du Titanic Quarter, là où le célèbre paquebot a été construit et lancé. L'architecture du musée, grandiose, évoque une proue de navire brillant au soleil.

→ SE DÉTENDRE À DONEGALL SQUARE

Une grande place animée avec concerts et pelouses accueillantes aux beaux jours.

→ FLÂNER À ST GEORGE'S MARKET

Un marché historique animé le week-end, avec de nombreux stands de nourriture et d'artisanat. Attention, il n'est ouvert que le weekend.

→ SE BALADER À COMMERCIAL COURT

Une allée pavée qui regroupe de nombreux pubs. Le Dirty Onion est à voir car c'est le plus vieux pub de Belfast.

→ VOIR LA CUPPAR WAY

C'est le mur de la paix qui sépare le quartier protestant et le quartier catholique, avec des grilles qui ferment chaque nuit !

ACCÈS

À 1h de The Dark Hedges.

POUR Y DORMIR

- Parking en ville gratuit en journée. Point GPS / 54.60208, -5.93224.
- Proche de la Cuppar Way. Point GPS / 54.60376, -5.94635.
- Loughshore Caravan Park, payant, à 15 min de Belfast. Point GPS / 54.68052, -5.88474.

SPOT PHOTO

Depuis le dôme en verre de 35 m de diamètre du centre commercial Victoria Square, pour une vue panoramique sur la ville.

L'IRLANDE DU NORD

DISTANCES CLÉS DEPUIS DERRY

- Belfast à 1 h 30
- Causeway Coastal Route à 30 min

AVEC TON VAN

Depuis la France, deux options :

- Ferry Brittany Ferries vers l'Irlande (Rosslare ou Cork), puis route vers le nord.
- Traversée de l'Angleterre, puis ferry Liverpool/Cairnryan–Belfast ou Larne.

Depuis la République d'Irlande : accès facile depuis Dublin ou Galway.

LOCATION SUR PLACE

Vans à louer à Belfast, Derry/Londonderry ou Dublin. Compte 70 à 180 € par jour.

Loueurs conseillés :

- Bunk Campers
- Happy Camper Hire
- Indie Campers

LES 4 SAISONS

EN HIVER

les ⊕ Atmosphère calme, paysages mystiques, hébergements moins chers.

les ⊖ Journées très courtes, météo venteuse et pluvieuse, certains sites fermés.

EN AUTOMNE

les ⊕ Couleurs splendides, moins de monde qu'en été, ambiance mystérieuse.

les ⊖ Pluie fréquente, journées courtes, certaines activités ferment après septembre.

AU PRINTEMPS

les ⊕ Paysages fleuris et verdoyants, moins de touristes qu'en été, belle lumière, saison des agneaux.

les ⊖ Météo variable, températures fraîches.

EN ÉTÉ

les ⊕ Journées longues, belle météo, festivals et événements culturels, sentiers de randonnée accessibles.

les ⊖ Tourisme de masse sur les sites populaires, prix hébergements élevés, circulation dense sur la Causeway Coastal Route.

QUE PRENDRE AVEC SOI ?

LANGUES

L'anglais

MONNAIE

La livre sterling. En 2026, 1 € ≈ 0,90 GBP.
L'Irlande du Nord fait partie du Royaume-Uni et, depuis 2023, elle ne fait plus partie de l'Union européenne.

SÉCURITÉ

N'oublie pas de conduire à gauche. Reste prudent, car les routes irlandaises sont étroites.
À part cela, l'Irlande est un endroit très sûr pour les voyageurs.

BUDGET

Pour un road trip en Irlande du Nord à deux de 5 à 7 jours, compte environ 500 € si tu dors principalement dans ton van, restaurants, pubs et activités compris.

OÙ DORMIR ?

En Irlande du Nord, on a facilement trouvé des spots agréables pour poser le van, avec toutes les commodités à proximité grâce aux petites distances.
En revanche, il y a beaucoup de maisons, donc peu de coins vraiment isolés ou cachés des grands axes.
Important : vérifie toujours les règles locales, par exemple sur Park4Night.

IRLAN

DE

DURÉE
13 JOURS

DÉPART
GLENDALOUGH

ARRIVÉE
HORN HEAD

DISTANCE
~1500 KM

L'Irlande, réputée pour ses paysages verts, est surnommée l'île émeraude. Sa faune et sa flore, ses falaises, ses cascades, ses côtes sauvages, ses plages vont t'éblouir, mais tu vas devoir te préparer à une météo très changeante.
La journée, on dit que tu peux voir défiler les quatre saisons. L'Irlande est aussi connue pour son hospitalité chaleureuse. Sur les routes de campagne et en dehors des grandes villes, les Irlandais nous ont souvent fait signe de la main et adressé de grands sourires. Enfin, tu découvriras que la bière y est plus qu'une culture. L'ambiance des pubs est très conviviale. On te recommande de te laisser tenter par leurs bières locales (la Guinness en tête de liste) lors d'une journée de pluie.

ARRIVÉE
ÉTAPE 16
HORN HEAD
ÉTAPE 15
MONT ERRIGAL
ÉTAPE 14
SLIEVE LEAGUE
Irlande du Nord
DOWNPATRICK HEAD
ÉTAPE 13
Belmullet
Sligo
Ballina
Dundalk
Castlebar
KYLEMORE
ÉTAPE 12
ÉTAPE 11
DIAMOND HILL
Tuam
Mullingar
DUBLIN
ÉTAPE 3
Athlone
ÉTAPE 10
TWELVE PINES
ÉTAPE 2
LOUGH TAY
ÉTAPE 9
DOOLIN &
LES FALAISES
DE MOHER
Portlaoise
DÉPART
ÉTAPE 1
GLENDALOUGH
Ennis
Limerick
CONOR PASS
ÉTAPE 7
Tralee
Rosslare Harbour
ÉTAPE 8
DUNKIN
PIER
ÉTAPE 4
COUMSHINGAUN LOUGH
MAHON FALLS
ÉTAPE 5
GAP OF DUNLOE
Cork
ÉTAPE 6
KERRY CLIFFS

PROGRAMME

JOUR 1

- **MATIN** Glendalough + Lough Tay
- **APRÈS-MIDI** Ballinastoe Woods

JOUR 2

- **MATIN** Dublin + Trinity College & sa bibliothèque
- **APRÈS-MIDI** Parc St Stephen's Green + Guiness Storehouse + Temple Bar

JOUR 3

- **MATIN** National Museum of Ireland + Les cathédrales
- **APRÈS-MIDI** Dégustation au Pearse Lyons Whiskey Distillery

JOUR 4

- **MATIN** Route direction Coumshingaun Lough
- **APRÈS-MIDI** Randonnée à Coumshingaun Lough

JOUR 5

- **MATIN** Mahon Falls
- **APRÈS-MIDI** Gap of Dunloe

JOUR 6

- **MATIN** Kerry Cliffs
- **APRÈS-MIDI** Route vers Conor Pass

JOUR 7

- **MATIN** Dunquin Pier
- **APRÈS-MIDI** Dunmore Head

JOUR 8

- **MATIN** Les falaises de Moher
- **APRÈS-MIDI** Doolin

JOUR 9

- **MATIN** Route vers la région du Connemara
- **APRÈS-MIDI** Twelve Pines + alentours

JOUR 10

- **MATIN** Diamond Hill
- **APRÈS-MIDI** Abbaye de Kylemore

JOUR 11

- **MATIN** Downpatrick Head
- **APRÈS-MIDI** Route vers Slieve League

JOUR 12

- **MATIN** Randonnée de Slieve League
- **APRÈS-MIDI** Mont Errigal

JOUR 13

- **MATIN** Horn Head
- **APRÈS-MIDI** Route de retour

SPOT PHOTO

En haut du Spinc au lever ou coucher de soleil pour une vue panoramique et une belle réflexion du lac supérieur

GLENDALOUGH

À peine débarqués au port de Rosslare Harbor, direction Glendalough, à 1 h 30 de route. C'est un ancien site monastique niché dans une vallée glaciaire spectaculaire entre deux lacs. On peut y admirer les ruines bien conservées de l'abbaye, une tour ronde emblématique, plusieurs églises en pierre, et des sentiers de randonnée offrant des vues magnifiques sur les lacs et les montagnes environnantes. Nous avons profité d'une éclaircie et d'une belle randonnée pour prendre de la hauteur.

EXPÉRIENCES

→ RANDONNER

3 h A/R

Boucle autour du lac | Spinc Trail (Short Route) | suivre le chemin blanc en haut.

Alternative plus douce : 1 h A/R jusqu'au grand lac depuis le parking, en suivant les petits pontons.

→ PROFITER DU CALME, SE DÉTENDRE

→ OBSERVER LA FAUNE LOCALE, pour tenter d'apercevoir des cerfs, renards et différentes espèces d'oiseaux.

ACCÈS

À 1h15-1h30 de Dublin.

QUAND Y ALLER ?

D'avril à juin : nature verdoyante, météo douce, peu de touristes.

Septembre-octobre : belles couleurs, moins de monde, belle lumière.

POUR Y DORMIR

• Sur le parking du parc, fermé après 21 h, mais tu peux rester pour profiter du lever du soleil. Le matin, une somme d'environ 25 € pourra t'être demandée.

PARKING PAYANT

Se garer sur celui du parc Wicklow Mountains National Park.

● ÉTAPE 1

LOUGH TAY & BALLINASTOE WOODS

• ÉTAPE 2

SPOT PHOTO

Point de vue de Luggala : le meilleur spot photo ! Accessible *via* une petite route en hauteur.

On le surnomme le lac Guinness, à cause de sa forme allongée et de la teinte sombre de l'eau, souvent comparée à une pinte de Guinness, surtout avec la plage de sable blanc au nord qui évoque la mousse ! Lough Tay a servi de décor à plusieurs séries et films, notamment Vikings.

EXPÉRIENCES

→ **ADMIRER LE LAC** depuis la Military Road (R759)
5 à 10 min de marche
Photographier le lac au lever ou au coucher du soleil.

→ **RANDONNER DANS LES MONTAGNES AUTOUR BALLINASTOE WOODS**
À 4 min du Lough Tay | 30 min A/R | Facile.
Une magnifique forêt de pins et d'épicéas, avec un petit sentier bordé d'arbres très hauts. Ambiance féerique et magique.

ACCÈS
Il existe plusieurs points de vue très faciles d'accès sur la route principale pour admirer le lac. À environ 1 h de route de Dublin et seulement 20 min en voiture de Glendalough.

QUAND Y ALLER ?
Au lever du soleil.
Le printemps et l'automne sont les meilleures saisons pour voir Lough Tay dans toute sa beauté, avec une météo agréable et des paysages photogéniques.

POUR Y DORMIR
• Sur le parking en haut du lac. Point GPS / 10271, -6.25429.

PARKING GRATUIT

Plusieurs spots emblématiques :
– The Long room au Trinity College Library avec cette majestueuse bibliothèque (y aller tôt le matin).

– Le pont Ha'penny Bridge au coucher de soleil.

DUBLIN

• ÉTAPE 3

Même si nous ne sommes pas très fans des grandes villes, nous ne pouvions pas passer à côté de la capitale vivante et historique de l'Irlande. C'est une ville à taille humaine où tu pourras te balader dans les ruelles pavées de Temple Bar, découvrir les bâtiments géorgiens colorés, les universités prestigieuses comme celle du Trinity College, et les nombreux musées gratuits. Marquée par son histoire, Dublin offre une architecture authentique, des pubs animés et une musique traditionnelle omniprésente. Elle est très agréable à visiter, même par temps de pluie, ce qui fait tout son charme d'ailleurs.

→ **VIVRE L'AMBIANCE DES PUBS** de Temple Bar dans la rue principale. Vas dans un pub plus local : The Cobblestone (musique traditionnelle) ou The Long Hall (authentique et historique).

→ **VISITER LE NATIONAL MUSEUM OF IRELAND** (gratuit).

→ **VISITER LE TRINITY COLLEGE ET LE BOOK OF KELLS.** C'est l'université la plus ancienne d'Irlande avec l'une des plus belles bibliothèques au monde.

→ **SE BALADER DANS LE PARC DE ST STEPHEN'S GREEN** pour flâner pendant un après-midi en plein centre.

→ **VOIR LES 2 CATHÉDRALES EMBLÉMATIQUES** St. Patrick's Cathedral & Christ Church Cathedral.

→ **DÉCOUVRIR LA GUINNESS STOREHOUSE**, musée interactif sur l'histoire de la célèbre bière, avec dégustation en fin de visite.

→ **DÉGUSTER DU WHISKY** dans une église à la Pearse Lyons Whiskey Distillery.

ACCÈS
À 1h de voiture de Ballinastoe Woods.

QUAND Y ALLER ?
De mai à début juillet pour profiter de la météo agréable, de la nature en fleur et de l'ambiance vivante. Le week-end de la Saint-Patrick permet de ressentir pleinement l'ambiance irlandaise.

POUR Y DORMIR
• La meilleure option est de dormir en auberge ou un Airbnb pour ne pas s'embêter en van.
• Autre option : Camac Valley Tourist Caravan & Camping Park pour dormir dans ton van à 20 min du centre-ville.

PARKING GRATUIT
Plusieurs parkings payants dans le centre, possibilité de se garer sur ce petit parking. Point GPS / 53.33833, -6.26489. C'est cher, mais très bien situé.

COUMSHINGAUN LOUGH & MAHON FALLS

● ÉTAPE 4

L'une de nos randonnées coup de cœur ! On a profité d'une belle éclaircie matinale pour partir à la découverte de ce lac glaciaire spectaculaire, niché dans les montagnes Comeragh, au comté de Waterford. Ce site impressionne par son cirque montagneux en forme d'amphithéâtre et ses falaises abruptes qui plongent dans des eaux sombres et profondes : un panorama saisissant, parmi les plus beaux d'Irlande. À seulement une dizaine de minutes de Coumshingaun Lough, ne manque pas la majestueuse cascade Mahon Falls (80 m de haut), entourée de falaises et de moutons en liberté. Un lieu parfait pour se ressourcer en pleine nature sauvage. Une immersion totale dans les paysages sauvages et préservés de l'Irlande.

→ TENTER LE COUMSHINGAUN LOOP TRAIL boucle de 3-4 h | ~ 6 km | 630 D+ | Difficile.
Entre nature, moutons et montagnes, cette randonnée est magnifique bien que vertigineuse par endroits. Les lieux sont assez fréquentés les week-ends par les Irlandais.

À savoir : tu n'es pas obligé de faire la boucle. La randonnée devient alors facile.

→ EXPLORER MAHON FALLS :
- Le sentier principal : 1,6 km aller/retour | Facile
- Boucle de Mahon Valley : 4,2 km | Facile

ACCÈS
À 2 h 20 de Dublin en voiture.
Pour accéder à la randonnée, il faut à partir du parking, rejoindre l'antenne électrique, franchir le petit escalier au-dessus du grillage, puis partir à gauche. Suivre le sentier en gardant les sommets en repère (peu de balisage en Irlande, il suffit de monter tout droit).
Pour Mahon Falls, accéder par la route R676 depuis Mahon Bridge, une route très agréable.

QUAND Y ALLER ?
Par une journée ensoleillée, le lac est au soleil entre midi et 14 h. Prends de bonnes chaussures. Évite d'y aller quand il pleut trop ou s'il y a trop de vent, car il y a un passage proche du vide et le sentier se transforme en partie d'escalade. La meilleure période est de mai à septembre : météo douce, moins de pluie, journées plus longues.

POUR Y DORMIR
• Sur ce spot nature proche de Mahon Falls à 10 min du parking de la randonnée de Coumshingaun Lough. Point GPS / 52.2236143, -7.5345028.

PARKING
Au parking de Kilclooney Wood, d'où part la randonnée (hauteur max 1,90 m).

GAP OF DUNLOE

Sur la route en direction de Gap of Dunloe, tu auras la possibilité de faire des escales à Cork ou au parc national de Gougane Barra si tu as plus de temps (et du soleil).
Le Gap of Dunloe est un col de montagne spectaculaire de 11 km, façonné par les glaciers, offrant des paysages à couper le souffle. On traverse des lacs, des routes étroites, des petits ponts, de grandes montagnes et, bien sûr, beaucoup de moutons. C'est l'une des plus belles routes d'Irlande.

EXPÉRIENCES

→ TRAVERSER LE PASSAGE ET EXPLORER LE COL. Également à vélo pour les cyclistes expérimentés.

→ FAIRE LA BALADE EN CALÈCHE pour une expérience authentique, tu peux opter pour une promenade en jaunting car, une calèche tirée par un cheval (départ de Kate Kearney's Cottage).

→ COMBINER RANDONNÉE ET BATEAU
Marche jusqu'à Lord Brandon's Cottage, puis embarque pour une croisière jusqu'au château de Ross. C'est le rendez-vous des Irlandais pour leur balade du dimanche.
À savoir : le passage est interdit aux camping-cars et aux véhicules de gabarit trop important, car la route est très sinueuse, surtout à la fin où il y a un virage très serré.

SPOT PHOTO

Sur la route entre les deux cailloux avec la vue sur le lac en arrière-plan.

• ÉTAPE 5

ACCÈS
À 2h30 de Mahon Falls.

QUAND Y ALLER ?
Tôt le matin ou tard le soir, pour profiter du lever ou du coucher du soleil en toute tranquillité.

POUR Y DORMIR
Il est interdit de dormir dans son van.
• Le Fossa Caravan & Camping Park. Navettes à Killarney. Point GPS / 52.07078, -9.58553.

PARKING GRATUIT
Celui du bar et du restaurant à l'entrée du parc.

SPOT PHOTO

Les plateformes situées à gauche du parking offrent de belles perspectives, avec les falaises au premier plan et les îles Skellig en arrière-plan.

ÉTAPE 6

KERRY CLIFFS

Ce ne sont pas les plus impressionnantes falaises d'Irlande, mais les Kerry Cliffs, s'élevant à plus de 300 m au-dessus de l'océan, sont très belles. Elles valent la peine de sortir de son véhicule pour les admirer (une belle occasion aussi de se dégourdir les jambes). La route pour s'y rendre est magnifique, ainsi que toute la côte. Les champs y étaient verts et le ciel d'un bleu éclatant quand nous y étions ! À savoir : les falaises sont payantes, car elles se trouvent sur des terres privées. L'entrée reste chère, à toi de voir si tu veux y aller.

ACCÈS
À 1h de Gap of Dunloe. Accès par un parking aménagé, puis une marche de 10 min jusqu'aux plateformes d'observation.

QUAND Y ALLER ?
Tôt le matin ou en fin d'après-midi pour éviter les groupes touristiques. La meilleure période s'étend de mai à septembre.

POUR Y DORMIR
- Sur le terrain privé à côté du parking principal (payant) offrant une vue magnifique sur la mer et les falaises. Point GPS / 51.86925, -10.38035.

PARKING
Parking de jour gratuit, mais entrée payante.

CONOR PASS

Direction le bout de cet autre bras d'Irlande ! Ce col routier est vraiment spectaculaire, il monte à plus de 450 m au-dessus de l'océan. La route est étroite et sinueuse, accrochée à flanc de montagne. Elle est tout aussi magnifique par temps ensoleillé que par temps brumeux, qui apportera ce côté mystique que l'on cherche tous en Irlande. Tu peux également traverser ce passage à l'aller ou au retour du bout de la péninsule.

SPOT PHOTO

Depuis le lac Lough Doon, pour une belle vue en hauteur sur le passage.

EXPÉRIENCES

→ **ROULER ET DÉCOUVRIR CE COL** avec ses panoramas à couper le souffle.

→ **ALLER JUSQU'AU LAC DE LOUGH DOON** et contempler la vue sur la vallée.

→ **ADMIRER LA CASCADE DU CONOR PASS** après de fortes pluies.
Elle se forme sur le versant nord du col, à côté du lac de Lough Doon.

→ **S'ARRÊTER AU SOMMET DU COL** pour profiter de la vue sur la péninsule de Dingle.
À savoir : les camping-cars, caravanes et bus sont interdits sur cette route en raison de sa configuration.

ACCÈS
À 2 h de Kerry Cliffs et à 10 min de Dingle.

QUAND Y ALLER ?
De mai à septembre pour une meilleure visibilité et des températures douces, mais le temps peut changer rapidement, même en été.

POUR Y DORMIR
Même spot que pour Dunquin Pier.

PARKING GRATUIT
Plusieurs parkings accessibles le long de la route.

ÉTAPE 7

DUNQUIN PIER & DUNMORE HEAD

Depuis la pelouse à gauche du sentier qui descend, pour surplomber l'allée en zigzag avec vue sur l'océan Atlantique et les îles Blasket.

Un spot magique au coucher du soleil ! Depuis la pelouse en haut de Dunquin Pier, la vue sur la jetée en lacets et le port en contrebas est envoûtante. Pour prendre de la hauteur sur l'océan et la plage de Coumeenoole, grimpe jusqu'à Dunmore Head (à 5 min de Dunquin Pier) : un promontoire spectaculaire à l'ouest de la péninsule de Dingle, entre moutons, prairies verdoyantes et falaises, face à l'Atlantique et aux îles Blasket.

→ **DESCENDRE LE SENTIER JUSQU'À LA JETÉE**

→ **CONTEMPLER LA VUE** au lever ou au coucher de soleil et se reposer sur l'herbe.

→ **PRENDRE UN FERRY VERS LA GREAT BLASKET ISLAND**
(Ces traversées sont saisonnières et dépendent de la météo, à vérifier.)

→ **LONGER LA CÔTE** à pied en passant par des chemins verts et des sentiers côtiers.

→ **PARCOURIR LA BOUCLE DUNMORE HEAD**
Moins d'1h de marche | 2 km | Facile | Prix : sur une dotation, tu traverses des terres privées.
Tu pourras marcher parmi les moutons, traverser des prairies verdoyantes et longer des falaises escarpées.
Dunmore Head a servi de décor à *Star Wars : Les Derniers Jedi*.

ÉTAPE 8

ACCÈS
À 30 min de Conor Pass. Gare-toi sur le parking en haut de la route puis suis le sentier qui descend.

QUAND Y ALLER ?
Profite du coucher de soleil, en évitant la foule le week-end. Privilégie la période de mai à septembre, lorsque les ferries sont en service.

POUR Y DORMIR
Sur le parking du site ou un peu plus loin sur ce spot nature (respecte l'endroit, ce n'est pas un camping). Point GPS / 52.1402580, -10.4655732.

PARKING GRATUIT
En arrivant sur le lieu.

ÉTAPE 9

DOOLIN & LES FALAISES DE MOHER

Doolin, un charmant village côtier du comté de Clare, est réputé pour par son ambiance chaleureuse et ses pubs animés de musique traditionnelle – l'idéal pour s'immerger dans la culture locale.
À seulement 10 minutes, découvre les falaises de Moher, le site le plus visité d'Irlande. Deuxièmes plus hautes falaises du pays, elles offrent plusieurs sentiers accessibles pour explorer ce panorama spectaculaire.

→ **TESTER LE FISH & CHIPS ET LA GUINNESS** au Gus O'Connor's Pub, le plus réputé du coin.

→ **VISITER LES GROTTES DE DOOLIN**, qui abritent l'une des plus grandes stalactites autoportantes d'Europe.

→ **RANDONNER LE LONG DES FALAISES**

1 h | Facile

Le départ se fait à partir du parking. Attention, le sentier, bien balisé, peut être fermé en cas de vent fort.

SPOT PHOTO

Depuis la plateforme accessible après 15 min sur le sentier côtier à droite, pour une vue magnifique sur les falaises. Attention à ne pas te rapprocher trop près du bord !

ACCÈS

À 1 h 15 de Bridges Ross par la route qui longe la côte.

QUAND Y ALLER ?

L'idéal : par temps clair ou au coucher du soleil, plutôt tôt ou très tard pour éviter l'affluence. Beaucoup de touristes viennent en excursion depuis Dublin...

POUR Y DORMIR

- À Doolin, sur le petit parking en face du Gus O'Connor's Pub.

PARKING PAYANT

- Depuis Doolin, en te garant en face du Gus O'Connor's Pub, sur un tout petit parking (environ 20 véhicules). Il te faudra ensuite marcher 45 min-1 h pour accéder à l'entrée des falaises.

TWELVE PINES

Bienvenue dans le Connemara ! Direction cette région mythique, avec une halte sur cette petite île boisée sur un lac emblématique de la région. Surgissant de nulle part, cette île charmante, bordée de pins immenses, offre une vue splendide sur les montagnes. C'est un spot parfait pour se dégourdir les jambes et profiter de plusieurs plateformes de verdure surplombant l'eau. En prenant la route vers l'ouest, tu arriveras sur la Sky Road qui longe la côte et l'océan. Sinon, tu peux aller plus vite en passant par la route qui va vers le nord et qui longe Lough Inagh.

SPOT PHOTO

Depuis le promontoire, pour capturer cette jolie île de pins.

ACCÈS
À 2h20 de Doolin en passant par Galway. Accessible depuis la N59, entre Recess et Clifden.

QUAND Y ALLER ?
Au lever ou au coucher du soleil.

POUR Y DORMIR
Il est interdit de dormir dans son van dans le Parc National du Connemara, car c'est une zone protégée.
• Connemara Caravan & Camping Park, avec vue sur mer et accès plage. Point GPS / 53.60338, -9.90129.

PARKING
En bord de route.

EXPÉRIENCES

→ **ADMIRER LES TWELVE PINES**

→ **SE PROMENER** autour du lac de Lough Inagh.

→ **RANDONNÉE** possible dans les collines de Derryclare
Sentier non balisé.

→ **FAIRE L'UNE DES PLUS BELLES RANDONNÉES D'IRLANDE : GLENCOAGHAN HORSESHOE.**
Pour les plus expérimentés : une boucle en crête de 8h | 17 km | 1500 D+ | Difficile
Variante plus courte : une boucle partielle (par exemple, Benglenisky – Bencorr – Benbaun : 4-5h de marche).

● ÉTAPE 10

Sur un caillou au sommet pour avoir une vue imprenable sur les vallées aux alentours et le lac de Lough Inagh.

• ÉTAPE 11

DIAMOND HILL

C'est l'un des sommets les plus emblématiques et accessibles du Connemara et ce fut notre plus belle randonnée du voyage (et enfin la première journée ensoleillée d'une longue série) ! On en a profité au maximum. Le chemin est super mignon et très bien balisé. Et puis la vue en haut sur le lac Lough Inagh est juste... Waouh !

EXPÉRIENCES

→ FAIRE LA RANDONNÉE DE DIAMOND HILL

2 options :

• Sentier vert : Lower Diamond Hill Loop I ~ 2,5 km | Facile.

• Sentier rouge : Upper Diamond Hill Loop I 7 km | Modéré.

Le sentier rouge est le plus beau, car tu arrives vraiment tout en haut, mais les sentiers bleu et jaune, plus faciles, sont tout aussi intéressants. Tu traverseras les plaines du Connemara, en compagnie, une fois de plus, des moutons !

ACCÈS
À 20 min de Twelve Pines. Départ depuis le Visitor Centre de Letterfrack dans le parc National du Connemara.

QUAND Y ALLER ?
Au lever et au coucher de soleil, mais en pleine journée aussi. On te recommande de ne pas y aller par vent fort, car le sentier rouge qui conduit en haut passe par une arête montagneuse. De plus, les escaliers peuvent être très glissants. La meilleure période est d'avril à octobre.

POUR Y DORMIR
Même spot que pour Twelve Pines.

PARKING GRATUIT
Celui du Visitor Centre de Letterfrack.

● ÉTAPE 12

ABBAYE DE KYLEMORE

Parce que l'Irlande est majestueuse, il faut absolument que tu t'arrêtes visiter ce joyau architectural situé au cœur du Connemara. C'est un magnifique château transformé en abbaye envoûtante avec sa façade blanche et son style néo-gothique. Tu peux la visiter.

EXPÉRIENCES

→ **VISITER L'ABBAYE ET SES JARDINS** (payant).

→ **RANDONNER** dans la forêt de Kylemore : plusieurs sentiers balisés partent de l'abbaye.

→ **FAIRE LE TOUR DE LAC POLLACAPPULL**
Extension :
• Keem Beach (reste-y plusieurs jours en été).
• Cliffs of Croaghaun pour une randonnée de 3 h sur la côte.

SPOT PHOTO

Sur les rives pour photographier l'abbaye se reflétant dans les eaux calmes du lac.

ACCÈS
À 15 min de Diamond Hill. Attention : l'accès au domaine est payant.

QUAND Y ALLER ?
De mai à juin, journées longues, bon ensoleillement et peu de monde.

POUR Y DORMIR
Même spot que pour Twelve Pines.

PARKING GRATUIT
À l'entrée.

DOWNPATRICK HEAD

Downpatrick Head est une impressionnante falaise située sur la côte nord du comté de Mayo. Ce spot est un peu excentré sur la route. Il s'agit d'une petite promenade au bord des falaises pour admirer un superbe piton rocheux planté dans la mer. Cet endroit est mystérieux et irréel, comme tout droit sorti d'un dessin animé. L'herbe est si verte et si douce, il faut que tu la voies pour le croire !

SPOT PHOTO

Depuis Downpatrick Head, pour photographier le piton rocheux Dún Briste.

EXPÉRIENCES

→ SE BALADER
10 min | Facile.
Pour monter sur un petit promontoire depuis le parking.

→ ADMIRER LE BLOWHOLE
Un trou dans la roche formé par l'érosion marine où tu pourras voir des projections d'eau dans les airs produits par les vagues. Le bruit y est impressionnant !

→ ADMIRER LES RUINES D'UNE CHAPELLE dédiée à saint Patrick : une croix de pierre marque un ancien lieu de pèlerinage.

● ÉTAPE 13

ACCÈS
À 2h10 de l'abbaye de Kylemore. L'accès au site est à 10 min de marche du parking.

QUAND Y ALLER ?
Au lever ou coucher du soleil pour les belles couleurs. De mai à septembre, météo agréable et oiseaux marins visibles.

POUR Y DORMIR
On a tenté de dormir sur le parking, mais le vent était trop fort : on a fini la nuit sur un petit spot près de la route.
• Belleek Park Caravan & Camping. Point GPS / 54.13427, -9.15851.

PARKING GRATUIT
À l'entrée du site.

SPOT PHOTO

Sur la plateforme Sliabh Liag située après Bunglass Point, pour capturer la vue sur les falaises (attention, le sentier est proche du bord, surtout par vent fort).

ÉTAPE 14

SLIEVE LEAGUE

Bienvenue sur les plus grandes falaises d'Irlande ! Presque trois fois plus grandes que celles de Moher, elles sont moins connues, mais plus sauvages et grandioses. Si les rafales de vent peuvent être importantes en pleine journée, le coucher du soleil en vaut la peine.

EXPÉRIENCES

→ **RANDONNER** jusqu'à Bunglass Viewpoint.
30 min depuis le parking | Facile.

→ **FAIRE UNE EXCURSION EN BATEAU AU PIED DES FALAISES**
Au départ de Teelin Pier | ~1h30 | Départs en été

→ **EXTENSION**
• Silver Strand : une magnifique plage de sable blanc.
• Sturrall : une randonnée sur la côte pour voir d'autres belles falaises.
• Assaranca Waterfall : une cascade qui vaut le détour.

ACCÈS
À 3h de Downpatrick Head. Depuis le centre d'information à l'entrée du site (30 min de marche) | Il y a également une petite navette payante pour les personnes à mobilité réduite qui conduit aux plateformes à côté des falaises.

QUAND Y ALLER ?
Au coucher du soleil, par beau temps. De mai à septembre pour une météo clémente.

POUR Y DORMIR
• Sliabh Liag Camping, 5 min du parking de la randonnée de Slieve League. Point GPS/54.63464, -8.64659.

PARKING PAYANT
Celui du petit centre d'information à l'entrée du site. Attention : le parking est très petit.

● ÉTAPE 15

MONT ERRIGAL

C'est le plus haut sommet du comté de Donegal ! Ce mont aux flancs lisses et à la forme de cône pointu est l'un des plus emblématiques sommets d'Irlande. Il est tout simplement magique par sa situation, entouré de rien.

→ **RANDONNER VERS LE SOMMET** 3h | ~ 5 km | 600 D+ | Modéré à difficile en fonction de la météo.

→ **VISITER LA RUINE DUNLEWEY CHURCH**
Église au pied de la montagne.

→ **EXPLORER POISONED GLEN**
Une vallée mystique, très photogénique.

→ **ALLER SE POSER PRÈS DES LACS ENVIRONNANTS**
Lough Nacung et Lough Dunlewey.

SPOT PHOTO

Au sommet pour avoir une vue panoramique à 360 °.

ACCÈS
À 1h30 de Slieve League.

QUAND Y ALLER ?
De mai à septembre : météo clémente. Par temps clair : vues panoramiques. Au lever ou coucher du soleil : lumière magnifique sur la montagne.

POUR Y DORMIR
• À proximité du parking de départ de la randonnée. Point GPS / 55.02503, -8.08981.

PARKING GRATUIT
Au bord de la route.

HORN HEAD

Pour rejoindre l'Irlande du Nord, passage par Horn Head, une péninsule sauvage sur la côte nord de Donegal, célèbre pour ses falaises vertigineuses, ses points de vue incroyables sur l'Atlantique, et son ambiance isolée. C'est l'un des joyaux cachés du Wild Atlantic Way, parfait pour les amoureux de paysages bruts et de nature intacte. Attention : prudence près du bord, la vigilance est de mise.

ACCÈS
À 40 min du Mont Errigal. Depuis le parking, tu auras un accès direct de 150 m menant à un ancien poste d'observation de la Seconde Guerre mondiale. Par temps humide, les chemins d'accès peuvent être fermés à cause de l'instabilité du sol.

QUAND Y ALLER ?
De mai à septembre et au coucher du soleil pour une lumière dorée sur les falaises.

POUR Y DORMIR
• Parking de la plage gratuitement. Point GPS / 55.18602, -7.95622.
Attention : il est interdit de dormir sur le parking du lookout.

PARKING
Sur le petit parking principal. Point GPS / 55.21515, -7.97814.

→ **ADMIRER LE PANORAMA**

→ **SE BALADER SUR LES FALAISES** uniquement par temps sec, car le sentier n'est pas balisé.

→ **OBSERVER LES OISEAUX**
dans la zone classée Natura 2000.

→ **SE DÉTENDRE À KILLAHOEY BEACH**

→ **VISITER LE PETIT VILLAGE DE DUNFANAGHY**

SPOT PHOTO

Au bout de la pointe.

● ÉTAPE 16

L'IRLANDE

DISTANCES CLÉS DEPUIS DUBLIN

• Glendalough à 1 h 15 ;
• Doolin à 3 h.

AVEC TON VAN

Depuis la France, deux options :
• Ferry Brittany Ferries depuis Cherbourg ou Roscoff vers Rosslare ou Cork (environ 7 h de traversée, de nuit).
• Traversée de l'Angleterre, puis ferry Holyhead/Liverpool–Dublin.

LOCATION SUR PLACE

Vans à louer à Dublin ou Cork. Compte 70 à 180 € par jour.

Loueurs conseillés :
• Blacksheep Van
• Roadsurfer
• Bunk Campers
• Indie Campers

LES 4 SAISONS

EN HIVER

les ⊕ Paysages sauvages et mystiques, peu de touristes, prix bas pour les hébergements.

les ⊖ Jours très courts, météo froide, humide et venteuse, quelques sites et routes fermés.

EN AUTOMNE

les ⊕ Pour capturer les belles couleurs d'automne, moins de touristes, températures encore douces.

les ⊖ Journées plus courtes, météo fraîche et pluvieuse (à partir d'octobre).

AU PRINTEMPS

les ⊕ Moins de monde, températures douces, St Patrick début mars, paysages fleuris.

les ⊖ Météo variable (pluie et vent possibles), quelques sites et routes fermés.

EN ÉTÉ

les ⊕ Températures agréables (15-20 °C), journées longues, tous les sites et randos accessibles, festivals, musique, ambiance festive dans les villages.

les ⊖ Les midges, des petits moucherons/moustiques qui mordent et sont presque partout en Irlande à cette période. Prix plus élevés, affluence accrue sur les sites.

QUE PRENDRE AVEC SOI ?

UNE VESTE IMPERMÉABLE ET COUPE-VENT.

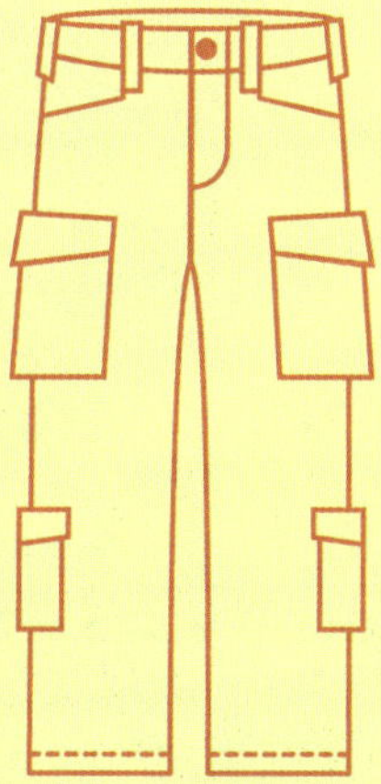

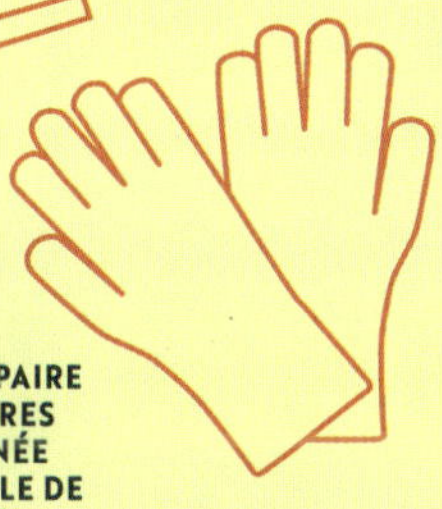

UNE BONNE PAIRE DE CHAUSSURES DE RANDONNÉE (IMPERMÉABLE DE PRÉFÉRENCE).

DES COUCHES CHAUDES EN CAS DE BAISSE DE TEMPÉRATURE (FORT PROBABLE).

LANGUES

L'anglais et le celte.

MONNAIE

L'euro (€).

SÉCURITÉ

N'oublie pas de conduire à gauche. Reste prudent, car les routes irlandaises sont étroites. À part cela, l'Irlande est un endroit très sûr pour les voyageurs.

BUDGET

Pour un road trip en Irlande à deux de trois semaines, compte environ 1 250 €, selon ton mode de voyage et tes activités.

OÙ DORMIR

Bivouaquer ou dormir sur des spots nature avec son van est interdit en Irlande. Cependant, hors saison, on a constaté que c'était plutôt toléré, surtout si l'on arrive tard, qu'on reste discret et qu'on évite de se garer n'importe où.
À savoir : le seul gros inconvénient en vantrip en Irlande – bien que les spots soient très propres en général – reste l'absence de poubelles. Si tu passes par une ville, profites-en pour jeter tes déchets.
Astuce : demande l'autorisation d'utiliser les douches des salles de sport et des piscines municipales pour profiter d'un peu d'eau chaude !
Important : vérifie toujours les règles locales, par exemple sur Park4Night.

EUROPE DE L'OUEST

BRETA

GNE

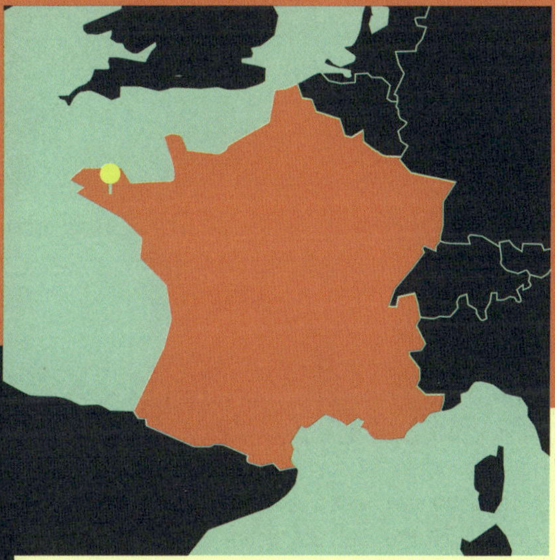

DURÉE
6 JOURS

DÉPART
MORLAIX

ARRIVÉE
CONCARNEAU

DISTANCE
450 KM

La Bretagne regorge de pépites à chaque recoin. Mais « au bout de la terre », dans le Finistère, tu vas découvrir un joyau quelque peu caché. Falaises abruptes, criques et larges plages de sable, trésors culturels, délicieuse cuisine locale...
Le Finistère a quelque chose à offrir à chaque voyageur ! Avec ses paysages variés et sauvages, c'est la destination idéale pour ceux qui recherchent une expérience authentique aux traditions bien ancrées.

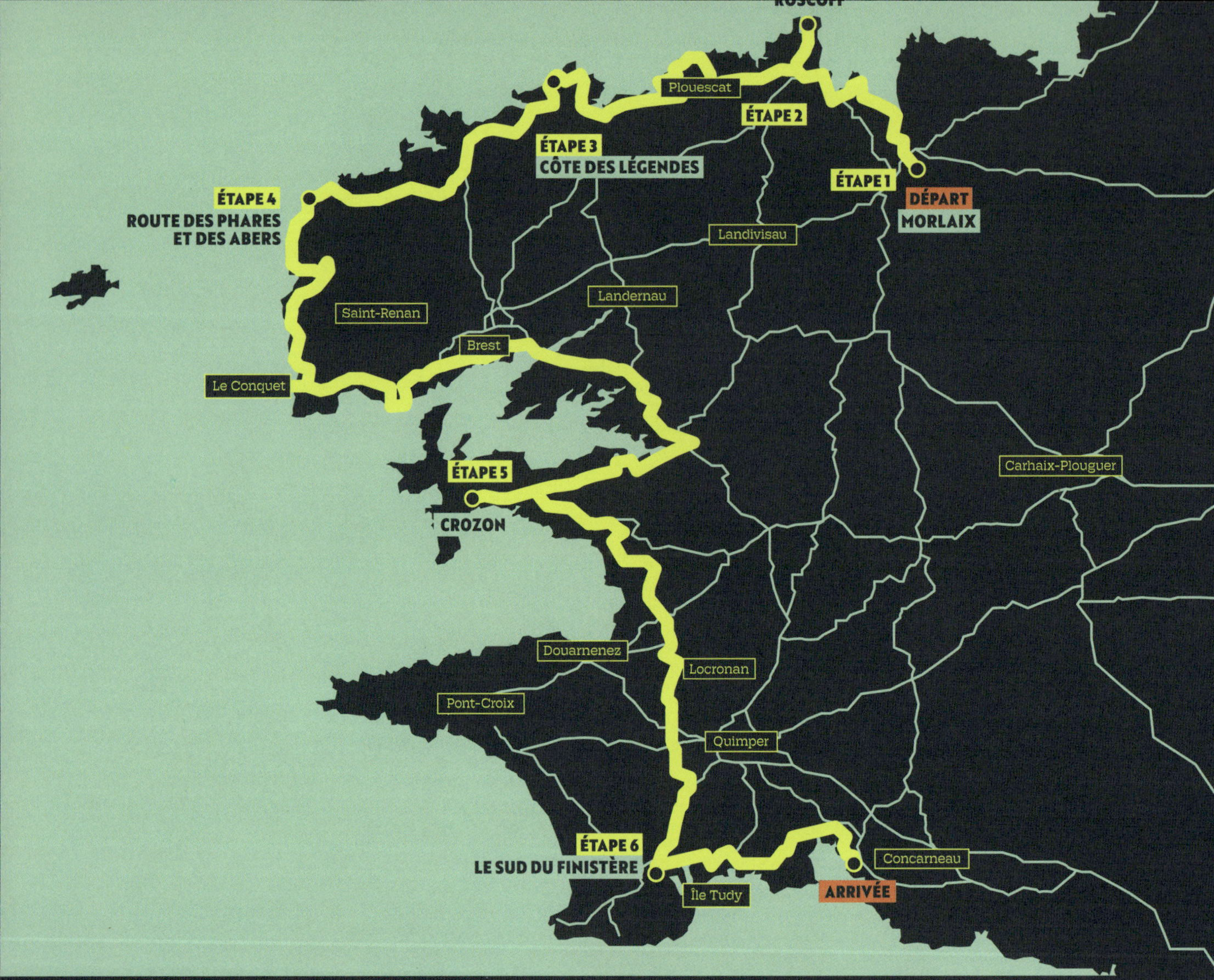

PROGRAMME

JOUR 1

- **MATIN** Morlaix
- **APRÈS-MIDI** Carantec

JOUR 2

- **MATIN** Île de Batz
- **APRÈS-MIDI** Plouescat et la côte des sables

JOUR 3

- **JOURNÉE** Du phare de Pontusval à Méneham

JOUR 4

- **MATIN** Plouguerneau et l'île Vierge
- **APRÈS-MIDI** De phares en phares

JOUR 5

- **JOURNÉE** Presqu'île de Crozon

JOUR 6

- **MATIN** Locronan et Cap Sizun
- **APRÈS-MIDI** Concarneau et alentours

MORLAIX ET SA BAIE

• ÉTAPE 1

La Pointe de Penn al Lann et son point de vue sur le phare de l'île Louët et l'impressionnant château du Taureau (Point GPS / 48.670778, -3.890819 à 6 min de Carantec).

Morlaix est une ville à taille humaine : ruelles pavées, maisons à colombages et viaduc emblématique, difficile de ne pas succomber à son charme. Sa baie, entre terre et mer, offre criques sauvages, sentiers côtiers et spots nature. C'est une halte paisible, idéale pour alterner culture, randonnée et air iodé.

EXPÉRIENCES

→ DÉCOUVRIR LE CIRCUIT DES VENELLES À MORLAIX
2 h | 3 km | 117 D+.
Une promenade dans le centre historique, avec viaduc, ruelles piétonnes et maisons à pans de bois colorées.

→ EXPLORER LE « TOIT DE LA BRETAGNE » : LES MONTS D'ARRÉE (à 20 min de Morlaix).
La lande, les tourbières, les roches, la route des crêtes… C'est ce qui t'attend !

→ ADMIRER LE CAIRN DE BARNENEZ
Au nord de Morlaix, ce cairn dominant la mer est impressionnant (à 20 min au nord de Morlaix).

→ SE BALADER À LOCQUÉNOLÉ
et la fameuse plage de Tahiti. À marée basse, accès possible à pied à l'île Callot (à 12 min de Morlaix).

→ PRATIQUER LE NAUTISME à Carantec, l'endroit idéal (à 10 min de Locquénolé).

POUR Y DORMIR
• Camping Ar Kleguer à Saint-Pol-de-Léon, à 15 min de Carantec. Point GPS / 48.690676, -3.967645.

PARKING
• Aire de camping-car avec tous les services et la possibilité d'y passer la nuit. Point GPS / 48.582913, -3.82829.
• Parking sur les hauteurs de la ville, à 5 min à pied du centre, gratuit. Point GPS / 48.57467, -3.826533.

ROSCOFF, PLOUESCAT ET LA CÔTE DES SABLES

De Roscoff à Plouescat, la côte des Sables déroule plages immenses, dunes et eaux turquoise. Roscoff charme avec son port et son esprit *british*. Plouescat séduit par ses chaos granitiques. Ici, balades les pieds dans l'eau et couchers de soleil sur l'horizon feront ton bonheur !

ACCÈS
Roscoff : à 10 min de Saint-Pol-de-Léon.

POUR Y DORMIR
• Camping de KerEmma, à Tréflez. Accès à la plage à quelques mètres. Point GPS / 48.641048, -4.277798.

EXPÉRIENCES

→ **DÉAMBULER DANS LES RUELLES DE ROSCOFF** et embarquer pour l'île de Batz (15 min de traversée).

→ **RANDONNER SUR L'ÎLE DE BATZ**
De nombreux sentiers serpentent l'île. Marche, contemple et respire ! À la pointe est, tu peux te promener dans le jardin Delaselle, un jardin exotique insulaire, présentant une collection botanique exceptionnelle de plus de 1700 espèces originaires de tous les continents.

→ **SE PROMENER À PLOUESCAT ET DÉGUSTER UNE CRÊPE** à la crêperie « La Dentelière » avant de rejoindre les dunes de Keremma, le plus vaste banc de sable et d'herbes de Bretagne, long de 5 km et large de 500 à 1000 m.

• ÉTAPE 2

CÔTE DES LÉGENDES

ÉTAPE 3

La côte des Légendes doit son nom aux nombreux sites historiques à l'origine de contes et légendes bretonnes. Réputée pour ses espaces sauvages, ses vagues, récifs et îlots, c'est un lieu plein de mystères où tu tomberas forcément sous le charme.

EXPÉRIENCES

→ ADMIRER LE PHARE DE PONTUSVAL
C'est une « maison phare » vieille de plus de 150 ans dressée sur les rochers de Plounéour-Brignogan-Plages. Point GPS / 48.6946056, -4.3464778.

→ RANDONNER
Découvre Meneham au départ du phare de Pontusval, avec son village de chaumières, ses ateliers d'artisans et son site naturel.
Vers l'ouest | 1h15 A/R | 2,5 km.

→ PARTICIPER AUX « FEST DEIZ »
Ces fêtes ont lieu les dimanches, de juin au dernier week-end d'août (fête pendant la journée où l'on pratique des danses bretonnes). Tu peux aussi découvrir l'escalade sur blocs en plein air !

ACCÈS
À 15 min du camping de KerEmma.

POUR Y DORMIR
• Camping de Curnic, à Guissény, à 20 min du phare de Pontusval. Pour passer une nuit, au calme dans un espace sauvage (mais tout confort !). Point GPS / 48.636224, -4.445917.

SPOT PHOTO
À l'ouest de la Pointe de Pontusval, pour une vue unique sur le phare et sur l'île Kerlouan (Point GPS / 48.676841, -4.346790).

ROUTE DES PHARES ET DES ABERS

ÉTAPE 4

La route des phares et des abers, au nord du Finistère, offre un voyage entre terre et mer, où se succèdent falaises, plages sauvages, phares mythiques (comme l'île Vierge) et abers mystérieux. De l'Aber Wrac'h à la Pointe Saint-Mathieu, chaque arrêt en van est une invitation à l'évasion.

POUR Y DORMIR
- Camping Municipal à Locmaria-Plouzané, à 12 min du phare du Petit Minou. Au-dessus de la plage de Portez. Point GPS / 48.355543, -4.670886.

→ TESTER DE NOMBREUSES ACTIVITÉS NAUTIQUES

De Curnic à Plouguerneau, le lieu idéal pour découvrir la voile, le kayak, le paddle, le char à voile...

→ VISITER LE PHARE DE L'ÎLE VIERGE

C'est à Plouguerneau que se trouve le phare le plus haut d'Europe. Avec ses 82,50 m, il a une portée de 27 miles (soit 52 km) ! Il faut gravir 365 marches pour atteindre son sommet.

Il se visite entre avril et octobre et il est possible d'y aller en louant un kayak ou en passant par les vedettes des Abers.

Pour une expérience insolite, tente « Spluj » : ce bateau/sous-marin t'emmène explorer les fonds marins autour du phare de l'île Vierge.

→ FAIRE UNE PAUSE DÉJEUNER AVEC VUE

Rejoins ce point de vue non loin de la plage de Ganaoc'h. Une vue sur l'Aber t'attend pour un déjeuner en toute tranquillité à bord de ton véhicule. Point GPS / 48.572566, -4.602179.

→ DÉCOUVRIR LE PHARE DE SAINT MATHIEU

5 km | 1h30 | 2h | Facile.

Construit en 1835, sur les ruines d'une ancienne abbaye. Point GPS / 48.331527, -4.767808. Randonnée possible, boucle autour de la Pointe Saint-Mathieu.

→ ADMIRER LE PHARE DU PETIT MINOU

Il marque l'arrivée dans la rade de Brest. Un lieu d'exception à ne pas manquer, à 20 min de la Pointe Saint-Mathieu. Point GPS / 48.337635, -4.614272.

SPOT PHOTO

– Depuis la Pointe de Castel ac'h à Plouguerneau, pour une vue sur le phare de l'île Vierge. Point GPS / 48.625497, -4.565604.

– Au-dessus du port l'Aber Wrac'h, à la terrasse de l'ancien sémaphore pour admirer un vaste panorama sur l'estuaire et les îles qui le jalonnent. Point GPS / 48.592957, -4.520470.

PRESQU'ÎLE DE CROZON

ÉTAPE 5

Ce coin de Bretagne mérite à lui seul qu'on lui consacre une journée entière, voire plus si tu peux. Ici, c'est comme un condensé de la Bretagne en termes de paysages.

→ **VISITER LE JOLI PORT DE CAMARET** avec ses maisons colorées, sa tour Vauban et son cimetière marin. Poursuivre la route vers les différentes pointes pour profiter de panoramas exceptionnels.

→ **RANDONNER** autour du Cap de la Chèvre.
4h30 | 18 km.
Balisage jaune dans les terres et rouge et blanc pour le Sentier des Douaniers.
Possibilité de raccourcir le parcours avec un départ depuis Keravel : 2 h 45 | 9 km. Parking au lieu-dit Saint Hernot à Crozon. Point GPS / 48.205171, -4.527002.

→ **TENTER LE COSTEERING**
Inspiré du canyoning et adapté à la mer, c'est un mélange de randonnée, nage, saut et escalade sans corde, à pratiquer avec une combinaison intégrale, un casque, des chaussures de sport et une bonne dose de motivation (accompagné d'un guide diplômé). Rendez-vous à Morgat pour en savoir plus.

→ **SE BAIGNER**
Privilégie les plages de Goulien, Pen-Hat ou encore Kerloc'h. À marée basse, la plage de l'Aber dévoile une immense étendue de sable.

ACCÈS
À 1h de Locmaria-Plouzané.

POUR Y DORMIR
• Camping La Plage de Tréguer, à Plonévez-Porzay, à 25 min de Crozon. Point GPS / 48.145028, -4.268860.

SPOT PHOTO

Depuis la Pointe de Pen Hir, pour capturer les « Tas de Pois » qui s'avancent dans la mer, ou depuis la Pointe de Dinan pour photographier son arche naturelle.
Parking Point GPS / 48.262042, -4.614680

SUD DU FINISTÈRE

ÉTAPE 6

Le sud du Finistère, c'est la Bretagne carte postale : la Pointe du Raz et ses falaises battues par les vents ; Locronan et son charme médiéval ; l'île-Tudy paisible et les remparts de Concarneau. Routes panoramiques, panoramas exceptionnels, criques sauvages... Tu ne vas plus savoir où t'arrêter tellement tu vas en prendre plein la vue !

POUR Y DORMIR
• Camping le Suroît, à Trégunc, à 20 min de Concarneau. Point GPS / 47.797402, -3.826732.

LOCRONAN

Éloignée de la côte, c'est une cité classée aux monuments historiques depuis 1924. Son patrimoine architectural lui vaut d'être un des sites les plus prestigieux de Bretagne. Elle mérite largement le détour !

ACCÈS à 12 min du Camping à Plonévez-Porzay.
PARKING Point GPS / 48.099398, -4.204192.

LA POINTE DE LA TORCHE

Le véritable paradis des surfeurs et kite-surfeurs. Elle offre un spectacle surprenant en toute saison.

ACCÈS à 40 min de Locronan.
PARKING Point GPS / 47.836746, -4.346629.

BÉNODET

C'est la station balnéaire bretonne par excellence avec ses nombreuses plages, sa thalasso et ses activités nautiques. N'hésite pas à te balader sur sa longue promenade aménagée.

L'ÎLE-TUDY

À deux pas de Bénodet, ne passe pas à côté. Cette presqu'île avec ses petites maisons de pêcheurs en pierre ou peintes en blanc et la pointe du Groasguen te donnera une sensation de... bout du monde.

ACCÈS à 30 min de La Pointe de la Torche.
PARKING Point GPS / 47.871509, -4.109786.

CONCARNEAU

Cette cité fortifiée du XVe et XVIe siècle offre une vue magnifique sur le port de pêche, le port de plaisance et la baie de Concarneau. En août, le Festival des Filets Bleus, véritable immersion dans la culture des marins bretons, est à ne pas rater.

L'ARCHIPEL DES GLÉNAN

Un site exceptionnel composé d'une multitude d'îles, de roches et de récifs. Ses paysages paradisiaques avec ses eaux translucides et ses plages de sable blanc lui valent le surnom de « Caraïbes bretonnes ». Comptez entre 35 min et 1h de traversée de Bénodet, Beg-Meil, Loctudy, Concarneau ou encore Port-La-Forêt avec les vedettes de l'Odet.

ACCÈS à 30 min de Bénodet.
PARKING Point GPS / 47.874753, -3.916035.

LA BRETAGNE

DISTANCES CLÉS DEPUIS RENNES :

- Quimper à 2 h ;
- Crozon à 2 h 30 ;
- Saint-Malo à 1 h ;
- Pointe du Raz à 3 h.

AVEC TON VAN

Depuis Rennes : accès facile vers toute la région : Côte de Granit Rose, Finistère, Morbihan… Routes en très bon état, pas de péages.

LOCATION SUR PLACE

Vans à louer à Rennes, Brest ou Nantes. Compte 60 à 130 € par jour.

Loueurs conseillés :

- Blacksheep Van
- Yescapa
- WeVan
- Roadsurfer

LES 4 SAISONS

EN HIVER

les ⊕ L'hiver peut sembler rude et pourtant ! Les tempêtes et les balades sur les plages désertes offrent une atmosphère unique.

les ⊖ Pas ou peu d'activités touristiques, des restaurants et campings fermés. Des températures sont fraîches.

EN AUTOMNE

les ⊕ Pour ceux qui recherchent la tranquillité. Les spots nature sont généralement plus tolérés à cette période.

les ⊖ Peu d'activités touristiques, des journées plus « courtes », une météo parfois humide avec de la brume, du brouillard.

AU PRINTEMPS

les ⊕ Certainement la meilleure période pour découvrir la Bretagne : fleurs, paysages verts, peu de touristes, campings et activités qui ouvrent.

les ⊖ Météo parfois instable.

EN ÉTÉ

les ⊕ Météo clémente, choix d'activités presque illimitées, de nombreux campings ouverts.

les ⊖ L'afflux touristique peut rendre certains lieux très fréquentés. Impossible de dormir en dehors des campings.

OÙ DORMIR ?

Privilégie les campings, les aires de services et de stationnement qui sont présents tout au long de l'itinéraire, surtout en pleine saison estivale. Les spots nature sont rares et peu tolérés en général. Si tu souhaites tout de même éviter les campings, mise sur le hors saison entre septembre et avril mais gare aux barrières de hauteur ! Si ton véhicule fait plus de 2 m, cela risque d'être compliqué par endroits. Attention : toutes les plages n'autorisent pas les chiens ! Surveille les panneaux.

BUDGET

Pour un road trip en Bretagne, compte 20 à 25 € par nuit en camping, ouverts de mi-avril à mi-septembre, et hors saison, privilégie les parkings de départ de randonnée ou proches des points de vue. Il n'y a pas de routes payantes en Bretagne, les crêperies permettent de bien manger sans se ruiner, et la plupart des parkings sont gratuits. N'oublie pas d'inclure le coût des traversées dans ton budget.
Si tu n'as pas de van, prévois environ 900 € pour une semaine de location (chez WeVan, Yescapa/ WikiCampers).

À SAVOIR

Le temps en Bretagne peut changer rapidement dû aux marées.

QUE PRENDRE AVEC SOI ?

UN KWAY.

DES CHAUSSURES DE MARCHE OU UNE BONNE PAIRE DE BASKETS POUR ACCOMPAGNER VOS BALADES. LES RANDONNÉES SONT PLUTÔT ACCESSIBLES.

UNE POLAIRE.

AUVE

GNE

DURÉE
7 JOURS

DÉPART
MURAT

ARRIVÉE
SAINT-NECTAIRE

DISTANCE
450 KM

Ses villages typiques, ses forêts à perte de vue, ses cascades et rivières sauvages, ses volcans... L'Auvergne est une terre de grands espaces et de pleine nature préservée. Une chose est sûre, cette région est taillée pour le road trip ! Amoureux de la randonnée, de la gastronomie et du patrimoine, tu trouveras forcément ton bonheur ici, car de nombreuses pépites se cachent dans le Parc Naturel des Volcans d'Auvergne que je t'invite à découvrir en quelques jours !

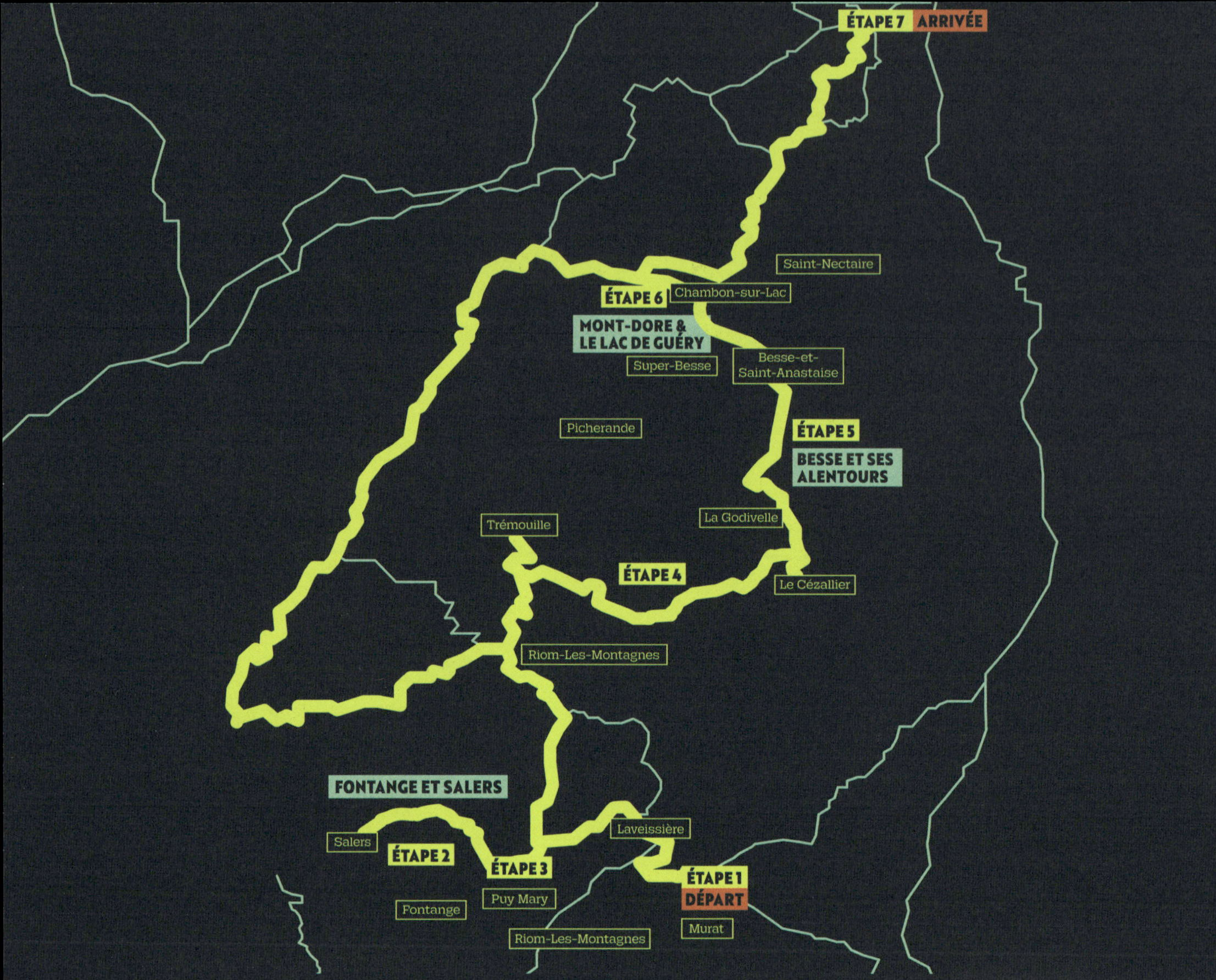

PROGRAMME

JOUR 1

- **MATIN** Murat
- **APRÈS-MIDI** Laveissière

JOUR 2

- **JOURNÉE** Salers et ses alentours

JOUR 3

- **MATIN** Puy Mary
- **APRÈS-MIDI** Riom-les-Montagnes

JOUR 4

- **MATIN** Trémouille
- **APRÈS-MIDI** Le Cézallier

JOUR 5

- **JOURNÉE** Besse et ses alentours

JOUR 6

- **MATIN** Mont-Dore
- **APRÈS-MIDI** Lac de Guéry

JOUR 7

- **MATIN** Puy de Dôme
- **APRÈS-MIDI** Saint-Nectaire

SPOT PARFAIT

Pour le déjeuner, vue magnifique à 360 ° à Albepierre-Bredons.

MURAT ET LAVEISSIÈRE

Murat est classée « petite cité de caractère ». Les amateurs de patrimoine apprécieront la visite du centre-ville avant de s'aventurer dans une nature préservée. La Maison de la faune est un lieu emblématique de la cité. Un parcours de visite gratuit est disponible, et si tu veux plus d'informations ou une visite guidée, réserve auprès de Hautes Terres Tourisme.

POUR Y DORMIR

• Parking au Col de Légal. Point GPS / 45.07067, 2.57924.

PARKING GRATUIT

Parking du stade, Point GPS / 45.108625, 2.870487.

→ DÉCOUVRIR MOULIN DE CHAMBEUIL

30 min | 1,1 km | 90 D+ | Très facile

À une dizaine de minutes de Murat, en direction de Laveissière sur la N122, tourne vers Chambeuil. Traverse le village et grimpe au sommet. À la sortie du village, dans un virage, descends et gare-toi sur le parking (4 impasse du Moulin, 15300 Laveissière). Le moulin, en accès libre, composé d'une seule pièce voûtée en pierre avec cheminée, est tout proche.
Il est possible ensuite de monter par la droite pendant environ 200 m pour atteindre la Cascade du Moulin de Chambeuil.
Passe le Lioran, Saint-Jacques-des-Blats avant de prendre la direction de Mandailles et Saint-Cirgues-de-Jordanne (40 min).

→ EXPLORER LES GORGES DE LA JORDANNE À SAINT-CIRGUES-DE-JORDANNE

1 h | Payant | 4 km | Ouvert de mai à septembre tous les jours

Passerelle en bois, pont en arc... C'est un aller-retour de 4 km qui te plonge dans un espace naturel exceptionnel, à travers des gorges de 20 à 60 m de profondeur, creusées par l'eau au fil des siècles dans des brèches volcaniques.

→ SE RAVITAILLER AU CELLIER DE LA MARMOTTE

Si tu veux un pique-nique digne d'un cantalien, cette adresse propose des préparations à base de bœuf salers et des confitures. Sans oublier les boulangers qui fabriquent les fameux Cornets de Murat !

→ TROUVER DES PRODUITS LOCAUX À LA GRANGE DE LA HAUTE. À 1 km de Murat, direction St-Flour. Pour acheter du Cantal, du Salers, du Bleu d'Auvergne ou des yaourts fermiers.

ÉTAPE 1

Pour les aventuriers, tente une session canyoning dans le canyon de l'Espinasse, vallée de Mars, entre Le Vaulmier et Le Falgoux (réservation obligatoire, dès 12 ans : www.canyoning-auvergne.fr).

FONTANGE ET SALERS

C'est un village typiquement auvergnat, avec une chapelle monolithe creusée dans la roche en 1896 et une église du XVe siècle. Rejoins Salers, autre village incontournable du Cantal, classé parmi « les Plus Beaux Villages de France ». Avec ses maisons à tourelles, son beffroi et ses remparts, tu seras transporté au Moyen Âge puis à la Renaissance.

POUR Y DORMIR

• Parking proche de la cascade du Biaguin et du Falgoux (parfait pour une balade avant le coucher du soleil !).

EXPÉRIENCES

→ RANDONNER JUSQU'À LA CASCADE DE SALINS

1h30 | 3 km | Facile

Le sentier pour y accéder se situe au fond du parking en bordure de la RD 922 qui surplombe le village de Salins. Pour atteindre la cascade, prends le chemin herbeux depuis le parking. Après 150 m, tu franchiras un portail, le chemin descend alors de façon abrupte sur 50 m.
En poursuivant, tu rejoindras, par un pont de singe, un ruisseau avant de retrouver le village et le parking. Sans faire la randonnée, il est possible d'admirer cette cascade vertigineuse de 30 m depuis le parking.

→ VISITER LE CHÂTEAU DE LA TRÉMOLIÈRE

Sur la route en direction d'Anglards de Salers, le château de la Trémolière abrite une collection de dix tapisseries d'Aubusson.

→ S'ARRÊTER À LA FERME DE BACHELUZE

Arrêt obligatoire pour acheter du bon fromage de chèvre. Rejoins ensuite le Falgoux en passant par le Vaulmier (environ 20 min).

• ÉTAPE 2

À 5 km du Pas de Peyrol, le col de Serre offre un superbe panorama sur la vallée de la Petite Rhue, avec table de pique-nique.

PUY MARY ET RIOM-ÈS-MONTAGNES

Du haut de ses 1 783 m d'altitude, le Puy Mary est un joyau naturel des monts du Cantal, réputé pour son panorama exceptionnel et ses paysages volcaniques uniques en Europe et dans ses alentours. De belles découvertes t'attendent.

POUR Y DORMIR

- Camping des Bruyères juste au-dessus du lac de Lastioulles en haute saison et plusieurs spots possibles aux alentours.

→ GRAVIR LE PUY MARY

50 min | 1,5 km

Lance-toi jusqu'au sommet du Puy Mary, le plus vaste ensemble « stratovolcanique » d'Europe. Le sentier est court, mais ça grimpe dur ! L'impressionnant panorama sur les Monts du Cantal ne te laissera pas indifférent. Conseils : privilégie l'aube ou le crépuscule en haute saison. Stationnement possible au départ de la randonnée, au Pas de Peyrol sur le parking prévu à cet effet. Règles de stationnement spécifiques pour les camping-cars de juin à septembre (renseignements sur www.puymary.fr).

→ DÉCOUVRIR LE BURON D'EYLAC

C'est une ancienne petite cabane de berger. Blotti dans le cirque d'Eylac, dans un cadre magnifique, la cuisine y est typiquement auvergnate (bourriols et vente de produits fermiers).

→ FAIRE UNE PAUSE AU LAC DES CASCADES

En direction de Cheylade, à 20 min du Puy Mary, tu pourras manger et te rafraîchir dans une auberge au bord de l'eau. Au départ du lac, emprunte le circuit pédagogique (1 h 45 | 4 km) où tu découvriras deux magnifiques cascades et de beaux points de vue sur le lac et les sommets emblématiques environnants.

→ REJOINDRE LE LAC DE LASTIOULLES

Passe par Apchon, Riom-ès-Montagnes, Coindre et Trémouille (l'église Saint-Jean-Baptiste du XIVe siècle est à voir !), puis traverse les gorges de la Rhue pour rejoindre le lac de Lastioulles (40 min | 30 km). Une baignade, un verre en terrasse ou encore la location de canoë, paddle ou kayak (en juillet et août) t'attendent avant de passer la nuit au cœur de l'Artense.

SPOT PARFAIT

La cascade des Veyrines
La cascade des Veyrines est idéale pour un pique-nique ou une pause détente. Profite aussi des vélorails, au départ de Landeyrat ou Allanche (réservation conseillée, ouvert de juin à septembre).

TRÉMOUILLE ET LE CÉZALLIER

Tu l'auras compris, l'Auvergne est une terre de randonnées. En ce quatrième jour, plusieurs possibilités s'offrent à toi pour découvrir ce que l'on appelle « la région des lacs » à deux pas du camping des Bruyères à Lastioulles.

POUR Y DORMIR

• Spot nature à Compains, à 10 min de la Godivelle. Facilement accessible, il offre une vue à 360°. Point GPS/45.44149, 2.92726.

→ FAIRE LE TOUR DU LAC DE LA CRÉGUT

1h20 | 3,8 km

Le départ se fait du parking du lac. Point GPS/45.40583, 2.67342.

→ RANDONNER SUR LE TOUR DES LACS ENTRE CANTAL ET PUY DE DÔME

4h30 | 14 km

De beaux points de vue sur les différents lacs de la Crégut, du Tact, de Laspialade et du Taurons, et vers les Monts du Sancy (au départ du parking du lac de la Crégut).

→ BOUCLER LA RANDONNÉE LAC ET BOIS AU DÉPART DE SAINT-GENÈS-CHAMPESPE

Une boucle bien balisée, en forêt et en bord des lacs du Taurons, de la Crégut et du Tact.

→ EXPLORER LE CÉZALLIER

Dans cette zone de vastes plateaux habités, entre le massif du Sancy au nord et les monts du Cantal au sud, le massif du Cézallier marque une pause dans le relief, telle une steppe démesurée, tout en rondeurs. Il est surnommé la « petite Mongolie auvergnate ».

→ REJOINDRE ALLANCHE

De La Crégut, rejoins Montboudif, puis passe par Condat, Marcenat et Landeyrat avant de rejoindre Allanche (environ 40 min).
Aire de service mise à disposition par Allanche, sur la commune. Point GPS/ 45.229301, 2.93153.
Continuer jusqu'à Auriac l'Église, puis traverse Laurie, Anliac, Bostberty, Apcher et Anzat-le-Luguet (1h30), avant de rejoindre la Godivelle via le col de Volpilière (30 min). La route elle-même est un véritable voyage, un dépaysement total garanti.

• ÉTAPE 4

BESSE ET SES ALENTOURS

• ÉTAPE 5

Pars maintenant à la découverte du massif du Sancy. Cet ensemble de cirques glaciaires, sanctuaire d'une flore et d'une faune exceptionnelles, cache des pépites naturelles incontournables en Auvergne.

→ RANDONNER JUSQU'À LA CASCADE DE VAUCOUX

2h15 | 6 km

Près de Besse et Saint-Anastaise, une boucle à travers bois et prairies pour découvrir une chute d'eau de 12 m sur roche volcanique.

→ VISITER BESSE ET SAINT-ANASTAISE. Cité médiévale et renaissance, nichée à 1 050 m d'altitude, avec 8 monuments historiques et un marché le lundi.

→ PROFITER DE SUPER-BESSE. Station de ski et point de départ vers le sommet du Puy du Sancy, accessible en téléphérique ou à pied.

→ DÉCOUVRIR PICHERANDE ET LES POMPES

À une quinzaine de minutes du lac Pavin ou de Super-Besse, tu peux rejoindre Picherande. Fais un arrêt au lac de Gayme et si ton estomac se réveille, ne passe pas à côté de la crêperie « Chez la Jeanne ». Tu y dégusteras les « pompes » (crêpes locales) d'autrefois dans une salle avec vue sur le Massif du Sancy et la Fontaine salée.

→ EXPLORER LA BOURBOULE

Connue pour ses thermes et son architecture style Belle Époque (à 30 min de Picherande). Aire de service à La Bourboule.
Point GPS / 45.585739, 2.73501.

Le lac Pavin

Le lac Pavin, cratère presque parfait entre Besse, Saint-Anastaise et Super-Besse, impressionne par ses eaux sombres (800 m de diamètre, 92 m de profondeur) qui deviennent turquoise en été.

Un sentier de 2,7 km permet d'en faire le tour, été comme hiver.

POUR Y DORMIR

• Parking public proche de Murat-Le-Quaire. Point GPS / 45.60284, 2.73761.

Le lac de Guéry et les Roches Tuilières et Sanadoires
Le lac de Guéry, à 15 min du Col de la Croix Morand, offre un superbe point de vue depuis son parking (le plus haut lac d'Auvergne, parking payant de mai à septembre, forfait nuit possible).

Depuis le Centre Montagnard Cap Guéry, plusieurs circuits balisés (20 min à 4h30) permettent de découvrir la cascade du Guéry ou de faire le tour du lac (sentier aménagé).

MONT-DORE ET LE LAC DE GUÉRY

À une dizaine de minutes de Murat-le-Quaire, découvre le Mont-Dore, station thermale réputée et village montagnard qui offre une multitude d'activités en pleine nature.

→ ACCÉDER À LA GRANDE CASCADE
1h40 A/R | 2,4 km
Nichée dans une forêt luxuriante, cette cascade est facile d'accès grâce au parking à proximité.

→ PRENDRE LE FUNICULAIRE DU CAPUCIN. Au Mont-Dore, classé aux Monuments Historiques. De nombreux départs de randonnées au sommet, notamment le Sylvatorium, un parcours d'1 km. Ouvert toute l'année, accès libre et gratuit.

→ RANDONNER DEPUIS LE COL DE LA CROIX MORAND (10 min)
L'Auberge de la Croix Morand ravira tes papilles et tes jambes te remercieront, car au départ de ce col, une randonnée d'1h30 A/R jusqu'au sommet du Puy de la Tâche t'attend. La montée est assez pentue par endroits, mais la vue est splendide en haut à 360° sur tout le Sancy et sur le lac de Guéry.

→ FAIRE UNE PAUSE AU LAC SERVIÈRE
(à 20 min du lac de Guéry)
Un peu plus loin, fais-y un arrêt. C'est un maar (lac de cratère) et un lieu aussi remarquable que fragile, mais idéal pour une pause goûter au bord de l'eau ! Ne passe pas à côté de la basilique Notre-Dame d'Orcival à... Orcival !

POUR Y DORMIR
- Camping à la ferme de la Haute-Sioule, à Saint-Bonnet-près-Orcival. Tous les services sur place : pain, viennoiserie, petite épicerie. Point GPS / 45.7085, 2.86129.

PUY DE DÔME ET SAINT-NECTAIRE

Cap maintenant sur... la chaîne des Puys ! Cet alignement de 80 volcans qui s'étend sur près de 32 km de long et 4 km de large est fascinant ! Un véritable spectacle naturel. En 15 min à partir de ton spot pour la nuit, tu peux rejoindre le départ de randonnée jusqu'au sommet du Puy de Dôme.

→ MONTER AU SOMMET DU PUY DE DÔME

• Par le chemin des muletiers
45 min à 1 h | 350 D+
• Par le chemin des chèvres
1 h 30 à 2 h pour atteindre le sommet

→ PRENDRE LE TRAIN PANORAMIQUE DES DÔMES

Si tes jambes ne suivent plus, pense à ce train (payant). En haut, les différents points de vue sont... saisissants !

→ RANDONNER SUR D'AUTRES PUYS ALENTOUR

Le Puy de Dôme est un site classé au Patrimoine Mondial de l'UNESCO. En haute saison, n'hésite pas à privilégier l'ascension du Puy de la Vache ou du Puy de Lassolas.

• Le tour du Puy de la Vache
1 h 30 | 3 km.
• Le tour du Puy de Lassolas
5 h 30 | 5 km.

→ VISITER SAINT-NECTAIRE, célèbre pour son fromage et sa grotte pétrifiante aux eaux volcaniques (accès payant).

SPOT PARFAIT

Chambon-sur-Lac et le Château de Murol
Dernier arrêt : le lac de Chambon, idéal pour se détendre sur la plage, se baigner ou profiter des activités nautiques. Un sentier aménagé permet d'en faire le tour. À proximité, ne manque pas le château de Murol, un incontournable.

ÉTAPE 7

CASCADE DE SALINS

L'AUVERGNE

DISTANCES CLÉS DEPUIS CLERMONT-FERRAND :

- Puy de Dôme à 30 min
- Lac Pavin à 1 h
- Mont-Dore à 1 h
- Salers à 2 h.

AVEC TON VAN

Depuis Clermont-Ferrand : accès direct aux volcans d'Auvergne, au Sancy, Cézallier, Cantal… Routes faciles, paysages variés, villages authentiques.

LOCATION SUR PLACE

Vans à louer à Clermont-Ferrand. Compte 60 à 140 € par jour.

Loueurs conseillés :

- Blacksheep Van
- Yescapa
- WeVan

LES 4 SAISONS

EN HIVER

les ↑ Une atmosphère « hors du temps », les cascades et lacs peuvent être gelés.

les ↓ Routes et sentiers souvent fermés, météo difficile, mais ski possible dans certaines stations et/ou d'autres activités notamment au Lioran (Monts du Cantal), Super-Besse et au Mont Dore (Massif du Sancy).

EN AUTOMNE

les ↑ Tranquillité assurée, couleurs qui donnent des aspects d'escapade canadienne.

les ↓ Généralement une météo peu favorable aux activités outdoor. Beaucoup d'humidité. Peu de restaurants ouverts et activités possibles.

AU PRINTEMPS

les ↑ Nature en éveil, jonquilles, journées ensoleillées, peu de monde, températures agréables.

les ↓ Peu de restaurants et d'activités ouverts avant juin.

EN ÉTÉ

les ↑ Météo favorable, restaurants, activités et visites possibles chaque jour !

les ↓ Fortes chaleurs, surtout dans le Cézallier. Affluence sur les spots touristiques (Puy-de-Dôme, Puy Mary, Lac Chambon…).

BUDGET

Pour un road trip en Auvergne, compte environ 20 € par nuit en camping, et jusqu'à 15 € pour une aire de service. La plupart des activités de l'itinéraire sont gratuites (randonnées, points de vue…), et les activités payantes coûtent en moyenne 10 €, avec des tarifs famille avantageux.
Si tu n'as pas de van, compte environ 900 € de location pour une semaine (agence We Van et Auvergne Van à Clermont-Ferrand ou encore via Internet sur Yescapa et WikiCampers).

OÙ DORMIR ?

Privilégie les aires de services et de stationnement qui sont présentes tout au long de l'itinéraire surtout en pleine saison estivale. Dans le Cantal, le Cezallier, etc. les spots nature sont généralement tolérés par les autorités sauf autour du Puy Mary et du Puy de Dôme.
Attention : tous les sentiers ne sont pas autorisés avec un chien, même en laisse. Renseigne-toi avant.

PLUS D'INFORMATIONS

www.auvergne-destination.com
www.hautesterrestourisme.fr
www.tourisme-sumene-artense.com
www.sancy.com
www.puymary.fr
www.salers-tourisme.fr
www.auvergnevolcansancy.com

QUE PRENDRE AVEC SOI ?

Des vêtements chauds pour le froid et adaptés en cas de fortes chaleurs !
Même en été, on peut passer de 7 °C le matin à 25 °C l'après-midi.

DES CHAUSSETTES ANTI-FROTTEMENT POUR RANDONNÉE.

DES TONGS.

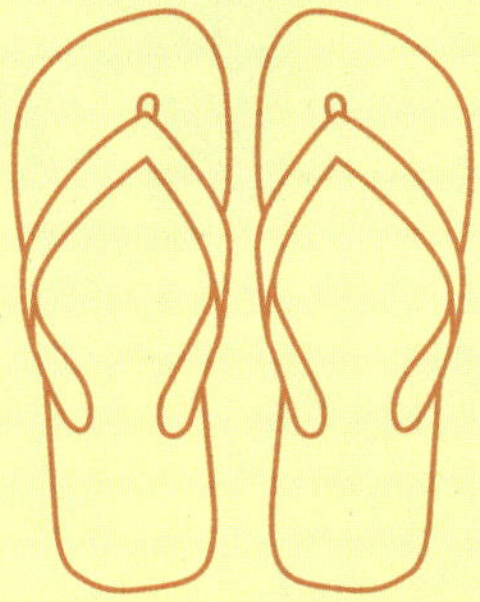

UN K-WAY ET DE BONNES CHAUSSURES DE MARCHE.

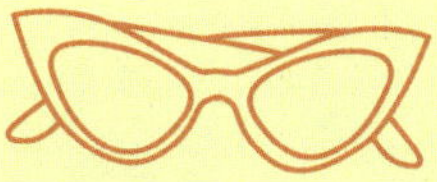

DES LUNETTES DE SOLEIL.

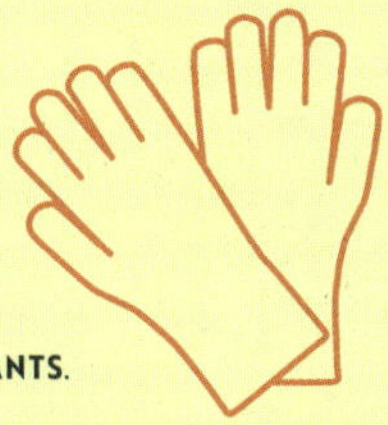

DES GANTS.

SUISS

DURÉE
8 JOURS

DÉPART
LAC D'OESCHINEN

ARRIVÉE
LAC BLEU

DISTANCE
ENTRE 400 ET 600 KM

Avec ses montagnes, ses chemins de randonnée, ses multiples activités, ses petits villages typiques en bois et aux balcons fleuris, ses lacs d'un bleu turquoise... la Suisse est une destination incroyable à la frontière de la France ! Chaque région (Valais, Grisons, Berne, Tessin...) a une identité forte et des paysages dignes de cartes postales. Attention, coup de cœur : un premier road trip en Suisse en amène toujours d'autres. Tu auras envie d'y revenir, car ce pays est magique !

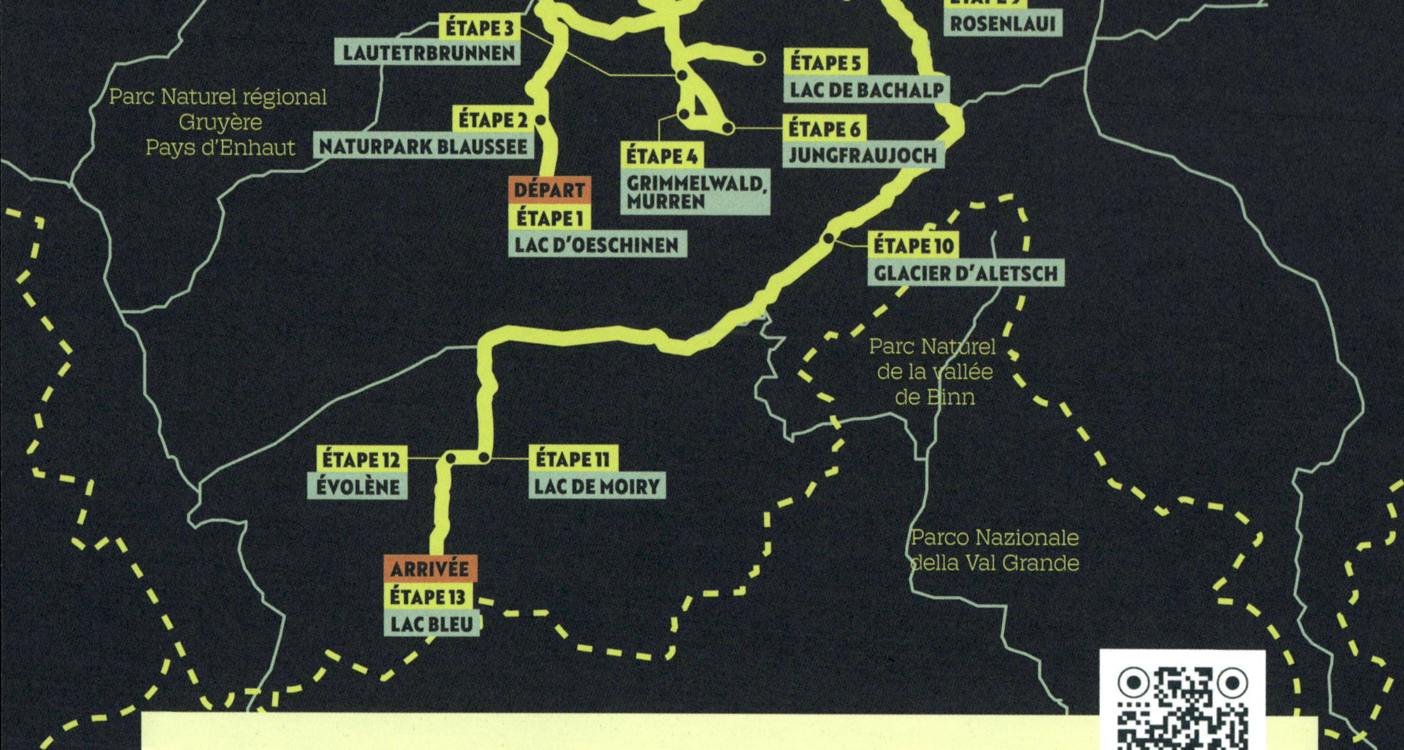

PROGRAMME

JOUR 1

- **MATIN** Lac d'Oeschinen
- **APRÈS-MIDI** Naturpark Blausee

JOUR 2

- **MATIN** Lauterbrunnen
- **APRÈS-MIDI** Mürren + Gimmelwald

JOUR 3

- **MATIN** Grindelwald
- **APRÈS-MIDI** Lac de Bachalp + retour First Flieger

JOUR 4

- **MATIN** Jungfraujoch via Eiger Express
- **APRÈS-MIDI** Lac de Brienz

JOUR 5

- **MATIN** Augstmatthorn
- **APRÈS-MIDI** Rosenlaui

JOUR 6

- **JOURNÉE** Glacier d'Aletsch

JOUR 7

- **MATIN** Bellwald
- **APRÈS-MIDI** Lac de Moiry

JOUR 8

- **MATIN** Evolène
- **APRÈS-MIDI** Lac Bleu

LAC D'OESCHINEN

C'est l'un des plus beaux lacs de Suisse et notre petit coup de cœur ! On a adoré se balader sur les hauteurs du lac et le découvrir dès notre arrivée par une belle journée d'été.

EXPÉRIENCES

3 h
8 km
490 D+
Modéré

→ **FAIRE LA BOUCLE DU HEUBERG**, notre randonnée préférée, pour profiter d'une vue spectaculaire sur le lac glaciaire et les sommets environnants.

→ **GRAVIR LE HOHTÜRLI JUSQU'À LA CABANE DE BLÜEMLISALP**, pour vivre une ascension spectaculaire vers un refuge de haute montagne.

→ **EMPRUNTER LA VIA FERRATA** jusqu'à la cabane de Fründen, perchée avec une vue plongeante sur le lac.

→ **FAIRE DE LA BARQUE**

→ **FAIRE DE LA LUGE D'ÉTÉ**
Juste à côté de l'arrivée à la station supérieure d'Oeschinen, Rodelbahn Oeschinensee.

● ÉTAPE 1

ACCÈS

Depuis Kandersteg, deux options :
- Remontées mécaniques jusqu'à Oeschinen, puis 30 min de marche pour accéder au lac.
- À pied, 2 h à 2 h 30.

QUAND Y ALLER ?

En été, par beau temps en milieu de journée, pour profiter du bleu turquoise du lac. Vérifie l'ouverture des sentiers selon la météo (neige, avalanche).

POUR Y DORMIR

Il est interdit de faire du camping nature dans cette région. Voici quelques spots possibles :
- Wohnmobil Stellplatz Nordic Arena (payant). Point GPS / 46.50689, 7.68018.
- Camping Rendez-vous Kandersteg. Au pied du téléphérique. Point GPS / 46.49677, 7.6836.

PARKING PAYANT

- Gondelbahn Oeschinense Parkplatz (payant). Point GPS / 46.4972, 7.68269.

NATURPARK BLAUSEE

ÉTAPE 2

Il s'agit d'un site naturel célèbre pour son lac de montagne aux eaux cristallines et ses alentours : un parc pour se relaxer, contempler, pique-niquer... Un écrin de verdure enchanteur.

EXPÉRIENCES

→ RANDONNER DANS LE PARC
→ FAIRE DE LA BARQUE

ACCÈS
À 10 min du lac d'Oeschinen. Du parking, 15 à 20 min de marche facile.

QUAND Y ALLER ?
En été par beau temps pour le lac turquoise, en automne pour les couleurs dorées des feuilles.

POUR Y DORMIR
Le camping sauvage est interdit dans la région.
• Possibilité de dormir sur les parkings payants des remontées mécaniques ou dans les campings à proximité. Même spots que pour le lac d'Oeschinen.

PARKING PAYANT
Bluelake Parking.

LAUTERBRUNNEN

Bienvenue dans un village typique, au creux d'une des vallées glaciaires les plus connues de Suisse ! Prépare-toi à en prendre plein les yeux surtout devant sa grande cascade et les belles choses à voir et à faire dans les alentours.

ÉTAPE 3

EXPÉRIENCES

→ **SE PROMENER DANS LA VILLE, SUR LES SENTIERS ET ADMIRER LES MONTAGNES**
Lauterbrunnen est idéalement située au cœur des centres d'intérêt de la région.

→ **DÉPART DE NOMBREUSES RANDONNÉES**
Explorer les hauteurs pour les plus sportifs.

ACCÈS
À 40 min de Naturpark Balusee. Trains réguliers depuis Interlaken toute l'année.

QUAND Y ALLER ?
Fin du printemps ou début d'été, quand la cascade Staubbachfall au-dessus de la ville est à son débit maximum.

PARKING PAYANT
Parkplatz Lauterbrunnen Kirche.

GIMMELWALD, MÜRREN

Après Lauterbrunnen, tu accèdes à deux villages de montagne sans voitures, perchés en altitude : Gimmelwald, juste sous Mürren, qu'on adore pour sa vue sur la vallée et ses activités. Visite les deux, ils valent le détour ! Depuis Mürren, ne manque pas l'une des plus belles via ferrata de Suisse.

EXPÉRIENCES

→ **VISITER GIMMELWALD ET MÜRREN**

→ **MONTER AU SOMMET DU SCHILTHORN**
Par les remontées mécaniques ou à pied. On y trouve le célèbre restaurant tournant « Piz Gloria » (Point GPS / 46.55728, 7.83521) et des sentiers panoramiques.

→ **FAIRE DU PARAPENTE**
Départ réputé pour les sauts.

→ **EMPRUNTER LA VIA FERRATA DE MURREN**
Elle ne comporte pas de difficulté particulière sauf quelques tronçons au-dessus du vide. Déconseillée si tu as le vertige.

ACCÈS
Depuis Stechelberg (Schilthornbahn), plusieurs options :
- Remontées mécaniques jusqu'à Gimmelwald (première station) puis Mürenn (deuxième station).
- À pied depuis le parking de la remontée.
- Gimmelwald | 1h20 | 4 km | 530 D+
- Murren | 2h10 | 6,7 km | 800 D+

Également trains à crémaillère depuis Lauterbrunnen.

QUAND Y ALLER ?
En été, par beau temps, pour voir les sommets et montagnes alentour. Évite le week-end.

POUR Y DORMIR
Le camping sauvage est interdit dans la région. Voici deux campings :
- Camping Jungfrau, Point GPS / 46.58873, 7.90879.
- Camping Rütti – Toni & Sylvia von Allmen-Berger Point GPS / 46.54641, 7.901982.

PARKING PAYANT
Stechelberg (Schilthornbahn).

FIRST ET LE LAC DE BACHALP

Depuis First, tu peux partir à la découverte du lac glaciaire de Bachalp, un autre magnifique lac au milieu de la nature et des vaches. Situé à plus de 2 200 m d'altitude, il se mérite un peu en fonction du chemin que tu choisiras, mais la descente est incroyable !

→ **VISITER GRINDELWALD**
Un joli village alpin, porte d'accès aux sommets emblématiques de l'Eiger, du Mönch et de la Jungfrau.

6 km
3 h
230 D+
Facile

→ **RANDONNER DEPUIS LA STATION SUPÉRIEURE DU TÉLÉPHÉRIQUE** pour profiter d'une vue panoramique sur le lac glaciaire et les sommets à plus de 3000 m d'altitude.

→ **PARCOURIR LE FIRST CLIFF WALK**, une passerelle suspendue gratuite et impressionnante avec vue panoramique Point GPS/46.65934, 8.053378.

→ **DESCENDRE** en tyrolienne, puis allonger sous un aigle, puis en kart de montagne à 3 roues, puis en trottinette. Rien à dire, c'est la meilleure descente de montagne !

ÉTAPE 5

ACCÈS
• Remontées mécaniques | téléphérique Firstbahn AG, puis 30 min de marche.
• À pied depuis Grindelwald | 3 h aller | 10 km | 1 200 D+ | Difficile

QUAND Y ALLER ?
En été, privilégie une matinée ensoleillée pour admirer le lac turquoise, puis profiter de la descente en luge d'été, en kart, etc. Vérifie à l'avance l'accessibilité des sentiers selon la météo.
Pour Descente First : vérifie à l'avance si c'est ouvert. En hiver, le kart à 3 roues est remplacé par une descente en luge. Viens tôt, voire avant l'ouverture des remontées, pour éviter la foule.

POUR Y DORMIR
Deux campings à Grindelwald :
• Camping Eigernordwand, GPS / 46.622486, 8.016540.
• Camping Gletscherdorf, GPS / 46.621150, 8.045063.

PARKING PAYANT
Parking Grindelwald Grund. Point GPS/46.62232, 8.02265.

JUNGFRAUJOCH VIA EIGER EXPRESS

● ÉTAPE 6

Un sommet emblématique de Suisse, abritant la station de train la plus haute d'Europe. On y découvre de nombreuses activités, dont une vue spectaculaire sur les montagnes et le glacier d'Aletsch. Culminant à près de 3 500 m, ce site est inscrit au patrimoine mondial de l'UNESCO.

EXPÉRIENCES

→ **EXPLORER LA GROTTE DE GLACE**
Une galerie souterraine sculptée dans le glacier. Inclus dans le billet de train.

→ **MONTER À L'OBSERVATOIRE SPHINX**
Une plateforme perchée avec vue spectaculaire sur le glacier d'Aletsch. Inclus dans le billet de train.

→ **PROFITER DES RESTAURANTS ET DE LA BOUTIQUE LINDT**

→ **PRATIQUER L'ALPINISME ET LA LUGE D'HIVER**

ACCÈS
Trains à crémaillère (Eiger Express) depuis Grindelwald, Wengen et Lauterbrunnen. Ils traversent plusieurs tunnels de montagne. Arrêt possible dans les tunnels creusés dans la montagne, avec plateforme panoramique sur les sommets.
Conseil : si ton objectif est simplement de voir le glacier d'Aletsch, il est conseillé d'attendre la fin de ton road trip pour y accéder de l'autre côté.

QUAND Y ALLER ?
Un matin d'été, par beau temps, pour voir le lac turquoise avant de redescendre en luge, kart ou trottinette.
Vérifie l'accessibilité des sentiers avant de partir : certaines portions peuvent être fermées en cas de neige ou de risque d'avalanche, même en été.

POUR Y DORMIR
Pas d'hébergement au sommet. Même spots que pour Grindelwald.

PARKING PAYANT
Parking Grindelwald Grund. Point GPS / 46.62232, 8.02265.

ÉTAPE 7

LAC DE BRIENZ

Après avoir crapahuté dans les alentours, fais une pause au lac de Brienz pour te détendre, te baigner et flâner. L'été, l'eau est agréable après une journée de marche et les couleurs sont superbes.

EXPÉRIENCES

→ VISITER LE VILLAGE DE BRIENZ
Sa rue principale et ses maisons typiques et fleuries. Tu trouveras l'une des plus belles maisons dans la rue Brunngasse Brienz.

→ FLÂNER LE LONG DU LAC
C'est le point de départ de plusieurs randonnées à vélo.

→ MONTER SUR LES HAUTEURS VIA BRIENZER ROTHORN
Un petit train rouge, pour profiter d'un panorama à couper le souffle.

ACCÈS
- En van : 10 min depuis Interlaken.
- En train : 20 min entre Interlaken OST et Brienz.
- En bateau : 1h15 entre Interlaken OST et Brienz.

QUAND Y ALLER ?
Au printemps, moins de touristes, fleurs en floraison, idéal pour randonnées et balades, températures agréables (15–20 °C). Début d'automne, couleurs, moins de monde qu'en été, températures douces, paysages photogéniques.

POUR Y DORMIR
Le camping sauvage est interdit dans la région.
- Camping Aaregg Brienz, proche du lac. Point GPS / 46.74808, 8.04792.

PARKING PAYANT
Parkplatz Rössliplatz (interdit d'y dormir), mais parfait pour aller visiter le village et se balader sur le bord du lac. Point GPS/46.75504, 8.02778.

ÉTAPE 8

AUGSTMATTHORN

Viens marcher sur une arête impressionnante pour rejoindre un somptueux panorama ! Le sommet d'Augstmatthorn se situe à environ 2100 m d'altitude, juste au-dessus du lac de Brienz. On y accède par différents sentiers. C'est aussi le paradis pour observer la faune (bouquetin, chamois...) et la flore luxuriante.

RANDONNÉES

3 h
6,4 km
600 D+
Modéré

→ RANDONNÉE 1

Gare-toi à Lombachalp (parking payant la journée), puis gravis la montagne par un sentier bien balisé.

6 h
17 km
956 D+
Difficile

→ RANDONNÉE 2

Gare-toi au funiculaire de Harder kulm et monte jusqu'au belvédère.

ACCÈS
À 50 min de Brienz.

QUAND Y ALLER ?
Un matin d'été, par beau temps, pour profiter du lac turquoise.
Vérifie l'accessibilité des sentiers avant de partir : certaines portions peuvent être fermées en cas de neige ou de risque d'avalanche, même en été.

POUR Y DORMIR
Camping au Lac Ringgenberg. Point GPS / 46.70734, 7.9127374.

PARKING PAYANT
Parking du restaurant Lombach. Point GPS / 46.74414, 7.90727.

ROSENLAUI

ÉTAPE 9

Bienvenue dans l'une des plus belles gorges naturelles de Suisse, un havre de verdure idéal pour se détendre et admirer le Wetterhorn (3 692 m). Difficile de ne pas se sentir petit devant ce paysage.

EXPÉRIENCES

→ **SE BALADER** le long de la vallée de Rosenlaui sur une boucle facile d'1 km (20 min) entre pontons et rivière.

→ **RANDONNER** depuis la vallée jusqu'aux sentiers menant au glacier.

→ **VISITER L'INTÉRIEUR DES GORGES**
Payant | environ 1 h | 1,2 km.
Le parcours est authentique, avec un sentier pour découvrir ce magnifique spectacle naturel.

ACCÈS
À 40 min de Brienz, à 1h20 d'Augstmatthorn.

QUAND Y ALLER ?
Début ou fin d'été, route ouverte, rivières et cascades puissantes grâce à la fonte des neiges, températures agréables.

POUR Y DORMIR
Le camping sauvage est interdit dans la région. Même spots que pour le lac de Brienz.

PARKING PAYANT
Grand parking près des gorges. Idéal pour rando ou détente au bord de la rivière. Point GPS / 46.67951, 8.15455.
Pense à acheter ton ticket sur la route en bas, il n'y a pas de machine après.

GLACIER D'ALETSCH

● ÉTAPE 10

Une des plus belles choses à faire dans sa vie : observer un glacier. Et celui d'Aletsch est magnifique ! C'est surtout le plus long glacier des Alpes, il mesure environ 23 km. Tu peux aussi l'observer depuis le sommet du Jungfraujoch.

EXPÉRIENCES

→ **OBSERVER LE GLACIER** depuis la station finale du téléphérique, profiter de différents points de vue et d'un parcours informatif sur l'évolution du glacier.

→ **RANDONNER SUR LE SENTIER DE LA MORAINE** qui longe le glacier.
Départ Fiescheralp | 5 h | 18 km | 600 D+. Moyen.

→ **DÉCOUVRIR BELLWALD**, un charmant village suisse aux maisons traditionnelles, encore peu connu des voyageurs.
Tu pourras le découvrir en toute tranquillité et c'est super agréable !

→ **DORMIR DANS UNE TINY HOUSE** pour une expérience insolite, avec vue privilégiée et jacuzzi en fin de journée.

ACCÈS
- Remontées mécaniques Fiesch Talstation, puis 30 min de marche jusqu'à la plateforme panoramique et les différents points de vue.
- À pied depuis Fiesch | 4h aller de marche | 18 km | 1800 D+ | Difficile.
- Depuis la première station de la remontée | 1h | 4 km | 700 D+ | Modéré.

QUAND Y ALLER ?
L'été, selon les conditions climatiques et l'enneigement en altitude. On te conseille d'y aller en début de journée pour éviter la foule.

POUR Y DORMIR
Le camping sauvage est interdit dans la région.
- Camping Jungfrau, Point GPS / 46.58873, 7.90879.
- Camping Rütti – Toni & Sylvia von Allmen-Berger Point GPS / 46.54641, 7.901982.

PARKING PAYANT
Fieschertalstrasse 28 Parking. Point GPS / 46.4057401,8.1357170.

LAC DE MOIRY

Un autre lac alpin suisse, et sans doute l'un des plus beaux ! Bien qu'il ne soit pas naturel, à cause du barrage, son eau est bleu turquoise. Niché à 2 250 m d'altitude, ce lac est une halte coup de cœur en van : balades tranquilles le soir le long de la route silencieuse, et un panorama montagneux à couper le souffle.

ÉTAPE 11

EXPÉRIENCES

→ **FAIRE LE TOUR DU LAC** pour une randonnée panoramique avec vue spectaculaire sur le lac turquoise et le glacier.

→ **PARCOURIR LA VIA FERRATA** Plusieurs itinéraires adaptés à tous les niveaux partent du parking près du barrage. Une section avec un grand filet demande un peu de force dans les bras.

→ **REJOINDRE LE GLACIER DE MOIRY**
6,8 km | 3 h | 500 D+ | Modéré
En longeant le lac jusqu'à son extrémité sud, on atteint un grand parking, point de départ de plusieurs randonnées vers le glacier.

ACCÈS
À 3 h de Rosenlaui.

QUAND Y ALLER ?
- De juin à octobre, quand les routes sont dégagées.
- En été, par une journée ensoleillée, en milieu de journée, pour voir les sommets et les montagnes alentour. Évite le week-end.

POUR Y DORMIR
- Parking, près du barrage. Point GPS / 46.13835, 7.57408.

PARKING GRATUIT
À la sortie du tunnel.

EVOLÈNE

Un autre charmant village valaisan à ne pas manquer ! Situé à environ 1400 m d'altitude, sur la seule route menant au lac Bleu, il compte près de 1500 habitants. Prends le temps de t'y arrêter !

ÉTAPE 12

ACCÈS
À 45 min du lac de Moiry.

QUAND Y ALLER ?
De juin à octobre, quand les routes sont dégagées et les balcons fleuris.

POUR Y DORMIR
Le camping sauvage est interdit dans la région. Même spots que pour le lac de Moiry.

PARKING PAYANT
Parking du Clos-Lombard. Point GPS / 46.11171, 7.49808.

EXPÉRIENCES

→ VISITER LE VILLAGE
Connu pour ses maisons traditionnelles en bois.

→ GOÛTER AUX TRADITIONS LOCALES
Le restaurant Le Mazot Chez Raymonde se trouve à deux pas de l'église. Installé dans un authentique chalet évolènard en bois de mélèze, c'est l'endroit idéal pour savourer des spécialités suisses.

LAC BLEU

Il est également appelé Lac Bleu d'Arolla. Dans le canton du Valais, juste après le village d'Evolène, il faut absolument que tu ailles voir ce lac, situé à 2 091 m d'altitude, car il est somptueux. Sa couleur bleue, due à une combinaison d'algues et de minéraux argileux, tranche avec les montagnes qui se dressent dans le ciel.

ACCÈS
À 15 min d'Evolène.

QUAND Y ALLER ?
De juin à octobre, lorsque les routes sont dégagées. En été, privilégie le milieu de journée par temps ensoleillé pour profiter des vues sur les sommets et les montagnes alentour.

POUR Y DORMIR
Voici plusieurs spots :
- Parking. Point GPS / 46.708139, 7.962456.
- Camping Belle Vue, proche du lac.

PARKING PAYANT
En face du restaurant « La Gouille », Pension du Lac Bleu. Point GPS / 46.0535, 7.4898.

RANDONNÉE

1 h30 Aller/Retour
3 km
200 D+
Facile

→ **RANDONNER VERS LE LAC BLEU**
Départ depuis « La Gouille ».

→ **BOIRE UN CAFÉ** à la buvette Chez Léon, juste à côté du lac.

LA SUISSE

DISTANCES CLÉS DEPUIS GENÈVE

- Lac d'Oeschinen à 2 h 30
- Lauterbrun-nen à 3 h.

AVEC TON VAN

Depuis la France, accès facile par Genève, Bâle, Lausanne ou Vallorbe. Vignette autoroutière obligatoire (env. 40 CHF/an, en ligne). Routes secondaires : beaux panoramas, pas de péages.

LOCATION SUR PLACE

Vans à louer à Genève, Zurich, Lausanne ou Bâle. Compte 110 à 250 € par jour. Astuce : louer en France est souvent moins cher.

Loueurs conseillés :

- Blacksheep Van
- Roadsurfer
- Anywhere Campers
- Indie Campers

LES 4 SAISONS

EN HIVER

les ↑ Montagnes enneigées, station de ski, activités d'hiver.

les ↓ Il peut faire froid, les cols sont fermés.

EN AUTOMNE

les ↑ Les arbres colorés, moins de touristes.

les ↓ Certaines remontées / activités / restaurants, etc.sont en maintenance ou fermés.

AU PRINTEMPS

les ↑ Tout est en fleurs, peu de monde, les cascades et les lacs sont gorgés d'eau.

les ↓ Attention aux orages. Lacs de barrages parfois secs ou sous la glace. Cols et remontées parfois fermés. Sentiers sous la neige.

EN ÉTÉ

les ↑ Du soleil et une belle météo, tout est ouvert.

les ↓ Beaucoup de monde sur certains endroits, certains lacs et cascades peuvent être asséchés.

OÙ DORMIR ?

RÉGLEMENTATIONS EN SUISSE

Bivouaquer ou dormir sur des spots nature avec son van est strictement interdit dans certaines régions de Suisse.

Important : vérifie toujours les règles locales, par exemple sur Park4Night.

LES SPOTS POUR DORMIR

Les spots nature : il en existe, mais en dehors des zones touristiques. Renseigne-toi avant de partir.

Les parkings des départs de randonnées : la plupart sont gratuits hors saison et cela permet d'être sur place au petit matin.

Les campings et aires de services pour camping-car : pour pouvoir recharger les batteries (eau, poubelles, machine à laver...). Il est recommandé de réserver les campings en haute saison.

QUE PRENDRE AVEC SOI ?

Prends des vêtements chauds, même en été : il fait vite froid en altitude. Ajoute trousse de secours, batterie externe et carte eSIM (hors UE).

UN COUPE-VENT IMPERMÉABLE.

UN APPAREIL PHOTO, CAR TU VAS EN PRENDRE PLEIN LES YEUX.

DES CHAUSSURES DE RANDONNÉE IMPERMÉABLES.

LANGUES

Cela dépend des cantons / régions où tu voyageras, mais il y a 4 langues officielles : romanche, allemand, français et italien. Cependant, c'est une destination touristique, tous parlent bien anglais.

MONNAIE

La Suisse ne fait pas partie de l'Union Européenne. La monnaie locale est le franc suisse = CHF. Tu peux prendre une carte globe-trotteur au Crédit Agricole (ou chez une banque en ligne bien positionnée en termes de frais). Cette carte te permettra de limiter les taxes et les frais quand tu utiliseras ta carte bancaire française en dehors de l'Europe. En 2026, 1 € ≈ 0,93 CHF.
Il n'est pas nécessaire d'avoir beaucoup d'argent liquide, sauf dans les régions isolées.

SÉCURITÉ

La Suisse est une destination sûre.

BUDGET

La Suisse est l'une des destinations les plus chères d'Europe. Pour un road trip à deux d'une semaine, compte environ 600 €, selon ton mode de voyage et tes activités. Voici nos meilleurs conseils pour limiter ton budget :

DORMIR DANS TON VÉHICULE OU EN TENTE : les hôtels représentent souvent la moitié de ton budget, et certains peuvent être très chers selon les zones touristiques.

ÉVITER LES RESTAURANTS D'ALTITUDE : comme partout en montagne, les restaurants d'altitude sont les plus chers.

FAIRE SES COURSES EN AVANCE : prévois tes repas à l'avance et fais une bonne partie de tes provisions en France pour limiter les frais.

PROFITER DES ACTIVITÉS GRATUITES : randonnée, via-ferrata, escalade, baignade dans les lacs pour les plus courageux !

ÉVITER LES REMONTÉES MÉCANIQUES : les prix sont souvent élevés, surtout dans certaines zones touristiques. Compte environ 20 €/pers pour un aller.

BAVIÈRE

ALLEMAGNE AUTRICHE

& TYROL

DURÉE
7 JOURS

DÉPART
CHÂTEAU DE NEUSCHWANSTEIN

ARRIVÉE
LAC DE PLANSEE

DISTANCE
700 KM

Ce road trip traverse des paysages de montagne, des lacs turquoise et des villages typiques, entre Bavière allemande et Tyrol autrichien. Traditions alpines, costumes locaux, grands espaces et sites emblématiques se mêlent ici dans un décor unique. Sur la route, l'ambiance des fêtes bavaroises, le charme des villages et les panoramas à couper le souffle s'invitent à chaque étape. L'accueil chaleureux, la convivialité et la beauté des Alpes font de cet itinéraire un concentré d'expériences inoubliables. Prêt à prendre la route ? À toi la liberté du van au cœur des Alpes !

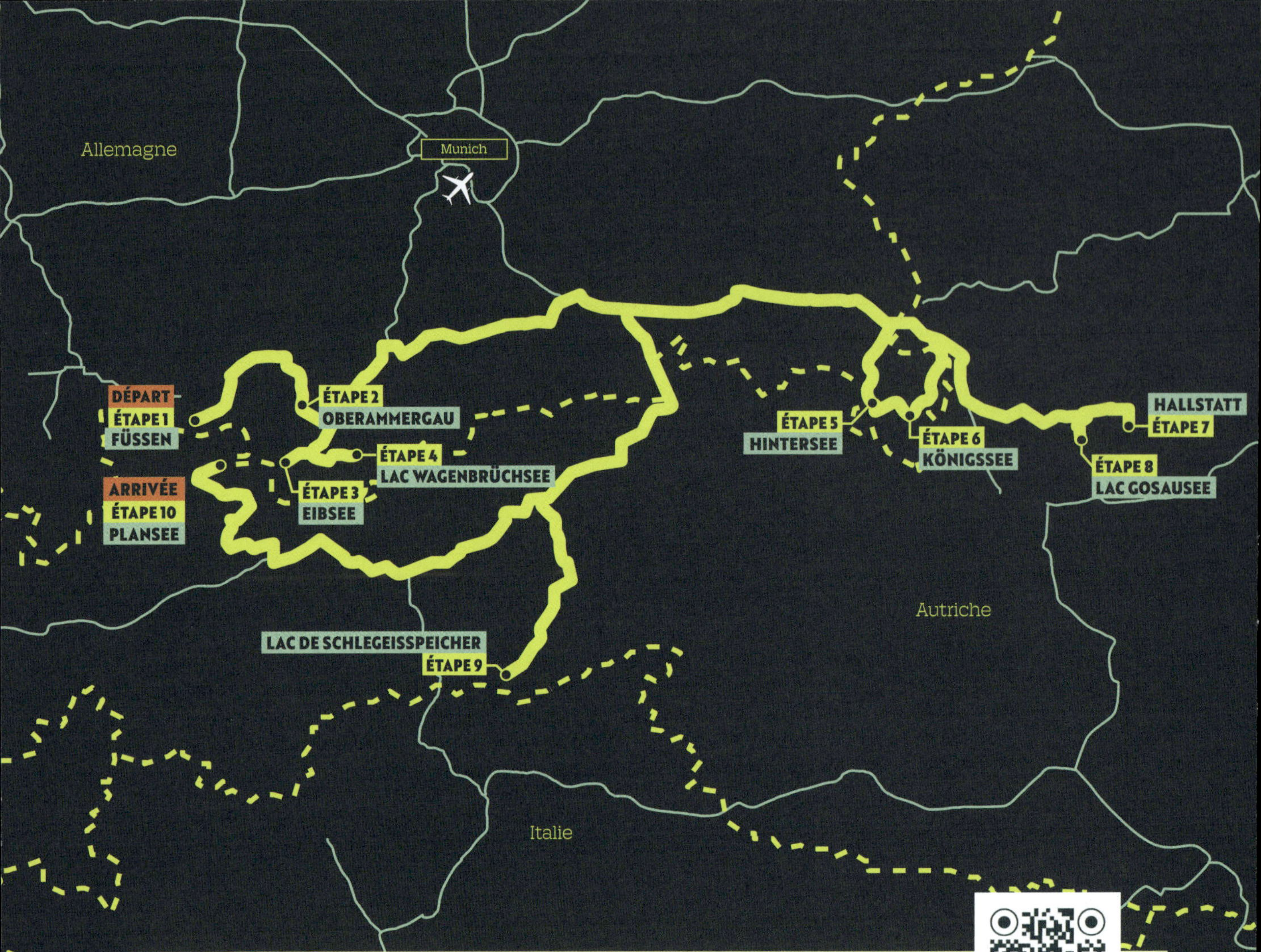

PROGRAMME

JOUR 1

- **MATIN** Château de Neuschwanstein
- **APRÈS-MIDI** Lac de Alpsee
- **COUCHER DE SOLEIL** Église Saint-Coloman de Schwangau

JOUR 2

- **MATIN** Oberammergau / Gorges de Partnachklamm
- **APRÈS-MIDI** Lac Eibsee / où monter au Zugspitze via le téléphérique (plus haut sommet d'Allemagne)

JOUR 3

- **MATIN** Balade au lac Wagenbrüchsee, avec sa prairie et ses petits chalets en bois
- **APRÈS-MIDI** Randonnée à Klausbachtaler Hängebrücke / Hintersee / église Saint-Sebastian

JOUR 4

- **MATIN** Königssee + Obersee via une croisière
- **APRÈS-MIDI** Route vers Hallstatt

JOUR 5

- **MATIN** Via ferrata panoramique de Gosausee ou randonnée via le téléphérique
- **APRÈS-MIDI** Lac de Gosausee

JOUR 6

- **MATIN** Route vers Cascades de Krimml
- **APRÈS-MIDI** Panorama de Olperer Hütte sur le lac bleu turquoise de Schlegeisspeicher

JOUR 7

- **MATIN** Route vers Plansee
- **APRÈS-MIDI** Lac de Plansee / randonnée sur les hauteurs

FÜSSEN ET LES CHÂTEAUX

Depuis le pont Marienbrücke, au coucher du soleil, pour photographier le château de Neuschwanstein. Point GPS / 47.55497, 10.74934.

Depuis le champ derrière l'église Saint-Coloman de Schwangau, au coucher du soleil, pour capturer de belles couleurs dorées. Point GPS / 47.57898, 10.74905.

Nichée au pied des Alpes bavaroises, Füssen est une charmante ville médiévale, connue pour être la porte d'entrée des célèbres châteaux de Neuschwanstein et d'Hohenschwangau. Après avoir exploré les châteaux, une balade autour du lac Alpsee s'impose : c'est l'un des plus beaux lacs de Bavière.

→ **FLÂNER DANS LA VIEILLE VILLE DE FÜSSEN**
Découvrir ses ruelles pavées, ses maisons colorées et sa place du marché. Visiter l'abbaye bénédictine Saint-Mang. Se promener le long de la rivière Lech.

→ **SE BALADER AUTOUR DU LAC ALPSEE**
Accessible depuis le parking des châteaux et à seulement 5 km de Füssen. Nous avons adoré découvrir ses eaux d'un bleu profond, entourées de forêts denses et de montagnes.

→ **VISITER LE CHÂTEAU DE NEUSCHWANSTEIN**
À quelques kilomètres de Füssen, le château de Neuschwanstein a inspiré Walt Disney pour celui de la Belle au Bois Dormant. Un incontournable.

→ **EXPLORER LE CHÂTEAU DE HOHENSCHWANGAU**, château familial du roi Louis II.

→ **RANDONNER JUSQU'AU CHÂTEAU DE NEUSCHWANSTEIN** à pied par les sentiers forestiers.

→ **GOÛTER À LA CUISINE LOCALE**, Weisswurst (saucisse blanche), Bretzel, Schweinshaxe (jarret de porc rôti), etc., accompagnés d'une bonne bière bavaroise comme la Helles (bière blonde), la Dunkel (bière brune) ou la Weissbier (bière blanche).

ACCÈS
Füssen est à environ 2 h de Munich.

QUAND Y ALLER ?
En mai et septembre pour profiter d'une belle lumière.

PARKING
Tous les parkings officiels sont payants, que ce soit à Füssen ou à Hohenschwangau près du château. Quelques parkings gratuits existent en journée en périphérie.

POUR Y DORMIR
• Camping de Füssen. Point GPS / 47.60137, 10.68351.

ÉTAPE 1

Dans le centre du village, la maison emblématique « Pilatushaus ». Point GPS / 47.59753, 11.06313.

OBERAMMERGAU

Ce petit village est connu pour ses maisons peintes ornées de fresques, représentant des scènes religieuses, folkloriques ou tirées de contes. Il est aussi réputé pour la sculpture sur bois que tu pourras admirer en te baladant dans le centre. Promène-toi dans ces ruelles pour t'imprégner de la culture locale. C'est aussi un point de départ idéal pour explorer la nature environnante.

→ **ADMIRER LES MAISONS PEINTES** (Lüftlmalerei).

→ **VISITER LE THÉÂTRE DE LA PASSION** (Passionsspielhaus). Lieu emblématique où se joue tous les 10 ans la célèbre « Passion du Christ » par les habitants.

→ **DÉCOUVRIR L'ARTISANAT LOCAL** en visitant les ateliers de sculpture sur bois.

→ **MONTER AU SOMMET DU KOFEL** (1 342 m)
2 h | 4,2 km | Modéré à difficile | 435 D+
Randonnée offrant une belle vue sur le village et les Alpes.

→ **VISITER L'ÉGLISE BAROQUE SAINT-PIERRE-ET-PAUL**, typique de la région.

→ **PROFITER D'UN BON REPAS BAVAROIS**, dans une auberge typique.

→ **SE BALADER DANS LES GORGES SPECTACULAIRES DE PARTNACHKLAMM**
À seulement 25 min d'Oberammergau. Falaises, tunnels, cascades... À voir absolument.
Point GPS / 47.46491, 11.12195.

● **ÉTAPE 2**

ACCÈS
À 50 min de Füssen.

QUAND Y ALLER ?
De mai à octobre, privilégie juin à septembre pour une météo agréable, des gorges ouvertes et des randonnées accessibles.

POUR Y DORMIR
• Parkplatz Tennisplatz Ettal, à 10 min d'Oberammergau. Calme et paisible, à proximité d'un monastère. Point GPS / 47.57063, 11.09674.

PARKING
Les parkings du centre sont payants, mais Turnerweg (Point GPS / 47.5916, 11.06766) et Festplatz (Point GPS / 47.58929, 11.0715), offrent des alternatives gratuites en journée, idéales pour visiter le village. Attention, ils ferment après 22 h.

SPOT PHOTO

Du côté sud du lac, vue dégagée sur le Zugspitze et reflets dans l'eau.

EIBSEE & ZUGSPITZE

ÉTAPE 3

Bienvenue dans l'un des sites les plus emblématiques de Bavière, près de Garmisch-Partenkirchen. Au lever du soleil, le lac Eibsee dévoile ses eaux turquoise superbes et, par temps calme, de fascinants reflets du Zugspitze, le plus haut sommet d'Allemagne (2 962 m). Par météo clémente, il est possible de monter au sommet pour profiter d'un panorama à 360° sur les Alpes allemandes, autrichiennes et suisses.

→ FAIRE LE TOUR COMPLET DU LAC
1 h 30-2 h | 7,5 km | Facile
Ce sentier longe l'eau avec vue sur les montagnes.

→ LOUER UN PÉDALO, UN KAYAK OU UN PADDLE au bord du lac, de mai à octobre selon la météo.

→ PIQUE-NIQUER ET SE BAIGNER DANS L'EAU CRISTALLINE
Plusieurs zones aménagées au bord de l'eau.

→ MONTER AU SOMMET DU ZUGSPITZE
- En téléphérique Seilbahn Zugspitze : en 10 min depuis Eibsee.
- En train à crémaillère (Zugspitzbahn) depuis Garmisch + petit téléphérique final.

→ PROFITER DE LA PLATEFORME PANORAMIQUE
À 2 962 m. Point GPS / 47.43921, 11.05025.

→ METTRE UN PIED EN AUTRICHE, la frontière passe juste au sommet.

ACCÈS
À 45 min d'Oberammergau.

QUAND Y ALLER ?
De fin mai à début octobre, septembre est idéal pour éviter la foule et profiter des couleurs. Arrive avant 10 h ou en fin d'après-midi pour plus de tranquillité et une belle lumière.

POUR Y DORMIR
Il est interdit de dormir dans son véhicule autour du lac.
- Camping à Grainau ou spot nature de Parkplatz Scharfmoos, un parking en pleine forêt à 35 min du lac. Point GPS / 47.4769716, 11.2364880.

PARKING PAYANT
Les parkings officiels, payants et proches du lac et du téléphérique, sont ouverts de 5 h à 22 h, mais le stationnement de nuit et l'accès aux véhicules de plus de 2,10 m de haut y sont interdits. Des parkings gratuits sont disponibles plus loin.

En haut de la prairie au lever du soleil pour profiter d'une lumière dorée qui illumine les chalets, les prairies et les montagnes du Karwendel en arrière-plan.

LAC WAGENBRÜCHSEE

Au réveil, direction le lac Wagenbrüchsee, une véritable carte postale des Alpes bavaroises. Aussi appelé Geroldsee, il est entouré de prairies et de petits chalets traditionnels en bois, offrant une vue spectaculaire sur le massif du Karwendel, ce qui en fait l'un des spots photo les plus iconiques d'Allemagne. C'est un lieu parfait pour se détendre, car encore peu touristique.
À savoir : le site étant une zone protégée, la baignade y est interdite. Il est également demandé de respecter le calme des lieux ainsi que la préservation des prairies.

ÉTAPE 4

→ **SE BALADER AUTOUR DU LAC** Sentiers plats et accessibles.

→ **OBSERVER LES CHALETS**, véritables cabanes à foin traditionnelles.

→ **SE POSER POUR LIRE, DESSINER OU MÉDITER**

→ **OBSERVER LA FAUNE LOCALE**, oiseaux alpins, chevreuils.

→ **PIQUE-NIQUER AU BORD DU LAC**

→ **RANDONNER DANS LES MONTAGNES DU KARWENDEL** Différents niveaux, départ depuis Krün ou Wallgau.

ACCÈS
À 30 min d'Eibsee.

QUAND Y ALLER ?
En juin, prairies fleuries et sommets enneigés ; en septembre, lumière douce et couleurs d'automne. Arrive 30 min avant le lever du soleil pour repérer ton spot photo.

POUR Y DORMIR
- Parking Parkplatz Scharfmoos à 5 min du lac. Point GPS / 47.47712, 11.23641.
- Camping Alpen-Caravan-park Tennsee près du village de Krün. Point GPS / 47.4769716, 11.2364880.

PARKING PAYANT
Parking à l'entrée du village Gerold, à 15 min à pied du lac. Point GPS / 47.49073, 11.21277.

HINTERSEE

● ÉTAPE 5

Le lac Hintersee, situé près de Ramsau bei Berchtesgaden et du parc national de Berchtesgaden, est l'un des plus beaux lacs de montagne d'Allemagne, célèbre pour ses eaux turquoise et ses rochers moussus au bord de l'eau. On a adoré emprunter le sentier qui traverse la forêt de Zauberwald au bord du lac, parfait pour flâner, prendre des photos ou simplement profiter de la nature.

SPOT PHOTO

Au bord du lac au lever du soleil pour essayer de shooter les deux rochers au milieu de l'eau, avec une vue sur les montagnes en arrière-plan et de beaux reflets sur l'eau.

→ **FAIRE LE TOUR DU LAC** (Hintersee Rundweg) : 2,5 km | boucle facile
Vues magnifiques sur l'eau, les montagnes et les forêts.

→ **TRAVERSER LA FORÊT DE ZAUBERWALD**
Cette courte randonnée traverse la forêt de Zauberwald, classée site naturel protégé pour ses rochers surgis du sol et ses racines tordues dignes d'un conte.

→ **OBSERVER LA FAUNE** : oiseaux, poissons et écureuils dans la forêt.

→ **PIQUE-NIQUER AU BORD DU LAC**, il y a plusieurs bancs et zones tranquilles.

→ **LOUER UNE BARQUE TRADITIONNELLE** en été.

→ **RANDONNER DANS LE PARC NATIONAL DE BERCHTESGADEN**
Hintersee est un point de départ pour des randos plus longues.

→ **FAIRE LA RANDONNÉE DE LA KLAUSBACHTALER HÄNGEBRÜCKE**
6 à 10 km | Facile à modéré |
Avec une grande passerelle de 55 m de long suspendue au-dessus d'un ruisseau.

→ **ADMIRER L'ÉGLISE SAINT-SEBASTIAN**, « Pfarrkirche St. Sebastian Ramsau », à 7 min du lac, avec le ruisseau qui passe juste devant.

ACCÈS
À 2 h 45 du lac Wagenbrüchsee.

QUAND Y ALLER ?
En juin ou septembre, nature en fleurs, sentiers paisibles et lumière idéale. Privilégie le lever du soleil pour les reflets et l'ambiance magique, ou la fin de journée pour la lumière dorée.

POUR Y DORMIR
• Parking Seeklause, payant. Point GPS / 47.6045, 12.8585. C'est le seul autorisé aux vans et camping-cars.
• Camping Simonhof, à 10 min du lac avec plus de services. Point GPS / 47.62724, 12.87049.

PARKINGS PAYANTS
En van ou camping-car, seul le parking Seeklause est autorisé.

KÖNIGSSEE

Situé dans le parc national de Berchtesgaden, au sud-est de la Bavière, près de la frontière autrichienne, Königssee est un lac glaciaire alpin, réputé pour ses eaux cristallines d'un bleu profond, entouré de montagnes abruptes et de forêts denses. Pour visiter ce lac, on a pris un magnifique bateau électrique en bois. Tu y découvriras un calme saisissant, un véritable havre de paix où l'on se sent tout petit face à la grandeur de cette nature. Le capitaine nous a même joué un morceau de trompette pour nous faire écouter l'écho résonner sur les falaises. C'est un endroit parfait pour se détendre.
À savoir : Königssee est l'un des rares lacs d'Europe où les bateaux à moteur thermique sont interdits, pour préserver la pureté de l'eau et la tranquillité du site. Seuls les bateaux électriques sont autorisés.

→ **SE BALADER EN BATEAU ÉLECTRIQUE SUR LE LAC**

→ **VISITER LA CHAPELLE SAINT-BARTHÉLEMY**
Accessible uniquement en bateau, situé au bord du lac.

→ **RANDONNER VERS OBERSEE**, balade facile, en amont du lac.

→ **FAIRE LA RANDONNÉE VERS LA CASCADE RÖTHBACH**
C'est la cascade la plus haute d'Allemagne, accessible via un sentier depuis Obersee.

→ **OBSERVER LA FAUNE LOCALE**, chamois, aigles et autres animaux des Alpes bavaroises.

→ **DÉGUSTER LA CUISINE LOCALE** dans un restaurant au bord du lac.

• ÉTAPE 6

SPOT PHOTO

Depuis le bateau, prendre en photo la chapelle Saint-Barthélemy blanche et rouge avec les montagnes en fond et le reflet sur l'eau par temps clair.

ACCÈS
À 20 min de Hintersee.

QUAND Y ALLER ?
En mai-juin, nature luxuriante et météo douce ; en septembre, lumière dorée, calme et belles couleurs. Privilégie le lever du soleil pour profiter des reflets et de la tranquillité.

POUR Y DORMIR
• Parking payant réservé aux camping-cars, près du lac. Point GPS / 47.59299, 12.98564.

PARKINGS PAYANTS
Le parking officiel de Königssee accepte les voitures et tolère les vans, mais pas les camping-cars (Point GPS / 47.59205, 12.98811) ; un autre parking à côté est prévu pour campeurs et caravanes.

SPOT PHOTO

Au Panoramic Viewpoint – Hallstatt, vue imprenable sur le lac, le village et les montagnes.

HALLSTATT

• ÉTAPE 7

Bienvenue à Hallstatt, joyau alpin niché au cœur du Salzkammergut. Ce village, l'un des plus anciens d'Europe, doit son développement aux mines de sel qui l'entourent. Bordé par les eaux paisibles du Hallstättersee et encadré par des montagnes majestueuses, Hallstatt séduit par ses maisons en bois aux couleurs chaleureuses, ses ruelles étroites pleines de charme, idéales pour une promenade contemplative. Classé au patrimoine mondial de l'UNESCO, ce lieu semble tout droit sorti d'un conte, où chaque coin de rue invite à la découverte. À savoir : Hallstatt est tellement populaire qu'une réplique existe en Chine (à Huizhou).

→ **VISITER LA MINE DE SEL (SALZWELTEN)** C'est la plus ancienne mine de sel du monde encore accessible.

→ **MONTER SUR LA PLATEFORME SKYWALK WELTERBEBLICK** Panorama à 360 ° au-dessus du lac (accès via un funiculaire). Point GPS / 47.56131, 13.64361.

→ **SE BALADER DANS LE CENTRE HISTORIQUE** et ses ruelles fleuries jusqu'à la place du marché et sa fontaine.

→ **EXPLORER L'ÉGLISE CATHOLIQUE ET L'OSSUAIRE** (Beinhaus) avec ses crânes décorés.

→ **LOUER UNE BARQUE OU UN PÉDALO** pour se détendre sur le lac.

→ **SE BALADER LE LONG DU SENTIER DU LAC** (Seepromenade) à pied ou à vélo.

→ **RANDONNER JUSQU'AUX CHUTES WALDBACHSTRUB** 45 min | 1h depuis le village.

→ **DÉGUSTER DES PLATS TYPIQUES** : poissons du lac, schnitzel, strudel...

ACCÈS
À environ 1h30 du lac Königssee.

QUAND Y ALLER ?
En mai-juin ou septembre-octobre pour éviter la foule et profiter du calme, des belles couleurs et d'une météo agréable. Viens tôt le matin ou en fin d'après-midi.

POUR Y DORMIR
• Parking gratuit en pleine nature, entre Hallstatt et Gosau. Point GPS / 47.5902401, 13.6208371.

PARKING
Le parking dans le tunnel, gratuit pour 90 min, est petit mais offre un accès direct au village par un escalier. Autre alternative, le parking P1, plus central, mais payant. Point GPS / 47.55281, 13.64851.

SPOT PHOTO

Sur le sentier ouest, vue parfaite sur le lac et le Dachstein enneigé, avec reflets par temps calme. Pour les plus motivés, photo sur l'échelle emblématique.

ÉTAPE 8

LAC GOSAUSEE

Le Gosausee, lac alpin aux eaux turquoise, offre un reflet saisissant du Dachstein. Célèbre pour sa via ferrata *Stairs to Heaven*, avec sa vertigineuse échelle suspendue au-dessus du lac, il attire randonneurs, photographes et amoureux de panoramas grandioses. Un décor à couper le souffle.

→ **SE BALADER AUTOUR DU LAC**. Facile et ombragée.

→ **SE BAIGNER DANS LE LAC**. Idéal en été, eau fraîche mais baignade autorisée.

→ **PIQUE-NIQUER** dans une ambiance calme et sauvage.

→ **FAIRE DU PADDLE OU DU CANOË**, si tu as ton propre équipement.

→ **S'ESSAYER À L'ESCALADE** sur les parois autour du lac dans les secteurs aménagés. Il y a également une petite via ferrata facile, Laserer Alpin-Klettersteig, côté rive est du lac. Avec « l'échelle du paradis » au-dessus de l'eau. Point GPS / 47.53026, 13.50748.

→ **MONTER EN TÉLÉPHÉRIQUE**
Gosaukammbahn jusqu'à Zwieselalm Randos et vue panoramique.

→ **FAIRE LA RANDO PANORAMIQUE**
Gosaukammrunde.
21,9 km | 9 h | Difficile | 1 284 m ou 1 833D+
Vues spectaculaires sur le Dachstein.

ACCÈS
À 25 min de Hallstatt.

QUAND Y ALLER ?
En mai – juin et septembre-octobre pour la tranquillité, la météo agréable et la nature en fleur. En juillet-août pour la baignade, mais attention à l'affluence. Privilégie tôt le matin ou la fin de journée pour profiter des lumières douces et dorées.

POUR Y DORMIR
Il n'y a pas de camping dans cette vallée et il est interdit d'y dormir ; on te recommande donc de passer la nuit à Hallstatt.

PARKING PAYANT
Le grand parking P1 du lac n'est accessible que de jour : arrive tôt le matin pour être sûr d'avoir une place.

Le pont suspendu offre une vue vertigineuse. En hiver, la neige permet même d'y poser un trépied pour capturer ce décor grandiose. Point GPS / 47.04307, 11.68901.

ÉTAPE 9

LAC DE SCHLEGEISSPEICHER

Niché à 1 782 m d'altitude, dans la vallée du Zillertal au cœur du Tyrol autrichien, le lac de Schlegeisspeicher dévoile un spectaculaire barrage alpin aux eaux turquoise. Il est aussi un point de départ prisé pour la randonnée, notamment vers l'Olperer Hütte, et son célèbre petit pont suspendu, qui offre une vue imprenable sur le lac en contrebas.

→ SE BALADER LE LONG DU LAC
1 h 30 | 6,5 km | Facile
Idéale pour profiter des reflets turquoise et du calme alpin.

→ RANDONNÉE VERS L'OLPERER HÜTTE (2 389 m)
1 h 30-2 h | 6,3 km A/R | 600 D+ | Modéré
Avec vue iconique sur le pont suspendu.

→ FAIRE LA RANDONNÉE VERS LE FRIESENBERGHAUS (2 498 m)
1 h | 5,1 km | 680 D+ | Modéré
Pour le panorama sur le lac en contrebas.

→ FAIRE LA VIA FERRATA SCHLEGEIS 131
Installée sur le mur du barrage (131 m de haut). Un défi sportif pour grimpeurs aguerris. Point GPS / 47.03778, 11.70617.

→ ADMIRER LE PANORAMA SUR LES GLACIERS. Vue imprenable sur les sommets comme l'Olperer, le Hoher Riffler ou le Großer Möseler.

→ FAIRE DU VTT autour du lac.

→ OBSERVER LA FAUNE : marmottes, bouquetins, salamandres noires.

ACCÈS
À 4 h du lac Gosausee en faisant un arrêt à la cascade de Krimml (sentier, parc et parking payants ; GPS / 47.20767, 12.17081). L'accès au lac se fait par la Schlegeis Alpine Road (à péage), qui est ouverte de mi-mai à fin octobre selon la météo.

QUAND Y ALLER ?
Entre mi-juin et début septembre pour profiter du site sans la foule. La route est fermée avant mi-mai et après fin octobre à cause de la neige. En juillet-août, évite de midi à 15 h et arrive avant 10 h, surtout le week-end, car le parking est vite complet.

POUR Y DORMIR
- Parking payant à 15 min du lac. Point GPS / 47.0756871, 11.7593096.

PARKING GRATUIT
En ayant payé le péage à l'entrée, le stationnement est gratuit une fois sur place, mais arrive tôt en haute saison car les places sont limitées.

PLANSEE

ÉTAPE 10

À deux pas de la frontière allemande, le lac de Plansee séduit par ses eaux cristallines, ses paysages alpins majestueux et sa pureté exceptionnelle (classe 1), offrant jusqu'à 15 m de transparence. Idéal pour la baignade, la plongée et l'observation de la faune, c'est aussi un havre de détente, entouré de sentiers balisés.

→ **SE BAIGNER DANS LE LAC.** Eau claire pouvant atteindre jusqu'à 22 °C en été.

→ **FAIRE DU SNORKELING** et même **DE LA PLONGÉE SOUS-MARINE.** Location possible sur place via le Planseecamp. Point GPS / 47.48706, 10.84298.

→ **FAIRE DU PADDLE, KAYAK, VOILE, PLANCHE À VOILE, PÉDALO.** Location possible.

→ **OBSERVER LA FAUNE** : poissons, oiseaux d'eau, chamois, marmottes.

→ **PÊCHER.** Avec un permis du 16 mars au 31 octobre.

→ **PIQUE-NIQUER** au bord du lac.

→ **RANDONNER AUTOUR DU LAC**
3h30 | 14 km | Facile.
Boucle, entre forêt et rives cristallines.

→ **RANDONNER VERS LES CHUTES DE STUIBENFÄLLE.**
1h30 | boucle de 4,5 km | Modéré
Boucle menant à des cascades cachées en pleine nature.

→ **EMPRUNTER LE SENTIER VERS LE LAC D'HEITERWANG.**
2h30 | boucle de 9,8 km | Modéré
Vues panoramiques sur les lacs et montagnes, baignade possible.

→ **FAIRE LE TOUR DU LAC À VÉLO.** Possibilité de rejoindre le lac d'Heiterwang et des circuits VTT dans les collines environnantes.

SPOT PHOTO

Sur le ponton près de l'hôtel Forelle au lever du soleil pour shooter le reflet parfait du paysage alpin dans l'eau. Point GPS / 47.48596, 10.83672.

ACCÈS
À environ 3h10 du lac de Schlegeisspeicher.

QUAND Y ALLER ?
De fin mai à fin septembre pour la baignade et les randonnées.

POUR Y DORMIR
Dans l'un des deux campings au bord du lac :
- Seespitz. Point GPS / 47.47426, 10.78557.
- Sennalpe. Point GPS / 4747.48686, 10.84015..

PARKING PAYANT
Parking principal Am Plansee, village situé sur la rive nord du lac, à proximité du camping Plansee et de l'hôtel Forelle. Point GPS / 47.48627, 10.83721.

BAVIÈRE ET TYROL

AVEC TON VAN

Depuis la France, traverse l'Allemagne via l'Alsace ou la Suisse, direction Munich ou Füssen. Routes excellentes, paysages alpins superbes.

Astuce : privilégie les routes secondaires pour profiter des vues et éviter la vignette autrichienne (obligatoire sur autoroute).

LOCATION SUR PLACE

Vans à louer à Munich, Innsbruck ou Salzbourg.Compte 80 à 180 € par jour.

LES 4 SAISONS

EN HIVER

les ⊕ Paysages enneigés féeriques, ambiance festive, marchés de Noël, sports d'hiver et prix plus bas, très peu de monde.

les ⊖ Météo rude, routes parfois glissantes ou fermées, journées courtes, eau froide et temps gris.

EN AUTOMNE

les ⊕ Couleurs superbes, températures agréables au début, vendanges, fêtes traditionnelles, moins de touristes.

les ⊖ Météo plus fraîche et pluvieuse, journées courtes, fermeture progressive des activités.

AU PRINTEMPS

les ⊕ Paysages fleuris, températures douces, faune et flore faciles à observer, peu de touristes.

les ⊖ Météo changeante, pluie ou neige possible, certains cols fermés, lacs encore froids.

EN ÉTÉ

les ⊕ Météo ensoleillée, lacs chauds, longues journées, toutes activités de plein air ouvertes, festivals.

les ⊖ Forte affluence, prix élevés, chaleur et moustiques possibles.

QUE PRENDRE AVEC SOI ?

MONNAIE

L'euro (€).

LANGUES

En Bavière comme au Tyrol, l'allemand est la langue officielle, avec des dialectes locaux (bavarois, tyrolien), mais l'anglais est largement compris dans les zones touristiques.

SÉCURITÉ

La sécurité en Bavière allemande et au Tyrol autrichien est généralement bonne, avec peu de délinquance, mais comme partout, il est conseillé de rester vigilant face aux effractions dans les lieux très fréquentés (ne rien laisser d'apparent dans son véhicule).

BUDGET

Pour un road trip en Bavière et au Tyrol à deux de 7 jours, compte entre 400 € (mode économique, peu de campings, activités gratuites) et 1 300 € (plus de confort, restaurants et activités payantes), selon tes choix d'hébergement et d'extras..

OÙ DORMIR ?

Dormir dans son van en Bavière est généralement toléré, où une nuit discrète sur un parking public ou un spot nature reculé est possible.
Au Tyrol, en revanche, le bivouac hors camping officiel est interdit et peut entraîner une amende jusqu'à 220 € : privilégie donc les campings ou aires autorisées.
Important : vérifie toujours les règles locales, par exemple sur Park4Night.

DOLO

ITES

DURÉE
7 JOURS

DÉPART
LAGO DI CAREZZA

ARRIVÉE
ALPE DI SUISI

DISTANCE
500 KM

Perchées au nord-est de l'Italie, entre sommets vertigineux et vallées alpines, les Dolomites sont un joyau inscrit au patrimoine mondial de l'UNESCO. Ici, les lacs d'un bleu profond reflètent des aiguilles rocheuses baignées de lumière. C'est le terrain de jeu rêvé pour un road trip en van : réveils face aux cimes et randonnées à couper le souffle. Prêt à partir ? À toi les routes sinueuses, les nuits sous les étoiles et l'immersion au cœur des « montagnes pâles ».

PROGRAMME

JOUR 1

- **MATIN** Lago di Carezza (Karersee)
- **APRÈS-MIDI** Col Gardena

JOUR 2

- **MATIN** Randonnée Col Gardena
- **APRÈS-MIDI** Passo Giau

JOUR 3

- **MATIN** Snake Road / Route Serpent
- **APRÈS-MIDI** Tre Cime di Lavaredo

JOUR 4

- **MATIN** Tre Cime - Cadini di Misurina
- **APRÈS-MIDI** Lago di Braies (Pragser Wildsee)

JOUR 5

- **MATIN** Val Di Funes
- **APRÈS-MIDI** Repos

JOUR 6

- **JOURNÉE** Seceda

JOUR 7

- **MATIN** Alpe Di Siusi
- **APRÈS-MIDI** Route de retour

EXTENSION

Si tu as encore un peu de temps devant toi, tu peux te rendre à Venise avec ton véhicule en seulement 2 h 30 depuis les Dolomites.

LAGO DI CAREZZA

SPOT PHOTO

Ce lac est ultra photogénique, impossible de ne pas avoir envie d'y revenir !

Le Lago di Carezza (Karersee), situé à 25 km au sud-est de Bolzano, dans la province du Sud-Tyrol, est un spot pépite ! Ce magnifique lac, niché au cœur d'une forêt de sapins, prend des teintes émeraude dès que le soleil brille. C'est notre lac préféré en raison de son accès facile et de la beauté du lieu. Il est directement accessible, juste au bord de la route, sans longue randonnée.

EXPÉRIENCES

30 min
2 km
Accessible à tous

→ MARCHER AUTOUR DU LAC

Un sentier bien balisé et magnifique, parfait pour une balade en famille, même avec une poussette. À travers la forêt, laisse-toi porter par le chant des oiseaux et la fraîcheur des lieux.

QC Terme
A 25 min du Lago di Carezza
Strada di Bagnes, 21 - 38036 Pozza di Fassa
qcterme.com

→ SE DÉTENDRE DANS UN SPA AVEC VUE,

parfait pour se relaxer après une randonnée, face aux montagnes et à la végétation luxuriante.

ACCÈS
À 30 min de Bolzano.

QUAND Y ALLER ?
Évite la foule du week-end.

POUR Y DORMIR
- Parking du lac (payant).
- Nouveau grand parking, adapté à tous les types de véhicules, situé à 5 min en van du lac (payant).

PARKING PAYANT
Point GPS / 46.4070272, 11.5935380.

● ÉTAPE 1

ALT. 2100 M

ÉTAPE 2

COL GARDENA

L'une des plus belles routes des Dolomites, particulièrement au coucher du soleil. De nombreuses randonnées partent d'ici. Prends le temps de t'arrêter en chemin pour admirer le paysage et prendre quelques photos.

RANDONNÉES

15 min
2 km
Facile

→ MARCHER VERS LA KAPELLE CIAPELA

Une courte balade idéale pour se dégourdir les jambes et profiter d'un moment de calme.

5 h
2 km
800 D+
Modéré

→ FAIRE LE TOUR DU SASSOLUNGO

Une superbe boucle autour du massif du Sassolungo, offrant des panoramas variés sur les Dolomites. Une randonnée parfaite pour une journée en montagne.

1 h
2 km
500 D+
Modéré

→ GRAVIR LE GRAN CIR

Un sommet incontournable pour une vue imprenable sur le Col Gardena, particulièrement spectaculaire au lever du soleil. Pas vraiment besoin de corde, mais elle peut être utile pour plus de sécurité.

3 h
2 km
630 D+
Assez difficile

→ PARCOURIR LA VIA FERRATA TRIDENTINA

Une via ferrata aérienne et technique, offrant des sensations fortes et des points de vue exceptionnels sur les Dolomites. Réservée aux habitués du vide et de l'escalade sécurisée.

ACCÈS

À 1 h 15 du lac di Carezza | Montée soutenue.

QUAND Y ALLER ?

Au lever ou au coucher du soleil. Peut être fermé en hiver.

POUR Y DORMIR

- Camping Colfosco Almi, situé en bas de la vallée, à Corvara in Badia. Point GPS / 46.5509, 11.86073.
- Parking du point de vue avec le panneau Corvara (gratuit). Point GPS / 46.5447347, 11.8764869.

PARKING PAYANT

ACCÈS
À 1h10 du col Gardena | Montée importante | Aller conseillé par Posalz, retour par la route serpent.

QUAND Y ALLER ?
Au lever ou au coucher du soleil. Peut être fermé en hiver.

POUR Y DORMIR
• Parking gratuit. Point GPS/46.4864, 12.0398. L'emplacement est un peu en pente et peut être frais, mais parfait pour une nuit en pleine nature. Ne pas sortir ses affaires de camping.

PARKING GRATUIT

PASSO GIAU

Un magnifique col offrant une vue panoramique à 360° sur les montagnes de la vallée, où le calme et la nature préservée enchantent. L'endroit idéal pour passer la nuit en van et explorer les nombreux sites environnants.

ALT. 2236 M

ÉTAPE 3

EXPÉRIENCES

→ **GRAVIR LES ESCALIERS** pour se rapprocher au plus près de la montagne.

10 mn
700 m
Facile

→ **DÉCOUVRIR UN LAC SECRET** à l'opposé de l'escalier, avec vue dégagée sur le Passo Giau.

→ **TENTER L'AVENTURE EN VTT** pour les plus courageux.

ÉTAPE 4

ROUTE SERPENT

La route est totalement folle et magique. Avec un drone, tu peux capturer l'incroyable spot iconique du Passo Giau et sa route en S parfait. Tu peux t'arrêter juste avant le passage sur la droite ou juste après le lacet.

QUAND Y ALLER ?
Le mieux est d'y aller tôt ou tard, et par temps nuageux, pour ne pas avoir d'ombre sur la route.

Les Tre Cime sont notre terrain de jeu préféré et les plus belles montagnes des Dolomites. Cette région offre une multitude d'activités et de paysages à découvrir. Un incontournable pour la randonnée, la via ferrata, l'escalade, ou même passer la nuit dans un refuge en haute montagne.

RANDONNÉES

3-4 h
10 km
200 D+
Facile

→ PARCOURIR LA BOUCLE DES TRE CIME

C'est la randonnée emblématique du secteur, idéale pour admirer les trois cimes sous différents angles, avec un passage par un petit lac. La majorité des randonneurs partent sur la droite du parking, depuis le refuge Auronzo. Mais pour éviter la foule, mieux vaut partir sur la gauche : après 30 min de marche, tu atteindras le lac Rienzquelle, souvent désert.

35 min (aller)
3 km
100 D+
Facile

→ OBSERVER LE PANORAMA EXCEPTIONNEL DES CADINI DI MISURINA

Vue sur les montagnes environnantes et les Tre Cime. L'accès est simple, mais très fréquenté en journée. Pour éviter la foule et profiter d'une lumière magique, privilégie le lever du soleil. Plusieurs spots photo sont à proximité pour varier les angles.

1h20 (aller)
4,5 km
200 D+
Facile

→ EXPLORER LES GROTTES DES TRE CIME

Ce spot photo mythique offre une vue spectaculaire sur les Tre Cime. Ces cavités, vestiges de la guerre, se trouvent près du refuge Antonio Locatelli. Plusieurs grottes sont accessibles, mais elles attirent du monde. Pour une ambiance plus calme et des clichés inoubliables, privilégie le lever ou le coucher du soleil.

ACCÈS

À 1h10 de Passo Giau
- En été, parking Auronzo, au sommet
- En hiver, s'il y a trop de neige, parking gratuit au lac d'Antorno.

QUAND Y ALLER ?

Pour éviter la foule et profiter de la meilleure lumière, viens au lever du soleil.

POUR Y DORMIR

- Parking payant Auronzo. Idéal pour passer la nuit sur place, mais le tarif est élevé. La réservation en ligne est obligatoire. Point GPS / 46.61356, 12.29439.
- Parking réservé aux camping-cars au lac de Misurina (payant, point GPS / 46.5886841, 12.2562907), puis navette (payante) jusqu'au sommet.
- Camping Alla Baita, à Aronzo di Cadore, proche du Lac de Misurina, à 16 min du parking de Tre Cime. Un camping très simple.

ALT. 3000 M

ÉTAPE 5

TRE CIME DI LAVAREDO

● ÉTAPE 6

SPOT PHOTO

Pour photographier les célèbres barques depuis le pont principal, viens avant 9 h : après, elles sont toutes sur l'eau.

LAGO DI BRAIES

Bienvenue sur les rives du lac di Braies (Pragser Wildsee), l'un des plus beaux et des plus connus des Dolomites. Malgré l'affluence, l'émotion reste intacte à l'arrivée. Son eau bleu émeraude est spectaculaire sous le soleil.

EXPÉRIENCES

→ FAIRE UN TOUR EN BARQUE
Location pour 5 pers. max.

→ RANDONNER AUTOUR DU LAC
3,5 km
1 h
Facile
Interdit aux vélos

Pour les plus motivés, des sentiers plus longs permettent de prendre de la hauteur après le lac.

ACCÈS
À 54 min de Tre Cime
Parking à 200 m.

QUAND Y ALLER ?
Au lever ou au coucher du soleil pour apprécier le calme.

POUR Y DORMIR
• Parking gratuit de 18 h à 8 h, puis payant. Emplacement idéal juste à côté du lac, avec accès aux toilettes.

PARKING PAYANT

● ÉTAPE 7

VAL DI FUNES

Arrivés un peu par hasard, nous sommes enchantés d'avoir pris le temps de nous y arrêter. Tu découvres ici une vallée magnifique, entourée de montagnes, qui te transporte dans des lieux féériques.

EXPÉRIENCES

1h de montée depuis le parking
4 km
200D+
Facile

→ RANDONNER JUSQU'AU BELVÉDÈRE DE SANTA MADDALENA

Un spot magique pour voir le soleil disparaître derrière les montagnes et profiter d'une vue imprenable sur la vallée et l'église Santa Maddalena. L'un des spots photo les plus iconiques des Dolomites.

→ DESCENDRE EN VTT

Belle balade en VTT jusqu'au point de vue depuis le village de Val di Funes.

ACCÈS
À 1h20 du lac di Braies
Route réservée aux résidents : accès uniquement à pied ou à vélo.

QUAND Y ALLER ?
Au lever et au coucher du soleil, pour admirer les montagnes en feu.

POUR Y DORMIR
Il est difficile d'y dormir en van.
Nous conseillons cependant ces 2 options :
- Camping Gamp, avec une piscine pour se détendre après les rando. Point GPS / 46.64096, 11.57342.
- Parking, à 5 min de val di Funes. Point GPS / 46.6408220, 11.6914396.

PARKING GRATUIT
Point GPS / 46.6424650, 11.7100099.

ÉTAPE 8

SECEDA

Découvre la majestueuse montagne de Seceda et ses impressionnantes formations rocheuses. Au printemps, les prairies se parent de petites fleurs jaunes et de marmottes, créant un paysage enchanteur. On peut aussi admirer de charmants chalets disséminés dans la vallée. Les levers et couchers de soleil y sont tout simplement magnifiques.

EXPÉRIENCES

Départ : Ortisei. Accès depuis la télécabine avec transport du VTT

→ **DESCENDRE EN VTT** testé et approuvé ! Monte sans effort avec les remontées mécaniques, puis profite d'une descente tranquille jusqu'à ton véhicule, surtout après la fermeture.

→ **SE BALADER, PIQUE-NIQUER**

ACCÈS
À 40 min du Val di Funes. Ensuite, choisis l'option qui te convient le mieux :
- Option 1 : accès direct via la télécabine d'Ortisei | pas de marche à pied.
- Option 2 : accès via la télécabine de Col Raiser | 1 h 20 de marche.

QUAND Y ALLER ?
Entre 8 h et 10 h, difficile de prendre des photos, car le soleil est en face. Privilégie à partir de 14 h, ou après 17 h 30 lorsque les remontées mécaniques ferment.

POUR Y DORMIR
- Parking payant de la télécabine de Col Raiser (pas de camping-car, car le parking est petit).
- Parking payant à 10 min d'Ortisei, accessible aux camping-cars.. Point GPS / 46.5566598, 11.7276729.

PARKING PAYANT

ÉTAPE 9

ALT. 1850 M

ALPE DI SIUSI

Ce haut plateau est le plus haut alpage d'Europe. C'est notre endroit préféré dans les Dolomites ! Même s'il est désormais très fréquenté, ce lieu reste un incontournable. Parfait pour une pause contemplative, une balade ou une belle randonnée.

EXPÉRIENCES

→ **RANDONNER OU PARCOURIR À VTT** les 600 km de sentiers cyclables, adaptés à tous les niveaux, des balades familiales aux parcours techniques.

→ **FLÂNER, SE REPOSER ET SE PRÉLASSER**

La route principale est fermée de 9 h à 17 h.

L'accès est interdit entre 23 h et 6 h sous peine d'une amende élevée.

Il est interdit de traverser la plaine en véhicule.

ACCÈS
À 25 min d'Ortisei | Parking payant de Compatsch | 1 h de marche.

ACCÈS EN TÉLÉCABINE
- Depuis Seiser Alm : 1 h de marche | facile.
- Depuis Ortisei : 26 min de marche | facile.

QUAND Y ALLER ?
Au lever ou au coucher du soleil.

POUR Y DORMIR
- Camping Seiser Alm, à Völs am Schlern, à 25 min.

Sinon, choisis un hôtel sur place pour un accès direct, ou arrive après 18 h.

PARKING PAYANT

LES DOLOMITES

Distances clés depuis Venise :
- Lago di Braies à 2 h 45
- Alpe di Siusi à 3 h.

AVEC TON VAN
Depuis la France, accès via le tunnel du Mont-Blanc ou du Fréjus (9 h de route, payants), ou par le Col du Petit-Saint-Bernard (10 h, gratuit).
À noter : certains cols peuvent être fermés en hiver ou au printemps.

LOCATION SUR PLACE
Vans à louer à Bolzano ou Venise.
Compte 70 à 210 € par jour.

Loueurs conseillés :
- Daniel Camper
- Roadsurfer
- Yescapa
- Indie Campers

LES 4 SAISONS

EN HIVER

les ↑ Montagnes enneigées, stations de ski, activités d'hiver.

les ↓ Il peut faire froid, les cols sont fermés.

EN AUTOMNE

les ↑ Arbres colorés, moins de touristes.

les ↓ Certaines remontées, activités et restaurants sont en maintenance ou fermés.

AU PRINTEMPS

les ↑ Tout est en fleurs, peu de monde, cascades et lacs gorgés d'eau.

les ↓ Attention aux orages, la météo change très vite.

EN ÉTÉ

les ↑ Soleil et belle météo, tout est ouvert.

les ↓ Beaucoup de monde à certains endroits, certains lacs peuvent être asséchés.

OÙ DORMIR ?

RÉGLEMENTATIONS DANS LES DOLOMITES
Les Dolomites étant situées dans un parc national protégé, bivouaquer ou dormir sur des spots nature avec son van est interdit.
Important : vérifie toujours les règles locales, par exemple sur Park4Night.

LES SPOTS POUR DORMIR
Les parkings des départs de randonnées : la plupart sont gratuits hors saison et permettent d'être sur place au petit matin.

Les campings et aires de services pour camping-car : pour pouvoir recharger les batteries (eau, poubelles, machine à laver…). Il est recommandé de réserver les campings en hautes saisons.

QUE PRENDRE AVEC SOI ?

N'oublie pas la trousse de secours, une batterie externe et des vêtements chauds, même en été : il peut vite faire froid en altitude ou le soir.

UN APPAREIL PHOTO, CAR TU VAS EN PRENDRE PLEIN LES YEUX

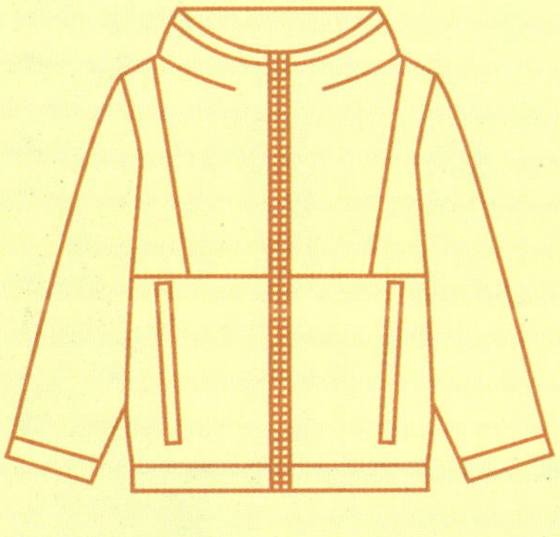

UN COUPE-VENT IMPERMÉABLE

DES CHAUSSURES DE RANDONNÉE IMPERMÉABLES

LANGUES

Bien que nous soyons en Italie, une grande partie des habitants des Dolomites parle l'allemand, comme dans tout le Tyrol du Sud. Cependant, l'italien reste omniprésent.

MONNAIE

L'euro (€).
Même dans les restaurants en altitude, nous n'avons jamais eu de problème pour payer avec nos cartes bancaires. Il n'est donc pas nécessaire d'avoir beaucoup d'argent liquide.

SÉCURITÉ

La région des Dolomites est plutôt sûre, comme c'est souvent le cas en montagne. Sans hésitation, il est possible de faire un road trip en solo là-bas !

BUDGET

Les Dolomites peuvent vite devenir une destination coûteuse, comme toutes les régions montagneuses. Pour un road trip à deux d'une semaine, compte environ 500 €, selon ton mode de voyage et tes activités.
Voici nos meilleurs conseils pour limiter ton budget :

DORMIR DANS TON VÉHICULE OU EN TENTE : les hôtels représentent souvent la moitié de ton budget, et certains peuvent être très chers selon les zones touristiques.

ÉVITER LES RESTAURANTS D'ALTITUDE : comme partout en montagne, les restaurants d'altitude sont les plus chers.

FAIRE SES COURSES EN AVANCE : prévois tes repas à l'avance et fais une bonne partie de tes provisions en France pour limiter les frais.

PROFITER DES ACTIVITÉS GRATUITES : randonnée, via-ferrata, escalade, baignade dans les lacs pour les plus courageux !

ÉVITER LES REMONTÉES MÉCANIQUES : les prix sont souvent élevés, surtout dans certaines zones touristiques. Compte environ 20 €/pers pour un aller.

EUROPE DU SUD

CORSE

DURÉE
10 JOURS

DÉPART / ARRIVÉE
BASTIA

DISTANCE
850 KM

La Corse, l'île de Beauté, porte parfaitement son nom ! Nous avons parcouru ses routes en van et avons été émerveillés par la diversité de ses paysages : criques turquoise, montagnes abruptes, villages perchés... Un véritable terrain de jeu pour les amoureux de nature, de liberté et d'aventure. Prêts à en prendre plein les yeux et à vivre un road trip inoubliable ?

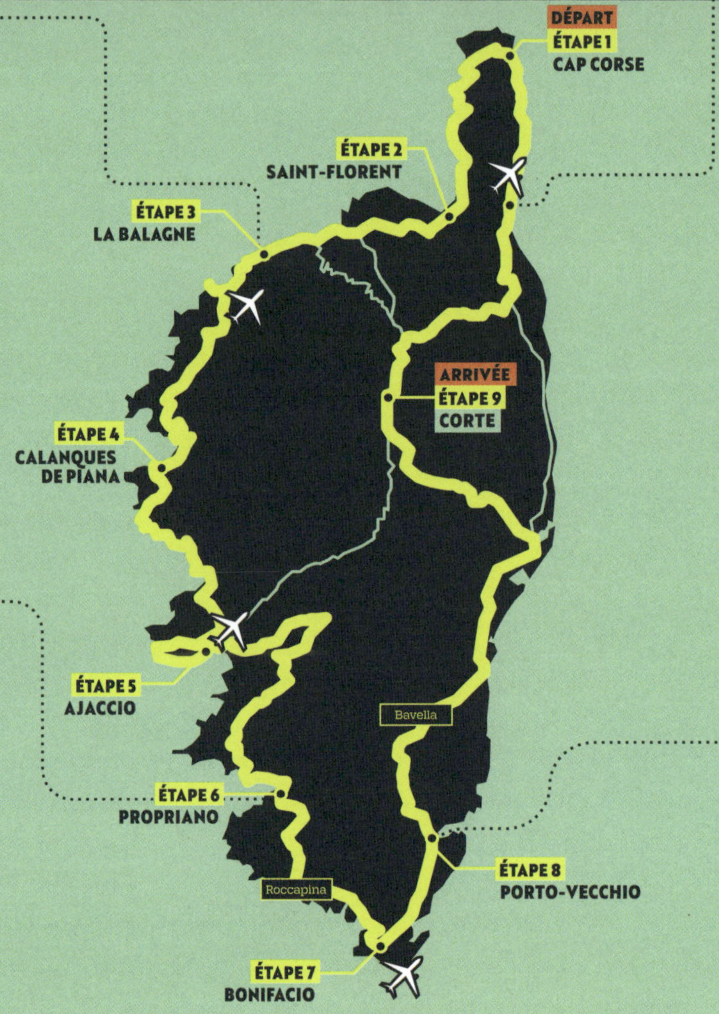

PROGRAMME

JOUR 1

- **MATIN** Randonnée plage de Tamarone
- **APRÈS-MIDI** Route panoramique du col de la Serra à Nonza

JOUR 2

- **MATIN** Visite de Saint-Florent
- **APRÈS-MIDI** Découverte du désert des Agriates

JOUR 3

- **MATIN** Village de Pigna
- **APRÈS-MIDI** Vallée de Fango

JOUR 4

- **MATIN :** Route panoramique et Piana
- **APRÈS-MIDI :** Randonnée

JOUR 5

- **MATIN** Randonnée jusqu'à la pointe de la Parata
- **APRÈS-MIDI** Lac de Tolla

JOUR 6

- **MATIN** Promenade, activités nautiques à Propriano
- **APRÈS-MIDI** Randonnée à Roccapina

JOUR 7

- **MATIN** Visite de Bonifacio
- **APRÈS-MIDI** Excursion îles Lavezzi

JOUR 8

- **MATIN** Plage, farniente sur les plages de Porto-Vecchio
- **APRÈS-MIDI** Randonnée dans le Massif de Bavella

JOURS 9 ET 10

- **JOURNÉE** Visite de Corte et randonnée aux alentours

CAP CORSE

Fais une halte à la plage de Tamarone pour une randonnée. Si tu aimes les routes panoramiques, emprunte celle qui va de la plage jusqu'à Centuri, puis jusqu'à Nonza. Ce voyage au bout du monde insulaire te promet une immersion totale dans une Corse authentique, loin des foules.

EXPÉRIENCES

→ RANDONNER SUR LE SENTIER DES DOUANIERS

2h | 6 km | 133D+

Depuis la plage de Tamarone, emprunte le sentier des douaniers en direction de la tour génoise Santa-Maria-della-Chiapella. Après avoir longé la plage sur environ 250 m, un petit chemin s'enfonce dans le maquis et t'emmène jusqu'à la tour. En chemin, tu découvriras deux superbes plages : la plage des Îles et la plage de Cala Genovese.

→ DÉCOUVRIR CENTURI ET SON PORT

Prends le temps d'explorer ce petit port plein de charme, avec ses maisons aux couleurs pastel et ses superbes vues sur la mer.

→ GRIMPER JUSQU'AU PROMONTOIRE DE LA TOUR PAOLINE À NONZA

Pour profiter d'une vue imprenable sur la plage noire et la Méditerranée.

SPOT PHOTO

Depuis le parking du col de la Serra, pour admirer une vue spectaculaire sur la baie et le port de Centuri.

Point GPS / 42,9734691, 9,3669062.

ACCÈS
À 1h de Bastia.

QUAND Y ALLER ?
Au petit matin.

POUR Y DORMIR
• Camping A Stella, à Patrimonio, à 10 km de Nonza. Point GPS / 42.729447, 9.342663.

PARKING
Point GPS / 42,9741025, 9,4537970.

ACCÈS
À 15 min de Patrimonio.

QUAND Y ALLER ?
Au petit matin.

POUR Y DORMIR
• Camping Balanea, à Corbara, à 35 min du désert des Agriates. Point GPS / 42.6073, 8.88795.

PARKING
Point GPS / 42.682637, 9.302121.

SAINT-FLORENT ET LE DÉSERT DES AGRIATES

Avec ses ruelles pittoresques, sa marina pleine de vie et ses plages de rêve, Saint-Florent — surnommé le « Saint-Tropez corse » — est une escale incontournable. C'est aussi le point de départ parfait pour explorer le désert sauvage des Agriates.

→ VISITER SAINT-FLORENT

Flâne dans les ruelles, explore la citadelle qui domine le golfe, visite la cathédrale Santa-Maria-Assunta et profite de l'ambiance animée du Vieux Port. Ne manque pas les places des Portes et Doria pour t'imprégner de l'atmosphère.

→ DÉCOUVRIR LE DÉSERT DES AGRIATES

Pars à l'aventure dans le désert des Agriates, un vaste territoire sauvage de maquis et de plages parmi les plus belles de Corse : Saleccia, Lotu, Olzu... Accède-y en bateau depuis Saint-Florent (20 min de traversée), à pied par le sentier du littoral (20 km A/R, environ 6 h de marche) ou en kayak.
Attention : seuls les 4x4 peuvent accéder par la piste.

● ÉTAPE 2

● ÉTAPE 3

LA BALAGNE

Entre mer et montagne, la Balagne est idéale à explorer en van. Villages perchés aux savoir-faire ancestraux, panoramas à couper le souffle, sentiers côtiers et couchers de soleil sur la Méditerranée... tout y est pour une aventure inoubliable.

→ VISITER LE VILLAGE DE PIGNA

Flâne dans les ruelles pavées, admire les façades blondes et les volets bleus, et passe par les places Piazza a l'Olmu et a Piazzarella pour des vues superbes sur la mer. Le village met également en valeur un savoir-faire ancestral à travers la poterie, la céramique, la lutherie et la gravure, incarné par la coopérative Corsicada.
À savoir : le Festival Festivoce a lieu en juillet (plus ancien festival de musique de Corse).

ACCÈS
À 10 min du camping Balanea à Corbara.

QUAND Y ALLER ?
Le matin ou le soir en fin de journée.

PARKING
Point GPS /42,5992426, 8,9031690.

→ RANDONNER JUSQU'À LA POINTE DE LA REVELLATA

9 km | 3 h | Modéré

À l'ouest de Calvi, une boucle côtière offre un panorama spectaculaire sur la citadelle, le golfe, la mer et les montagnes corses. Le retour passe par la station Stareso et les anses d'Oscelluccia et d'Alga, idéales pour une pause baignade.

ACCÈS
À 40 min de Pigna.

QUAND Y ALLER ?
Le matin ou en fin de journée l'été, à tout moment hors saison.

PARKING
Point GPS /42.55623, 8.72619.

→ SE BAIGNER DANS LA VALLÉE DU FANGO

Dans les piscines naturelles près du Ponte Vecchiu, du pont de Perticatu et de l'aire de Treccia, accessibles depuis la D35.

ACCÈS
À 45 min de la Pointe de la Revellata.

QUAND Y ALLER ?
En fin d'après-midi.

POUR Y DORMIR
Casi Di Luna camping à Galéria. À 6 min de la vallée du Fango. Point GPS / 42.41245, 8.691084.

PARKING
Parking Ponte Vecchio. Point GPS /42.396789, 8.714098.

CALANQUES DE PIANA

ÉTAPE 4

Prépare-toi à en prendre plein les yeux ! Sur la route, mais aussi à pied, le spectacle est grandiose : des falaises rouges plongeant dans des eaux turquoise... Les calanques de Piana offrent un terrain de jeu exceptionnel pour les randonneurs. Un véritable bijou naturel, un immense coup de cœur !

→ **SE BALADER EN BATEAU** vers les calanques et Scandola.
Depuis Porto, embarquez pour une balade en bateau à la découverte du **GOLFE DE PORTO**, des **CALANQUES DE PIANA** et de la **RÉSERVE NATURELLE DE SCANDOLA**. Savoure les produits locaux dans les auberges et restaurants du village : figatellu, brocciu, canistrelli, miel, huile d'olive.
Spots avec vue
- Magnifique vue sur le Golfe de Porto. Point GPS / 42,2750352, 8,6916849
- Panorama sur Porto, les montagnes et la mer. Point GPS / 42,2607722, 8,6873746.

→ **MARCHER DE LA TÊTE DE CHIEN AU CHÂTEAU FORT**
35 min | 1,5 km | Facile
Parking GPS / 42.25292, 8.65734.
Petite balade, en sous-bois principalement, jusqu'au belvédère qui promet une magnifique vue sur la mer et les calanques.

→ **RANDONNER JUSQU'AU CAPO ROSSO**
8 km | 3h45 | Moyennement difficile
Parking GPS / 42.23533, 8.58331.
De la Tour Génoise de Turghiu, le panorama sur le golfe de Porto et la Réserve de Scandola est spectaculaire.

ACCÈS
À 1h15 de Porto du camping Casi Di Luna.
À 40 min de Porto à la plage d'Arone.

POUR Y DORMIR
• Camping d'Arone, à 10 min du Capo Rosso. Point GPS / 42.210885, 8.585792.

AJACCIO ET SON ARRIÈRE-PAYS

• ÉTAPE 5

Ajaccio séduit par sa douceur de vivre, ses façades pastel, ses marchés animés et bien sûr par son riche héritage napoléonien, faisant d'elle une étape incontournable en Corse du Sud. Le coucher de soleil sur les îles Sanguinaires offre un spectacle inoubliable, tandis que son arrière-pays, préservé et authentique, constitue un véritable terrain de découverte pour les amoureux de nature, de silence et de tranquillité.

→ MARCHER JUSQU'À LA POINTE DE LA PARATA

2,7 km | 1 h | Facile

Cette boucle offre une promenade facile mais spectaculaire, idéale pour admirer la beauté brute de la côte ouest corse.

ACCÈS

À 2 h de la plage d'Arone.

QUAND Y ALLER ?

En début de journée ou en fin de journée, pour le coucher de soleil.

PARKING

Point GPS / 41.90168, 8.61809.

→ EMPRUNTER LA VIA FERRATA DE TOLLA

Entre randonnée et escalade, la via ferrata permet de découvrir des sensations vertigineuses dans un superbe paysage entre mer et montagne. À proximité, visite les Gorges de Prunelli, le lac et le barrage de Tolla.

ACCÈS

À 1 h d'Ajaccio.

DURÉE

3 h.

POUR Y DORMIR

Accueil à la ferme Equi-Libriu, à Cognocoli-Monticchi, à 1 h du lac de Tolla.
Point GPS / 41.812097, 8.850673.

PARKING

Point GPS / 41,9645406, 8,9601656.

SPOT PHOTO

Vue à couper le souffle sur la mer, les maquis et le lion de Roccapina. Point GPS/ 41.50073, 8.9487.

PROPRIANO ET ROCCAPINA

Cap sur le sud de la Corse avec comme première étape : Propriano. Idéale si tu cherches une atmosphère à la fois animée et... proche de la nature ! Joli port de plaisance, cafés, boutiques, avec des plages accessibles à pied. C'est également un bon point de départ pour faire le plein de sensation sensations fortes !

→ PROFITER DES PLAGES DU LIDO, à deux pas de la ville et de Capu Laurosu.

→ FAIRE DE LA PLONGÉE, DU PADDLE OU DU KAYAK à la base nautique de Portiglio.

→ TENTER LE CANYONING dans le canyon de Baracci (à 10 min de Propriano, accessible dès 7 ans).

ACCÈS

À 45 min de la ferme Equi-Libriu.

PARKING

Point GPS / 41,676458, 8.897346. Aire de service payante. Point GPS / 41.671939, 8.909101.

→ PARCOURIR LE CHEMIN DES PLAGES

6 km | 30 min | Facile

Parking GPS / 41,676458, 8.897346. Découvre des plages et des criques près de Propriano à travers une végétation variée. Après un arrêt à Sartène, poursuis vers Roccapina : plage paradisiaque, roches sculptées et ambiance sauvage. Accès par une route peu entretenue, mais le détour vaut le coup !

• ÉTAPE 6

→ BOUCLER LA RANDONNÉE

Rocher du Lion - Tour Génoise - Cap de Roccapina.

5 km | 2 h | Modéré

Boucle autour du rocher en forme de lion, passage par la tour génoise, puis cap Roccapina avec vue sur la Méditerranée. Fin sur la plage sauvage d'Erbaju.

→ EMPRUNTER LE SENTIER DU PATRIMOINE à Monacia-d'Aullène.

4 km | 1 h 30 | Facile

Découvre orii, bergeries, murets et un vieux moulin sur ce sentier qui retrace l'histoire agricole locale. Balade courte, authentique et enrichissante.

ACCÈS

À 40 min de Propriano.

POUR Y DORMIR

• Campement Natura, à Bonifacio, à 25 min de Roccapina. Point GPS / 41.413304, 9.144889.

PARKING

Point GPS / 41.49716, 8.9346.

BONIFACIO

ÉTAPE 7

Accrochée au sommet de vertigineuses falaises blanches, Bonifacio est l'un des joyaux les plus spectaculaires de la Corse. Entre sa citadelle médiévale, ses ruelles empreintes d'histoire et ses panoramas à couper le souffle sur la Méditerranée et ses criques secrètes, une promenade dans la haute ville s'impose comme une expérience incontournable.

EXPÉRIENCES

→ EMPRUNTER LE SENTIER DE ROMANILU

3,5 km | entre 45 min et 1h30 | Facile | Point GPS/41.38676, 9.1604.

Un sentier pavé suspendu au-dessus des falaises, offrant une vue unique sur la citadelle de Bonifacio, avec le recul nécessaire pour en apprécier toute la majesté.

→ EXPLORER LES ÎLES LAVEZZI

Un archipel sauvage aux plages de sable blanc et eaux cristallines, accessible uniquement par bateau ou kayak depuis Bonifacio (accès réglementé).

ACCÈS
À 10 min du Campement Natura.

QUAND Y ALLER ?
Privilégie le matin de bonne heure ou en fin de journée.

POUR Y DORMIR
- Camping Rondinara, à 30 min de Bonifacio. Point GPS / 41.47282, 9.26319.

PARKING
P2. Point GPS / 41.38866, 9.16863.

PORTO-VECCHIO ET BAVELLA

Porto-Vecchio est l'endroit rêvé pour alterner détente et aventure, et goûter à la liberté du van entre criques secrètes, plages paradisiaques et majestueuses montagnes corses.
Puis cap sur l'intérieur des terres : la découverte des montagnes t'attend ! Prépare-toi à en prendre plein les yeux sur la spectaculaire route D368.

→ SE DÉTENDRE SUR LA PLAGE DE PALOMBAGGIA
Bordée de pins et de rochers de granit rose, idéale pour la baignade et les activités nautiques. Point GPS / 41.55361, 9.31711.

→ PROFITER DE LA PLAGE SANTA GIULIA
Havre de paix avec vue sur les îles Cerbicales et ponton en bois. Parking Point GPS / 41.55361, 9.31711.41.52617, 9.27101.

→ FAIRE DU CANYONING À BAVELLA
À travers le canyon et les piscines naturelles, proposé par Corsica Madness à Zonza.

→ RANDONNER JUSQU'AU TROU DE LA BOMBE, dans le massif de Bavella.
2 h | 6 km | Plutôt difficile | Balisage rouge
Point GPS / 41.79609, 9.22543. Sentier très technique au départ du col de Bavella. Sur le parcours, visite la chapelle Sainte-Marie. L'itinéraire mène jusqu'au célèbre Trou de la Bombe, une impressionnante ouverture naturelle creusée dans la roche des crêtes — un spectacle unique au cœur des montagnes corses.

SPOT PHOTO

Panorama sur la baie de Porto-Vecchio. Point GPS / 41.65209, 9.20795.

Vue sur le lac d'Ospedale dans les montagnes de l'Alta Rocca. Point GPS/ 41.66881, 9.2069.

ACCÈS
Porto-Vecchio est à 30 min du camping Rondinara. Bavella est à 30 min de Porto-Vecchio.

POUR Y DORMIR
- Camping U Ponte Grossu à Sari-Solenzara, à 35 min de Bavella. Au bord d'une rivière. Point GPS / 41.83502, 9.32148.

• ÉTAPE 8

CORTE ET RESTONICA

ÉTAPE 9

Corte, nichée au cœur de la Corse, incarne l'âme montagnarde de l'île : une ville perchée, entourée de sommets sauvages. C'est une dernière étape à la fois culturelle, sportive et spectaculaire. Pour explorer la vallée de la Restonica, rien de tel qu'une randonnée ! Si tu es en forme, emprunte le sentier menant au lac de Melo — et tu peux même pousser jusqu'au lac de Capitello !

→ **VISITER CORTE**, sa citadelle et son musée sur l'identité corse. Flâne dans les ruelles, emprunte le train touristique, les possibilités sont nombreuses en termes d'activités.

→ **RANDONNER AU LAC DE MELO**

17 km | 7h30 | 950D+ | Très difficile
Point GPS / 42.26223, 9.07309.
Une randonnée technique au cœur des montagnes corses.

→ **RANDONNER DANS LA VALLÉE DE TAVIGNANO**

14,3 km | 4h30 | 668D+
Point GPS / 42.30804, 9.14757.

Contrairement à la vallée de la Restonica, celle du Tavignano est entièrement interdite aux voitures. On y accède uniquement par un ancien sentier muletier, qui suit le tracé du Mare a Mare Nord. En été, pars tôt : le versant sud offre peu d'ombre. Tout au long du chemin, plusieurs points permettent de rejoindre la rivière et de se baigner dans ses superbes piscines naturelles.

ACCÈS
À 1h30 de Sari-Solenzara.

POUR Y DORMIR
• Camping Compita, à Omessa, à 10 min de Corte. Point GPS / 42.39375, 9.175305.

PARKING
Point GPS / 41.472801, 9.2632.

SPOT PHOTO

Vue de la citadelle sur la vallée de Restonica. Point GPS/ 42.30388, 9.14858.

LA CORSE

DISTANCES CLÉS DEPUIS BASTIA

- Cap Corse à 1 h
- Calanques de Piana à 3 h.

AVEC TON VAN

Depuis le continent, Ferry avec son van depuis Marseille, Toulon, Nice, Gênes ou Savone vers Bastia, Ajaccio, Ile-Rousse ou Porto-Vecchio (réservation conseillée, surtout l'été).

Astuce : Privilégie une traversée de nuit pour arriver reposé.

LOCATION SUR PLACE

Vans à louer à Bastia, Ajaccio ou Porto-vecchio. Compte 80 à 180 € par jour.

Loueurs conseillés :
- Corse Van Location
- Corsica Van
- Van-IT
- Blacksheep Van
- Yescapa
- Indie Campers.

BUDGET

Pour un road trip en Corse, compte environ 30 € par nuit en camping. Dans les stations balnéaires ou villes touristiques (Ajaccio, Bonifacio...), la plupart des parkings sont payants.

Si tu prévois des activités nautiques ou des excursions, cela aura un impact sur ton budget. Pense à l'anticiper, car cela peut représenter un coût non négligeable.

Les courses et le gasoil sont légèrement plus chers en Corse que sur le continent.

N'oublie pas de prendre en compte le coût de la traversée en ferry, qui varie selon la période de l'année.

LES 4 SAISONS

EN HIVER

les ⊕ Vous voulez avoir l'île pour vous tout seul ? C'est le moment idéal !

les ⊖ Pluie fréquente, campings fermés, ravitaillement en eau difficile, randos parfois inaccessibles.

EN AUTOMNE

les ⊕ Tranquillité assurée, avec encore quelques activités et une météo souvent agréable. Températures plus douces et plaisantes.

les ⊖ Le risque de pluie est plus élevé pendant le séjour.

AU PRINTEMPS

les ⊕ Campings, restos et activités rouvrent, ambiance chaleureuse, températures agréables.

les ⊖ Baignade possible dans les piscines naturelles des gorges, mais l'eau reste fraîche pour les frileux.

EN ÉTÉ

les ⊕ Restos, activités et visites ouverts tous les jours. Large choix de campings.

les ⊖ Très chaud et fréquenté, surtout dans le sud,

OÙ DORMIR ?

Bivouaquer ou dormir sur des spots nature avec son van est à éviter. Même pour une nuit sur un parking, arrive tard et pars tôt, car la réglementation est stricte et les amendes fréquentes, surtout en été et dans les parcs naturels protégés. Privilégie les campings et les aires adaptées. En hiver, la fermeture des campings entraîne une certaine tolérance.

QUE PRENDRE AVEC SOI ?

DES VÊTEMENTS ADAPTÉS AUX FORTES CHALEURS, MAIS AUSSI DE QUOI SE COUVRIR, NOTAMMENT EN MONTAGNE.

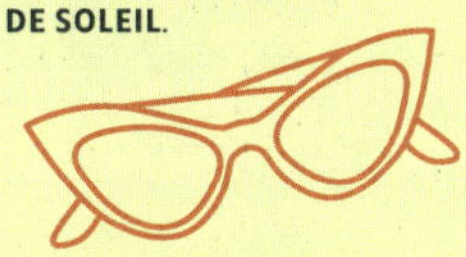

UNE CASQUETTE ET DES LUNETTES DE SOLEIL.

UN APPAREIL PHOTO.

UNE POLAIRE POUR LES SOIRÉES.

DE LA CRÈME SOLAIRE + UN SPRAY ANTI-MOUSTIQUE.

UN MAILLOT DE BAIN + UNE SERVIETTE.

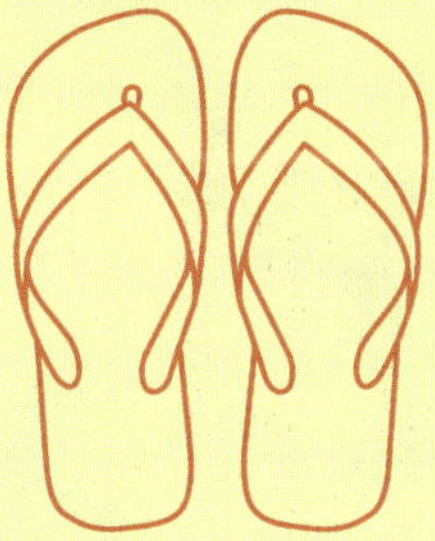

DE BONNES CHAUSSURES DE MARCHE.

UN MASQUE ET UN TUBA.

TOSCA

NE

DURÉE
5 JOURS
(OU 6 SI TU SOUHAITES TE REPOSER AUX SOURCES D'EAU CHAUDES PLUS LONGTEMPS).

DÉPART
FLORENCE

ARRIVÉE
CASCATE DEL MULINO

DISTANCE
200 KM

Lors de notre voyage en Italie traversée du Nord au Sud, la Toscane a été notre région coup de cœur en van. On y est restés cinq jours pour découvrir pleinement les alentours. La belle campagne italienne, avec ses rangées de cyprès, ses champs verdoyants d'oliviers, ses collines vallonnées à perte de vue et toutes douces, ses villages perchés en pierre, son hospitalité, ses couchers de soleil… a pris notre cœur. C'est une carte postale à chaque virage, tu vas en prendre plein les yeux. On ne peut que te recommander cette destination, qui invite à prendre son temps, à savourer chaque instant et à se laisser porter par la *dolce vita*.

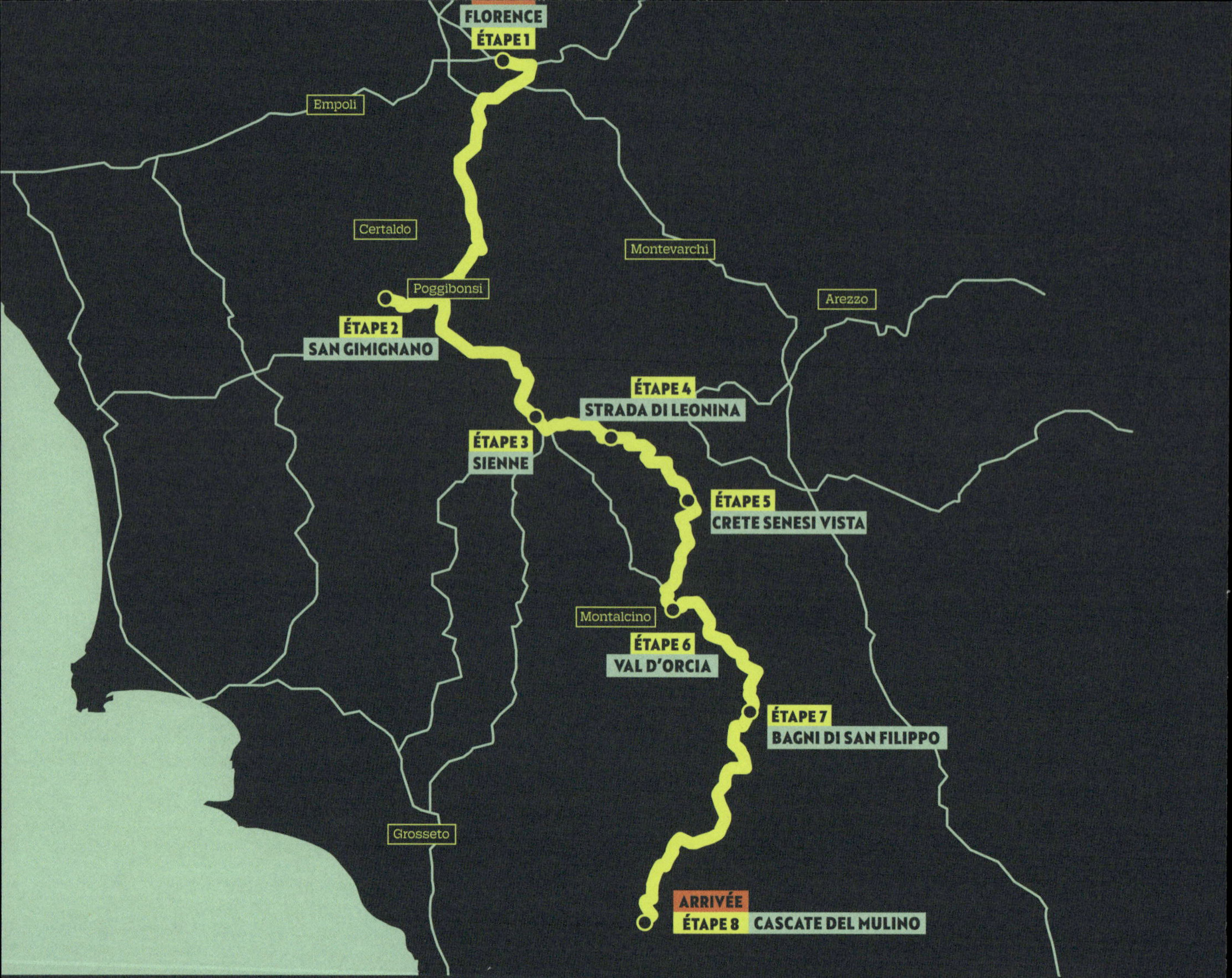

PROGRAMME

JOUR 1

- **JOURNÉE** Florence

JOUR 2

- **MATIN** San Gimignano
- **APRÈS-MIDI** Sienne

JOUR 3

- **MATIN** Strada di Leonina
- **APRÈS-MIDI** Rouler sur la route provinciale SP438

JOUR 4

- **MATIN** Crete Senesi Vista
- **APRÈS-MIDI** Val d'Orcia

JOUR 5

- **MATIN** Bagni Di San Filippo
- **APRÈS-MIDI** Cascate del Mulino

FLORENCE

Florence est l'étape incontournable lors d'un road trip en Toscane. La ville est célèbre pour ses trésors artistiques, comme la Galerie des Offices, le Duomo, le Palais Pitti et le Pont Vecchio. Pour une expérience inoubliable, rends-toi à la Piazzale Michelangelo en soirée pour admirer un coucher de soleil spectaculaire sur Florence. C'est l'endroit idéal pour capturer la beauté de cette ville fascinante lorsque le soleil couchant illumine la célèbre coupole de la cathédrale.

EXPÉRIENCES

→ **VISITER LA CATHÉDRALE SANTA MARIA DEL FIORE** : un joyau de l'architecture gothique, célèbre pour son impressionnant dôme conçu par Brunelleschi.

→ **ADMIRER LES TRÉSORS DE LA GALERIE DES OFFICES** : l'un des musées les plus prestigieux au monde, où sont exposées des œuvres majeures de Botticelli, Michel-Ange et Léonard de Vinci.

→ **TRAVERSER LE PONTE VECCHIO**, symbole médiéval de Florence, avec ses boutiques d'orfèvres suspendues au-dessus de l'Arno.

→ **SE PROMENER SUR LA PIAZZALE DELLA SIGNORI**, une véritable galerie d'art à ciel ouvert.

SPOT PHOTO

Depuis la Piazzale Michelangelo, pour profiter du plus beau panorama sur Florence et contempler la ville dans toute sa splendeur.

POUR Y DORMIR

• Camping panoramico Fiesole, via Peramonda, 1, Fiesole, à 7 km du centre de Florence, accessible en bus et navette.

Les véhicules sont interdits dans le centre historique. Si tu loues un van, ne le récupère qu'après avoir visité Florence.

PARKING PAYANT

Parking Palazzo di Giustizia-Novoli, proche du tram 2. Parfait pour rejoindre le centre-ville. Point GPS / 43.79555, 11.22202.

Depuis la Torre Grossa, la plus haute tour de la ville, au lever ou au coucher de soleil pour profiter d'une vue à 360 ° et d'une lumière dorée parfaite.

SAN GIMIGNANO

Perché sur une colline, ce petit village chaleureux respire la Toscane. Laisse-toi porter par tes déambulations dans les ruelles pavées, tu feras un bond dans le passé. Entre tours médiévales, bourg fortifié, places animées et boutiques artisanales, l'atmosphère est hors du commun. C'est une étape incontournable si tu veux découvrir l'histoire toscane et profiter d'une vue magnifique sur la campagne autour. Et surtout, il te faudra goûter à son vin typique, la Vernaccia !

→ **ADMIRER LES 14 TOURS MÉDIÉVALES** encore debout.

→ **FLÂNER SUR LA PIAZZA DELLA CISTERNA.**

→ **GOÛTER À LA GLACE DE GELATERIA DONDOLI**, mondialement réputée.

→ **VISITER L'ÉGLISE SANTA MARIA ASSUNTA** et sa fresque spectaculaire à l'intérieur.

→ **VISITER LE PALAIS PALAZZO COMUNALE**, également connu sous le nom de Palazzo del Popolo. Il abrite le Musée civique et de belles œuvres d'art. C'est aussi ici que tu accèdes à la Torre Grossa.

→ **SE PERDRE DANS LES RUELLES** à l'écart des foules.

→ **DÉGUSTER LE VIN LOCAL : LA VERNACCIA DI SAN GIMIGNANO.** Un vin blanc sec et fruité, typique de la région. Possibilité de faire une dégustation dans une cave du village ou dans les domaines viticoles alentours.

→ **VISITER LE MUSÉE DE LA TORTURE** pour les curieux d'histoire sombre.

• **ÉTAPE 2**

ACCÈS
À 1h30 de Pise et à 1h15 de Florence.

QUAND Y ALLER ?
En hors saison (printemps ou automne), le village est encore plus magique. Privilégie tôt le matin ou la fin d'après-midi pour éviter la foule et profiter d'une lumière douce.

POUR Y DORMIR
En Toscane, le camping sauvage est parfois toléré hors des centres historiques, mais le bivouac nocturne (mobilier, toit relevé...) est interdit. Le stationnement simple peut être accepté pour la nuit.
• Spot nature à 15 min du village. Point GPS / 43.4754935, 10.9747829.
• Camping Il Boschetto di Piemma, à 2 km de la ville, au calme en forêt. Point GPS / 43.45347, 11.05385

PARKING PAYANTS
À l'extérieur des remparts :
• Parking P1 – Giubileo (le plus grand),
• P2 – Montemaggio (plus cher), ou P3 et P4.

SPOT PHOTO

Joli panorama depuis l'ancien mur inachevé (le Facciatone) du Duomo en fin d'après-midi pour des couleurs dorées.

SIENNE

ÉTAPE 3

Bienvenue à Sienne, située au cœur de la Toscane ! C'est une ville qui a gardé tout son charme d'antan. Son centre historique, classé au patrimoine mondial de l'UNESCO, est superbement conservé : ruelles pavées, vieux bâtiments en briques rouges, et surtout la Piazza del Campo, une place unique en forme de coquillage où se déroule le célèbre Palio, une course de chevaux complètement folle qui anime la ville deux fois par an. C'est une destination parfaite pour ceux qui aiment l'histoire, l'architecture, mais aussi la bonne cuisine toscane. On peut facilement y passer une journée pour se balader, visiter les musées, grimper en haut de la tour pour la vue… ou juste s'asseoir en terrasse et profiter de l'ambiance.

ACCÈS
À 50 min de San Gimignano.

QUAND Y ALLER ?
D'avril à juin et de septembre à mi-octobre, temps agréable et moins de touristes. Privilégie le matin avant 10 h 30 ou après 17 h pour éviter la foule et profiter de la lumière douce.

POUR Y DORMIR
- Le Parking Il Fagiolone, à 15-20 min à pied de la ville, pas très calme mais idéal pour une nuit. Point GPS / 43.31528, 11.31677.
- Le camping Siena Colleverde, avec piscine et proche du centre. Point GPS / 43.3369, 11.3313

PARKING PAYANT
Celui de Santa Caterina (Il Campo).

→ **SE BALADER SUR LA PIAZZA DEL CAMPO.** Si tu as de la chance, tu pourras assister au Palio, la fameuse course de chevaux. Elle se tient les 2 juillet et 16 août chaque année.

→ **MONTER À LA TORRE DEL MANGIA.** Vue panoramique sur la ville et les collines autour.

→ **VISITER LE DUOMO DE SIENNE**, l'une des plus belles cathédrales d'Italie.

→ **EXPLORER LES RUELLES MÉDIÉVALES.**

→ **GOÛTER À LA CUISINE LOCALE DANS UNE TRATTORIA :** les « pici » (pâtes épaisses), la ribollita, ou la bistecca alla fiorentina. Et côté sucré, les ricciarelli (biscuits aux amandes) ou du panforte.

→ **FAIRE UN TOUR AU MARCHÉ** (le mercredi) autour de la forteresse Medicea. Parfait pour goûter et acheter des produits locaux ou juste flâner.

→ **DÉCOUVRIR LES MUSÉES DU DUOMO** au complexe de l'Opera del Duomo. Un billet combiné « Opa Si Pass » te permet de visiter la crypte, le musée et de monter au panorama du Duomo.

STRADA DI LEONINA

• ÉTAPE 4

Depuis l'allée de cyprès, au lever ou au coucher du soleil, pour photographier le Castello di Leonina en arrière-plan. Sois discret, le calme fait partie de la magie du lieu.

Bienvenue sur les Crete Senesi, littéralement les « Crêtes siennoises », qui désignent une région vallonnée au sud-est de Sienne. C'est l'un des paysages les plus typiques et spectaculaires de la Toscane, souvent comparé à une peinture vivante. Entre vallons, rangées de cyprès, champs cultivés, tout y est ! La route mène au Castello di Leonina, un relais/hôtel perché sur la colline, parfait pour une halte. Elle offre des points de vue splendides sur les collines et la ville de Sienne. Les amateurs de photos se régaleront, surtout au coucher du soleil ou en début de soirée.

→ **PRENDRE DES PHOTOS ICONIQUES DE LA TOSCANE**. Paysages vallonnés, cyprès alignés, champs dorés...

→ **DÉCOUVRIR LE CASTELLO DI LEONINA**. Ancienne forteresse médiévale reconvertie en hôtel, possibilité d'y dîner ou de boire un verre avec vue, et de se balader autour. Plusieurs parcours faciles dans les Crete Senesi.

→ **SE DÉTENDRE** dans ce cadre calme et naturel.

→ **PIQUE-NIQUER** avec vue.

→ **CONTINUER À SE BALADER SUR LA ROUTE SP438** pour profiter de différents panoramas.

ACCÈS
Située juste à la sortie d'Asciano, sur la route provinciale SP438, tout près d'Arbia.

QUAND Y ALLER ?
Au lever ou au coucher du soleil.

POUR Y DORMIR
• Agriturismo II Poderino, à 25 min, ombragé, avec piscine et des propriétaires chaleureux. Point GPS / 43.26325, 11.5618.

PARKING GRATUIT
À l'entrée à droite du chemin.

Depuis le point de vue panoramique, au lever ou au coucher du soleil, pour une vue imprenable sur la route serpentée bordée de cyprès, l'hôtel en pierres et les collines typiques de Toscane en arrière-plan.

CRETE SENESI VISTA (PODERE BACCOLENO)

ÉTAPE 5

En poursuivant ta route à travers les Crete Senesi, prends la direction de Podere Baccoleno. Cet hôtel est le spot le plus célèbre des Crete et même de la Toscane. Avec sa magnifique allée de cyprès, il sert souvent de décor dans des publicités, des films ou des magazines de voyage. À privilégier en fin de journée, car le soleil se couche juste derrière l'établissement. Prépare-toi à voir pas mal de monde, surtout à cette heure-là.

→ **PRENDRE EN PHOTO CE SPOT MYTHIQUE**

→ **FAIRE UNE RANDO/BALADE DANS LES COLLINES.** Sentiers autour d'Asciano, Chiusure ou Monte Oliveto Maggiore.

→ **PRENDRE LA ROUTE SP451 ENTRE ASCIANO ET TREQUANDA.** Avec ses belles collines, la route est parfaite pour des photos aériennes.

→ **VISITER LES VILLAGES TYPIQUES** d'Asciano, Buonconvento, Chiusure et San Giovanni d'Asso.

→ **VISITER LE MONASTÈRE MAJESTUEUX DE MONTE OLIVETO MAGGIORE.**

→ **SE RÉGALER DE LA GASTRONOMIE LOCALE** : truffe blanche (en automne), Pecorino, huile d'olive, miel, vins rouges typiques (Chianti Colli Senesi).

ACCÈS
À 30 min au sud-est de Sienne, via la SP60, à l'est d'Asciano.

QUAND Y ALLER ?
D'avril à juin (verdure intense, collines luxuriantes) et de septembre à octobre (champs dorés ou labourés, lumières douces). Au lever ou au coucher du soleil.

POUR Y DORMIR
Même spot que pour Strada di Leonina.

PARKING
Il y a quelques renfoncements sur le bord de la route, mais pas vraiment de parkings officiels pour s'arrêter correctement.

VAL D'ORCIA

ÉTAPE 6

Après avoir découvert les Crete Senesi, tu arriveras aux portes du Val d'Orcia. Ce sont deux régions voisines en Toscane qui se ressemblent sur certains aspects (collines, cyprès, paysages iconiques), mais qui possèdent chacune leur identité. Le Val d'Orcia est plus « romantique », soigné et ordonné, tandis que les Crete Senesi sont plus sauvages, lunaires et arides, surtout au printemps ou en automne. C'est assez amusant, car elles sont très proches et pourtant elles offrent un contraste saisissant. Nous avons adoré nous balader parmi ces somptueux panoramas de la Toscane ! Alors, fais comme nous, perds-toi sur les sentiers bordés de cyprès.
À savoir : petite anecdote, les paysages de cette région apparaissent dans le film *Gladiator*.

→ **VISITER LA PETITE VILLE DE PIENZA**, classée au patrimoine mondial de l'UNESCO. Flâne dans les ruelles, admire la vue depuis les remparts, achète du Pecorino (fromage local) et visite le Palazzo Piccolomini.

→ **DÉCOUVRIR LE VILLAGE PERCHÉ DE MONTALCINO**, un lieu dédié aux amateurs de vins. Tu pourras déguster le Brunello di Montalcino dans un domaine et monter dans la forteresse offrant une vue à 360°.

→ **VISITER LE VILLAGE DE SAN QUIRICO D'ORCIA**, moins connu, mais qui saura vous charmer, avec ses cyprès en cercle à l'extérieur du village.

→ **SE BAIGNER DANS LE VILLAGE THERMAL DE BAGNO VIGNONI**

→ **MARCHER OU PÉDALER** dans les collines.

SPOT PHOTO

Le Podere Belvedere au lever du soleil crée une brume dorée entre les collines.

ACCÈS
Au sud de Sienne à environ 25 min de Podere Baccoleno.

QUAND Y ALLER ?
Au lever ou au coucher du soleil pour des lumières douces et parfois magiques.

POUR Y DORMIR
• Agriturismo l'arte dei semplici, à 30 min, ombragé. Point GPS / 43.0388, 11.50443.

PARKING PAYANT
Faciles d'accès, ils sont situés à l'entrée des villages.

BAGNI DI SAN FILIPPO

C'est un site naturel de sources chaudes, situé à mi-chemin entre Sienne et le Val d'Orcia, près du mont Amiata. On y trouve à la fois des bassins naturels gratuits en pleine forêt et un établissement thermal payant. Cette source thermale naturelle et sauvage reste encore peu connue des touristes, mais très prisée des Italiens. Un énorme coup de cœur, surtout quand tu voyages en van et que tu n'as pas accès à l'eau chaude facilement ! L'eau y est brûlante (35–40 °C) et tu pourras y trouver des petits bains un peu partout.
À savoir : laisse l'endroit propre, n'utilise pas de savon ou de crème solaire, les bassins sont très sensibles. L'accès peut être régulé en haute saison pour préserver le site.

→ **SE BAIGNER** dans les différentes sources d'eau chaude naturelles (gratuit).

→ **SE BALADER DANS LA FORÊT** le long de la rivière.

→ **SE DÉTENDRE** dans ce lieu magique.

→ **PIQUE-NIQUER**, lire.

ÉTAPE 7

SPOT PHOTO

Les roches blanches et les eaux turquoise.

ACCÈS
À environ 1 h15 de Sienne, 30 min de Pienza et à 15 min de Bagno Vignoni. L'accès aux sources est à moins de 10 min à pied du parking.

QUAND Y ALLER ?
En hiver, l'endroit est magique sous la brume, idéal pour les bains chauds. Au printemps (avril—juin) et en automne (septembre—octobre), l'équilibre eau/air est parfait. Viens tôt le matin pour éviter la foule.

POUR Y DORMIR
• Agriturismo Trefossata, à 17 min, en pleine nature et ombragé l'été. Point GPS / 42.90146, 11.68269.

PARKING PAYANT
Celui situé juste au-dessus, il y a de la place partout.

ÉTAPE 8

CASCATE DEL MULINO

En grand-angle, au lever du soleil, en te positionnant en face des chutes d'eau, pour capter ces cascades qui se versent en terrasses sous une belle lumière.

Il s'agit de la fameuse et incontournable source d'eau chaude de Saturnia. Les Cascate del Mulino (ou « Chutes du Moulin ») sont un véritable joyau naturel et un passage obligatoire lors de ton road trip en Toscane. Ces sources, aux températures constantes d'environ 38 °C, forment des petites vasques en terrasse, entourées de roches calcaires blanches, d'arbustes et d'un ancien moulin. En revanche, ce lieu est très prisé et donc très touristique, surtout en haute saison. Y venir au lever du soleil permet d'en profiter presque seul.

→ **DÉCOUVRIR ET PROFITER DES SOURCES CHAUDES NATURELLES.** Gratuites et ouvertes 24 h/24.

→ **PROFITER DU SPA AUX TERME DI SATURNIA**, si tu cherches plus de confort. Elles sont situées à 3 km des cascades. Point GPS / 42.6585, 11.5161.

→ **VISITER LE VILLAGE MÉDIÉVAL DE SATURNIA**, avec sa porte Romane et ruines antiques.

→ **DÉGUSTER DES PRODUITS LOCAUX** dans une trattoria, astéria ou agriturismo autour de Saturnia : vins rouges toscans, huile d'olive, charcuterie et fromages.

→ **RANDONNER AUX VALLE DEL FIORA ET MONT AMIATA** tout proches, si tu cherches à faire des randos plus longues ou te balader dans les sentiers de la campagne de Saturnia.

ACCÈS

À 1 h 20 des sources d'eau chaude de Bagni Di San Filippo. À 2 h 45 de Florence.
L'accès au site est gratuit et ouvert toute l'année.

QUAND Y ALLER ?

En hiver pour l'ambiance brumeuse, au printemps ou en automne pour le calme et le climat agréable. Viens très tôt (avant 7 h) ou en fin de journée pour éviter la foule.

POUR Y DORMIR

- Area sosta Camper Saturnia, à 15 min des sources d'eau chaude. Point GPS / 42.65613, 11.50425.

PARKING GRATUIT

Celui qui est situé à moins de 10 min de marche des petites cascades.
Attention : hauteur limitée à 2 m.

LA TOSCANE

DISTANCES CLÉS DEPUIS FLORENCE
- San Gimignano à 1 h 15
- Sienne à 1 h 15.

AVEC TON VAN
Depuis la France, traverse les Alpes par le tunnel du Mont-Blanc ou du Fréjus, puis descends vers Turin, Gênes et Florence.

Astuce : privilégie les routes secondaires pour profiter des paysages et éviter les péages.

LOCATION SUR PLACE
Vans à louer à Florence, Pise ou Sienne. Compte 70 à 180 € par jour.

Loueurs conseillés :
- Caravanbacci
- Roadsurfer
- Indie Campers
- Yescapa.

LES 4 SAISONS

EN HIVER
les ⊕ Villages calmes, prix très bas.

les ⊖ Nombreuses infrastructures fermées, temps froid ou pluvieux (5-12 °C), journées courtes.

EN AUTOMNE
les ⊕ Lumière douce et dorée, températures encore agréables (18-28 °C), saison des vendanges et de la truffe.

les ⊖ Jours plus courts, moins d'animation après octobre, pluies possibles vers fin octobre.

AU PRINTEMPS
les ⊕ Paysages verdoyants et fleuris, belles lumières, températures douces (15-25 °C), moins de touristes, saison idéale pour la rando et balade à vélo.

les ⊖ Pluies possibles en avril, certaines infrastructures peuvent être encore fermées.

EN ÉTÉ
les ⊕ Ambiance animée, fêtes et festivals, ciel bleu, lavandes, tournesols, champs dorés et infrastructures ouvertes.

les ⊖ Très chaud (30-38 °C), tourisme de masse, moins agréable pour marcher, prix plus élevés.

LANGUES
L'Italien est la langue officielle, mais l'anglais est très bien compris et parlé dans les zones touristiques. Essaie d'apprendre quelques mots de base (bonjour, merci, s'il vous plaît, l'addition, eau, vin, toilettes...) par respect. C'est toujours bien vu de croiser des touristes qui essaient de parler la langue du pays qu'ils visitent.

MONNAIE
L'euro (€).

SÉCURITÉ
L'Italie et la région de la Toscane sont une destination sûre. Attention cependant aux vols et aux cambriolages dans les véhicules, ne laisse rien d'apparent.

BUDGET
Pour un road trip en Toscane à deux d'une semaine, compte environ 300 €, selon ton mode de voyage et tes choix d'activités.

OÙ DORMIR ?
Bivouaquer ou dormir sur des spots nature est toléré, à condition de ne rien laisser derrière soi, et c'est toujours plus simple hors saison. Important : vérifie toujours les règles locales, par exemple sur Park4Night.

QUE PRENDRE AVEC SOI ?

À savoir : si tu emportes ton vélo, il y a de nombreuses pistes cyclables.

GRÈCE

DURÉE
8 JOURS

DÉPART
AMVRAKIKOS

ARRIVÉE
LES MÉTÉORES

DISTANCE
2000 KM

La Grèce fait rêver, entre mer turquoise, vestiges antiques et villages blancs perchés. Mais au-delà des îles célèbres comme Santorin ou Mykonos, le Péloponnèse mérite largement le détour. Cette grande péninsule montagneuse, reliée au continent par le canal de Corinthe, regroupe à elle seule tout ce qui fait la richesse du pays. On y trouve des sites historiques majeurs comme Mycènes, Épidaure ou Olympie, des plages sauvages, des petits ports tranquilles et une nature encore préservée que tu pourras admirer lors de magnifiques couchers de soleil. C'est une destination moins touristique que les Cyclades, mais tout aussi belle, et peut-être même plus authentique. On t'embarque avec nous pour une belle boucle en remontant jusqu'aux Météores.

PROGRAMME

JOUR 1

- **MATIN** Amvrakikos
- **APRÈS-MIDI** Lefkada

JOUR 2

- **MATIN** Route direction le pont Rion-Antirion pour rejoindre le Péloponnèse
- **APRÈS-MIDI** Olympie

JOUR 3

- **MATIN** Voidokilia
- **APRÈS-MIDI** Repos

JOUR 4

- **MATIN** L'épave Dimitrios
- **APRÈS-MIDI** Monemvasia

JOUR 5

- **MATIN** Nauplie
- **APRÈS-MIDI** Théâtre d'Épidaure

JOUR 6

- **MATIN** Canal de Corinthe
- **APRÈS-MIDI** Delphes

JOUR 7

- **MATIN** Route direction les Météores
- **APRÈS-MIDI** Les Météores

JOUR 8

- **JOURNÉE** Les Météores

SPOT PHOTO

Depuis la route entourée d'eau, au lever ou au coucher du soleil, pour capturer ton van avec un drone.

AMVRAKIKOS

Depuis Igoumenitsa, direction le golfe Ambracique, un des plus grands de Grèce, réputé pour sa biodiversité, ses lagunes, ses dauphins et ses oiseaux rares. Sur la rive sud, la lagune de Logarou (zone Natura 2000) est l'une des plus grandes de la région, célèbre pour ses paysages sauvages, ses oiseaux migrateurs et sa pêche traditionnelle (ivaria). On peut la traverser par une route étroite bordée d'eau, pour une vraie sensation de bout du monde.

→ VISITER LES LAGUNES
Celles de Rodia, de Tsoukalio ou encore de Logarou.

→ PARCOURIR LA ROUTE MYTHIQUE
Entourée des lagunes, elle mène au village de Koronisia.

→ SE BAIGNER SUR LES PLAGES
Autour de Menidi, Kastrosykia ou Kanali.

→ FAIRE UNE BALADE À VÉLO
Entre les villages du golfe.

→ DÉGUSTER LES PRODUITS LOCAUX. Les poissons du golfe (mulet, dorade, bar) et autres spécialités à base de boutargue (avgotaracho), œufs de mulet séchés, un mets local très réputé.

→ FAIRE DU KAYAK OU DU PADDLE dans les lagunes.

→ FAIRE UNE CROISIÈRE ÉCOLOGIQUE DANS LE GOLFE
Pour observer des dauphins à bec, des oiseaux rares, idéalement avec un guide naturaliste local.

● ÉTAPE 1

ACCÈS
À 1h20 d'Igoumenitsa vers le village de Koronisia.

QUAND Y ALLER ?
D'avril à juin, températures agréables (20–28 °C), flore luxuriante, faune active et peu de monde.
De septembre à octobre, climat doux, belles lumières et migration des oiseaux. Privilégie le lever du soleil pour le calme, les couleurs et les flamants roses.

POUR Y DORMIR
• Camping Nissos, spacieux et ombragé dans l'oliveraie, tout près de la plage. Point GPS/39.09504, 20.63837

PARKING
Autour du golfe d'Amvrakikos, plusieurs parkings :
• au village de Koronisia.
• devant le centre d'information à Salaora.

SPOT PHOTO

Au coucher du soleil, sur le parking au bout de la pointe, pour une vue imprenable sur cette falaise magnifique.

LEFKADA

Direction l'île de Lefkada (ou Leucade). Cette île séduit par sa beauté naturelle, son authenticité et son accès étonnamment facile par un pont flottant. Elle est réputée pour ses plages paradisiaques aux eaux turquoise, comme Porto Katsiki et Egremni, classées parmi les plus belles de Grèce. Elles sont bordées d'immenses côtes rocheuses et abruptes. C'est l'endroit idéal pour des vacances paisibles et authentiques : baignade, farniente, couchers de soleil. Tout y est !

→ **VISITER LA VIEILLE VILLE DE LEFKADA** : rues piétonnes, églises anciennes et ambiance locale.

→ **DÉCOUVRIR LES PLAGES INCONTOURNABLES** : Porto Katsiki, Egremni Beach, Kathisma Beach, Agiofili Beach, Milos Beach.

→ **FAIRE DU KAYAK OU DU PADDLE EN MER** à la recherche de grottes et criques cachées.

→ **RANDONNER JUSQU'À LA CASCADE DE DIMOSARI (PRÈS DE NIDRI)**

→ **BALADER DANS LES MONTAGNES** du centre de l'île.

→ **FAIRE WINDSURF** à Vasiliki, **KITESURF** à Agios Ioannis.

→ **FAIRE UNE CROISIÈRE** vers les îles de Meganisi, Skorpios ou Kefalonia.

→ **DÎNER DANS UNE TAVERNE EN BORD DE MER** pour déguster poissons grillés, mezzés grecs, huile d'olive et vin local.

ACCÈS

À 1h20 d'Amvrakikos. Après Amvrakikos, prends la côte ouest et le tunnel payant entre Préveza et l'aéroport d'Aktion.

QUAND Y ALLER ?

Mai, juin et septembre : temps agréable, peu de monde, nature verdoyante, idéal pour randonner ou explorer l'île. En été, l'affluence est forte et les meilleurs spots vite pris.

POUR Y DORMIR

Le camping sauvage est réglementé et parfois payant, vérifie avant.

- Au bout du parking pour admirer le coucher de soleil face à la plage. Payant pour 24h. Point GPS/38.60279, 20.54911.
- Camping Vassiliki Beach, au sud de la péninsule, est tout près de la mer. Point GPS/38.63057, 20.60685.

PARKING PAYANT

Parking du port de Lefkada. La plupart des parkings situés près des plages sont payants (prévois de la monnaie).

SPOT PHOTO

Nous nous sommes placés avec le van au pied de l'amphithéâtre pour cette photo iconique.

OLYMPIE ● ÉTAPE 3

Un arrêt plus qu'obligatoire si tu aimes l'histoire et le passé de la Grèce. Olympie est l'un des sites archéologiques les plus célèbres de la Grèce antique. C'est ici qu'ont été organisés les premiers Jeux Olympiques en 776 av. J.-C. Olympie n'est pas seulement un centre sportif, c'est aussi un lieu sacré de la religion grecque antique avec le temple de Zeus. Tu pourras encore sentir cette atmosphère où les athlètes, les prêtres et la foule venaient célébrer les Jeux en signe de paix. Visiter Olympie, c'est bien plus que voir des ruines, c'est marcher sur les traces de l'histoire, ressentir l'énergie d'un lieu où sport, foi et humanité se rejoignaient.

→ EXPLORER LE SITE ARCHÉOLOGIQUE D'OLYMPIE : temples de Zeus et d'Héra, etc.

→ VISITER LE MUSÉE DE L'HISTOIRE DES JEUX OLYMPIQUES DE L'ANTIQUITÉ
Un musée complet, pédagogique et souvent interactif qui peut intéresser petits et grands.

→ DÉCOUVRIR LE MUSÉE ARCHÉOLOGIQUE D'OLYMPIE
avec la frise du temple de Zeus, la statue d'Hermès portant Dionysos et le casque de Miltiade.

→ MARCHER DANS LE STADE ANTIQUE
Tu pourras emprunter le tunnel des athlètes pour faire ton entrée comme dans l'Antiquité ! C'est l'un des seuls endroits où les visiteurs peuvent courir sur la piste.

→ VISITER LE VILLAGE MODERNE D'OLYMPIE
À savoir : tu ne peux plus acheter l'accès à un seul musée ou seulement au site. Seul le billet intégré est en vigueur.

ACCÈS
À 5 h de Lefkada. Longe la côte jusqu'au pont payant de Rion-Antirion, qui relie le Péloponnèse au continent. Peu de visites sur cette portion, mais de beaux paysages.

QUAND Y ALLER ?
D'avril à début juin et de septembre à mi-octobre, pour des températures agréables et moins de monde. Privilégie tôt le matin ou en fin d'après-midi.

POUR Y DORMIR
• Camping Alfios, au pied du site archéologique, dispose d'une piscine. Point GPS / 37.64367, 21.61959

PARKING GRATUIT
Celui du site archéologique, très proche de l'entrée.

VOIDOKILIA

Cette plage immense est classée Natura 2000, avec ses grandes étendues d'herbes et ses arbres couchés par les rafales de vent. C'est l'endroit idéal pour se poser en van à condition de respecter les lieux. On a croisé beaucoup de véhicules, tous plus différents les uns que les autres. C'est donc LE spot idéal pour s'arrêter quelques jours en van, et c'est ce que nous avons fait pendant trois jours, en compagnie d'un adorable chat roux qui ne nous lâchait plus. C'est un véritable havre de paix, où tu pourras te ressourcer, observer la nature et même des tortues, te détendre, randonner et faire des rencontres. La mer est juste derrière la dune et tu pourras profiter pleinement des couchers de soleil.

→ **FLÂNER À LA PLAGE** et se baigner.

→ **FAIRE DU SPORT** et marcher le long de la plage au lever ou au coucher du soleil.

→ **OBSERVER LES TORTUES MARINES** Caretta-caretta de mai à août, à l'aube ou au coucher du soleil.

→ **SE REPOSER ET LIRE** à l'ombre des pins.

→ **FAIRE DU KITESURF OU DU PADDLE** si tu as l'équipement et si les conditions le permettent.

SPOT PHOTO

Depuis la dune pour contempler l'horizon et le coucher de soleil se reflétant sur l'eau.

● ÉTAPE 4

ACCÈS
À 45 min d'Olympie. Il faudra dépasser le village d'Elea, puis 5 min après, prendre une route à droite direction la plage Agiannakis Beach. Tu pourras ensuite emprunter les nombreux sentiers avec ton véhicule pour te garer sur les différents spots.

QUAND Y ALLER ?
De mi-mai à juin et de septembre à octobre : températures chaudes, peu de monde.
De fin mai à mi-août, observation des tortues qui pondent la nuit ou tôt le matin (respecter les zones balisées).

POUR Y DORMIR
Plusieurs spots nature possibles. Pour notre part, nous étions installés au pied d'un pin. Point GPS / 37.35646, 21.69163.
Attention : prévois de faire un plein de courses avant d'arriver, car il n'y a pas de commerces à proximité. Des habitants, et parfois un boulanger, passent le matin pour vendre quelques produits : olives, miel, vin.

PARKING GRATUIT
Différents spots le long de la plage.

ÉTAPE 5

ÉPAVE DIMITRIOS

À quelques kilomètres de Gythio, cette épave, aussi appelée le « navire fantôme du Magne », est un site à ne pas manquer. Échouée depuis les années 1980 et rouillée, elle semble tout droit sortie d'un film postapocalyptique, offrant un contraste saisissant avec l'eau turquoise. Officiellement, le navire aurait été abandonné par son propriétaire à cause de dettes et de problèmes techniques. Officieusement, des rumeurs évoquent des activités de contrebande, ce qui alimente son aura mystérieuse. C'est un arrêt intéressant si tu es amateur de lieux insolites, passionné d'histoire maritime ou simplement en quête d'un décor hors du commun.

→ **PHOTOGRAPHIER L'ÉPAVE** pour capturer l'ambiance mystérieuse du site.

→ **SE PROMENER LE LONG DE LA PLAGE VALTAKI** et s'y baigner avec une vue sur l'épave.

→ **ALLER VISITER LE VILLAGE DE GYTHIO** et son île accessible à pied avec sa tour et son phare.

ACCÈS
À 3h30 de Voidokilia. L'épave se trouve à 5 min à pied du parking.

QUAND Y ALLER ?
Tôt le matin ou en fin de journée pour éviter la chaleur et avoir une belle lumière.

POUR Y DORMIR
- Camping Meltemi, ombragé et près de la mer. Point GPS/36.72934, 22.55422.

PARKING GRATUIT
Celui de la plage.

MONEMVASIA

Notre coup de cœur dans le Péloponnèse, également surnommé la « Gibraltar de l'Est » ! Cette ville chaleureuse est nichée sur un gros caillou et accessible par une seule et unique petite route. D'ailleurs, son nom vient du grec « moni emvasis », qui signifie « entrée unique », en référence au seul accès dissimulé dans les remparts. En passant la porte, on entre dans un décor de carte postale : ruelles pavées bordées de fleurs, maisons en pierre ocre, vues imprenables sur la mer Égée, c'est un régal pour les yeux et les photographes.

→ **SE PROMENER DANS SES RUELLES MÉDIÉVALES**
Un vrai petit labyrinthe.

→ **ALLER SUR LA PLACE CENTRALE** où se dresse l'église Christos Elkomenos.

→ **MONTER JUSQU'À L'ÉGLISE D'AGIA SOFIA**
Située dans la ville haute, offrant un panorama magnifique. La montée est raide, mais très belle, entre vieilles pierres, herbes sauvages et silence absolu.

→ **PROFITER DE LA VUE DEPUIS LES REMPARTS**

→ **GOÛTER AUX SPÉCIALITÉS GRECQUES**
Régale-toi avec du poulpe ou une salade de féta : un délice garanti !

→ **ARPENTER LES PETITES BOUTIQUES D'ARTISANAT**
Savons à l'huile d'olive, bijoux faits main, vins et produits du terroir. Il faut que tu goûtes au vin de Malvasia, une spécialité de la région.

→ **SE BAIGNER DANS LES EAUX CRISTALLINES** sur la plage de Portelo ou sur celle de Lori un peu plus loin.

ACCÈS
À 1h20 de l'épave Dimitrios.

QUAND Y ALLER ?
Tôt pour pouvoir te garer et profiter de l'ambiance magique.

POUR Y DORMIR
Il est interdit de dormir en van à Monemvasia.
Vérifie les spots référencés et les avis sur l'application Park4night.

PARKING GRATUIT
Parking limité, arrive tôt. Avec un grand van ou camping-car, gare-toi au port près de la jetée et marche jusqu'à l'entrée.

ÉTAPE 6

SPOT PHOTO

Depuis la forteresse de Palamidi ou depuis le chemin en bord de mer au coucher du soleil.

NAUPLIE ● ÉTAPE 7

Sur la côte Est, la route et ses nombreux points de vue offrent des panoramas à couper le souffle. Nauplie est l'une des villes les plus charmantes et romantiques de Grèce. Ses ruelles pavées, ses façades pastel et ses forteresses vénitiennes perchées au-dessus de la mer en font une destination incontournable. Tu vas adorer t'y balader, entre eau turquoise et bâtiments chargés d'histoire, offrant un moment doux et romantique. À noter : Nauplie fut même la première capitale de la Grèce moderne, avant qu'Athènes ne prenne le relais en 1834.

→ **SE PERDRE DANS LA VIEILLE VILLE ET FLÂNER** et déguster leur fameux « Gros », un sandwich grec délicieux et pas cher du tout !

→ **LA FORTERESSE DE PALAMIDI**
Notre deuxième coup de cœur dans le Péloponnèse ! Elle offre un magnifique point de vue sur la vieille ville, le golfe, la mer et son eau turquoise en gravissant les nombreuses marches (857) pour atteindre cette citadelle vénitienne. Rassure-toi, il y a un petit parking qui t'évite l'escalier depuis la vieille ville. Point GPS/ 37.56142, 22.80474. Entrée payante.

→ **PROFITER DE LA PLAGE ARVANITIA**
Une petite plage de galets juste en dessous de la forteresse.

→ **SE BAIGNER AUSSI SUR L'AUTRE PLAGE KARATHONA**

→ **LE CHEMIN EN BORD DE MER**
Un petit sentier pédestre longe la mer et fait le tour de la pointe jusqu'au centre-ville, un régal ! De là, tu as une magnifique vue sur la forteresse et la plage juste en face.

→ **VISITER LE MUSÉE ARCHÉOLOGIQUE OU CELUI DU KOMBOLOI**
Le musée du Komboloi, chapelet grec, original et plein de charme.

ACCÈS
À 3h de Monemvasia, 2h d'Athènes. Attention : certaines routes longent la roche, mais elles sont praticables même en camping-car.

QUAND Y ALLER ?
Entre avril et juin : temps doux, nature en fleurs, villes animées mais calmes. Privilégie le matin (8h—11h) pour éviter la foule et la chaleur, et profiter d'une lumière paisible.

POUR Y DORMIR
• Grand parking du port à condition de rester discret.
Le camping Kastraki, près de la plage. Point GPS/37.52752, 22.8759.

PARKING
Le centre est inaccessible en voiture : gare-toi sur le port et marche ou prends un bus local.
Grand parking gratuit juste à côté du centre-ville piéton. Point GPS/37.56792, 22.80121

THÉÂTRE D'EPIDAURE

SPOT PHOTO

En haut de l'amphithéâtre pour un effet de grandeur.

C'est un must à visiter dans le Péloponnèse ! Il s'agit d'un amphithéâtre datant de 340 avant J.C. encore très bien conservé et classé au patrimoine mondial de l'UNESCO. On comprend vite pourquoi : il est magnifique et a d'ailleurs une acoustique incroyable. Il paraît que si on fait tomber une pièce d'un euro au centre de la scène et que tout le monde se tait, on peut entendre le bruit de la résonance depuis le sommet de l'amphithéâtre. Ce phénomène est dû à l'architecture parfaitement étudiée des gradins en pierre et à leur inclinaison.

ACCÈS
À 35min de Nauplie. Payant.

QUAND Y ALLER ?
Dès 8h ou en fin de journée pour éviter la foule et profiter de la lumière douce.

POUR Y DORMIR
- Spot nature à 15min du site, avec une belle vue sur les collines. Point GPS / 37.56840, 23.06454.
- Camping Bekas Beach, près de la mer. Point GPS / 37.61854, 23.15639.

PARKING GRATUIT
À l'entrée.

EXPÉRIENCES

→ **VISITER LE THÉÂTRE ANTIQUE** et tester l'acoustique.

→ **VISITER LE MUSÉE ARCHÉOLOGIQUE**

→ **EXPLORER LE SANCTUAIRE D'ASCLÉPIOS**
Temple, bain, stade, etc.

→ **FAIRE UN TOUR SUR LE PETIT THÉÂTRE DE PALAIÁ ÉPIDAURE**
Intime avec une vue sur la mer.

→ **SE BAIGNER**
Après la visite, sur les plages à proximité : Kalamaki, Vayionia, Polemarcha.

CANAL DE CORINTHE

ÉTAPE 9

SPOT PHOTO

Depuis le pont d'Isthmia ou le pont de Posidonia, pour profiter du meilleur point de vue sur le canal de Corinthe.

Sur la route du retour, passage incontournable par le canal de Corinthe : il relie le Péloponnèse au continent, ouvrant un gouffre spectaculaire qui fend la terre en deux. Ce canal de 6 km de long, bordé de falaises vertigineuses, relie deux mers : la mer Ionienne et la mer Égée. L'eau est turquoise et magnifique. C'est plus qu'un simple ouvrage d'ingénierie, c'est un lieu où se croisent histoire antique, prouesse moderne... et sensations fortes. Que l'on s'y arrête pour admirer la vue, observer les bateaux ou frissonner devant un saut à l'élastique, le canal de Corinthe est une pause obligée sur tout l'itinéraire grec.

→ **ATTENDRE SUR LES PONTS OU CERTAINES BERGES** pour voir passer les bateaux. Certains sont énormes, c'est assez impressionnant.

→ **FAIRE UN SAUT À L'ÉLASTIQUE** pour les plus courageux, depuis le pont de Zulu Bungy (70 m de haut).

→ **FAIRE UNE MINI-CROISIÈRE** dans le canal au départ de Loutraki ou Isthmia (à l'est).

→ **EXPLORER LES VESTIGES DE DIOLKOS**

ACCÈS
À 1h10 du Théâtre d'Épidaure ou de Nauplie.

QUAND Y ALLER ?
Toute l'année, mais évite les heures chaudes l'été. Le matin ou en fin d'après-midi, la lumière est plus belle et il y a moins de monde.

POUR Y DORMIR
• Camping Camperstop Ancient Corinth. Dans une oliveraie. Point GPS/37.91931, 22.85063.

PARKING GRATUIT
À proximité immédiate des ponts.

DELPHES

ÉTAPE 10

Bienvenue à Delphes, perchée sur le mont Parnasse, face à un panorama grandiose ! Bien plus qu'un site archéologique, c'est un lieu de légendes, d'histoire et de spiritualité. Dans l'Antiquité, Delphes était considérée comme le centre du monde, le nombril sacré de la terre selon la mythologie grecque. Tu te promènes entre ses vestiges datant de plus de 2 500 ans ! C'est aussi ici que se tenaient les Jeux Pythiques, en l'honneur d'Apollon, qui rivalisaient en prestige avec les Jeux Olympiques. Comme tu l'auras compris, il y a beaucoup de lieux à visiter ici. Prends de bonnes chaussures, car le site est en pente et ça grimpe fort !

EXPÉRIENCES

→ LE STADE ANTIQUE DE DELPHES
Il est en haut du site et accueillait les épreuves sportives.

→ LE TEMPLE D'APOLLON
C'est le cœur spirituel du sanctuaire.

→ LE THÉÂTRE ANTIQUE
Il offre une vue spectaculaire sur la vallée.

→ LE MUSÉE DE DELPHES
Pour comprendre son histoire, un incontournable.

→ LE TEMPLE D'ATHÉNA PRONAIA

Depuis les gradins supérieurs du théâtre antique en fin d'après-midi pour avoir une vue plongeante sur le temple d'Apollon sous les couleurs dorées du coucher de soleil.

ACCÈS
À 3h du canal de Corinthe. Entrée payante.

QUAND Y ALLER ?
Au printemps (avril-mai) et à l'automne (septembre-octobre), avant 11 h, pour éviter la chaleur et le monde.

POUR Y DORMIR
• Camping Delphi, situé sur les collines, tout près de Delphes. Point GPS/38.47861, 22.47484.

PARKING GRATUIT
À l'entrée du site.

LES MÉTÉORES

Énorme coup de cœur pour ce lieu ! Quand on arrive aux Météores pour la première fois, on a l'impression d'entrer dans un autre monde. Ces immenses colonnes de pierre, dressées vers le ciel au milieu de nulle part, sont une merveille architecturale. Des monastères sont perchés sur ces rochers à flanc de falaise, tu as l'impression d'être transporté en Asie ou dans un décor de film fantastique. Mais non, on est bien en Europe ! Le site est classé au patrimoine mondial de l'UNESCO et, sur les 24 monastères historiques, 6 sont encore actifs et ouverts au public. Prévois la journée pour visiter les monastères et assister au coucher du soleil.
Attention : tenue correcte exigée.

→ **VISITER LES MONASTÈRES PERCHÉS.** Chacun a son atmosphère particulière.
Attention : entrée payante, prévoir de la monnaie, espèces uniquement.
• Grand Météore (monastère de la Transfiguration) : le plus grand et le plus impressionnant, avec son musée et son ancienne cuisine.
• Monastère de Varlaam : célèbre pour ses fresques et ses vues spectaculaires.
• Roussanou : tenu par des moniales, très photogénique, plus facile d'accès.
• Saint-Stéphane : accessible sans escaliers, idéal si tu as des difficultés à marcher.
• Saint-Nicolas Anapausas : petit, mais charmant, avec de belles fresques.
• Sainte-Trinité (Agia Triada) : le plus isolé, accessible à pied, magnifique point de vue.

→ **RANDONNÉE** entre les monastères, à travers la forêt.
Depuis Kastraki | 1h30 | 4 km | Accessible à tous

→ **ROULER** sur les routes panoramiques.

→ **SE DÉTENDRE EN DEHORS DES CIRCUITS TOURISTIQUES**
Parfait pour contempler ce lieu.

SPOT PHOTO

Sur la route entre Varlaam et Roussanou au coucher du soleil, un point de vue panoramique entre les deux plus grands monastères perchés sur leur rocher, plongeant dans la vallée.

ACCÈS
À environ 3h30 de Delphes.

QUAND Y ALLER ?
Mai-juin ou septembre-octobre, pour un climat doux et peu de monde. Privilégie le matin ou le soir.

POUR Y DORMIR
• Spots nature à 10 min des monastères en remontant la colline. Point GPS / 39.73100, 21.64993.
• Le camping Vrachos, ombragé avec piscine. Point GPS / 39.71328, 21.61576.

PARKING GRATUIT
Aux pieds des monastères.

ÉTAPE 11

LA GRÈCE

DISTANCES CLÉS DEPUIS ATHÈNES
- Canal de Corinthe à 1 h
- Nauplie à 2 h.

AVEC TON VAN
Depuis la France, traverse l'Italie (Ancône, Bari ou Brindisi), puis ferry vers Igoumenitsa ou Patras.

Ou traverse les Balkans pour une aventure dépaysante (attention aux routes et frontières).

LOCATION SUR PLACE
Vans à louer à Athènes, Patras ou Thessalonique. Compte 70 à 180 € par jour.

Loueurs conseillés :
- Odyssey Campers,
- Indie Campers
- Nomas Campers
- Camper Club Greece.

LES 4 SAISONS

EN HIVER

les ↑ Visite des sites sans foule, prix bas, montagnes du Péloponnèse enneigées.

les ↓ Pluies fréquentes, froid dans les terres et les montagnes, infrastructures fermées, journées courtes.

EN AUTOMNE

les ↑ Températures douces (20-30 °C), mer encore chaude, couleurs d'automne, moins de touristes, hébergements moins chers.

les ↓ Pluies possibles mi-octobre, horaires réduits des infrastructures et journées plus courtes.

AU PRINTEMPS

les ↑ Nature verdoyante, températures douces (20-28 °C), peu de touristes, visites agréables.

les ↓ Eau encore un peu froide pour la baignade (surtout en avril), pluies possibles au nord et dans les montagnes, quelques infrastructures encore fermées.

EN ÉTÉ

les ↑ Mer chaude, festivals d'été, couchers de soleil sublimes, parfait pour les activités nautiques.

les ↓ Très chaud (35-40 °C), beaucoup de touristes, prix plus élevés, moustiques dans certaines zones humides.

LANGUES
Le grec. La Grèce fait partie de l'Union européenne.

MONNAIE
L'euro (€).

SÉCURITÉ
La Grèce est une destination sûre.

BUDGET
Pour un road trip en Grèce à deux de 10 jours, compte environ 500€, selon ton mode de voyage et tes choix d'activités.

OÙ DORMIR ?
Bivouaquer ou dormir sur des spots nature est toléré, à condition de ne rien laisser derrière soi, et c'est toujours plus simple hors saison. On te conseille donc de rester discret et de ne pas rester plus de 2-3 jours au même endroit. Hors saison, voyager en van y est facile, avec de nombreux petits spots en bord de mer, de l'eau et des douches de plage accessibles.
Important : vérifie toujours les règles locales, par exemple sur Park4Night.

QUE PRENDRE AVEC SOI ?

ESPAG
DU NO

DURÉE
11 JOURS

DÉPART
VAL D'ARAN

ARRIVÉE
PLAYA DE LAS CATEDRALES

DISTANCE
1500 KM

Début octobre, quand l'automne commence à s'installer en France, on a eu envie de prolonger un peu l'été. Direction le sud, mais sans aller trop loin : le nord de l'Espagne s'est imposé comme une évidence. Ce pays, on l'adore. Les gens y sont joyeux et chaleureux, ils parlent avec un accent chantant, mangent tard… et les paysages sont d'une diversité incroyable. Entre montagnes sauvages, forêts profondes, lacs aux eaux limpides et cascades rafraîchissantes, tu traverseras des villages typiques imprégnés de traditions catalanes, avant de te retrouver seuls au monde dans des déserts spectaculaires.
Ce road trip t'émerveillera du début à la fin.
Si tu cherches une aventure nature, dépaysante et pleine de soleil, on te recommande le nord de l'Espagne à 1000 % !

PROGRAMME

JOUR 1

- **MATIN** Monter au lac de Bassa d'Arres
- **APRÈS-MIDI** Visiter la cascade Saut deth Pish

JOUR 2

- **MATIN** Visiter les villages de Garós, d'Arties et de Salardú
- **APRÈS-MIDI** Via ferrata Poi d'Unha ou randonnée au monastère de Montgarri

JOUR 3

- **MATIN** Randonnée au lac Saint-Maurice (départ taxi d'Espot)
- **APRÈS-MIDI** Aller au Cirque de Colomers

JOUR 4

- **MATIN** Randonnée à Planell d'Aigüestortes (départ taxi de Boí)
- **APRÈS-MIDI** Détente dans le parc d'Aigüestortes

JOUR 5

- **MATIN** Rouler jusqu'au désert de Monegros
- **APRÈS-MIDI** Découvrir le désert (randonnées ou se détendre sur place)

JOUR 6

- **MATIN** Mallos de Riglos
- **APRÈS-MIDI** Randonnée dans les alentours + détente

JOUR 7

- **MATIN** Lac de Yesa
- **APRÈS-MIDI** Désert de Bardenas Reales

JOUR 8

- **MATIN** Route vers les Pics d'Europe
- **APRÈS-MIDI** Randonnées, Via ferrata, etc.

JOUR 9

- **MATIN** Route vers Cudillero
- **APRÈS-MIDI** Cudillero

JOUR 10

- **MATIN** Rouler vers la plage Esteiro
- **APRÈS-MIDI** Playa de Las Catedrales

ACCÈS
Le Val d'Aran se rejoint facilement depuis la France via le tunnel de Vielha ou le col du Portillon.

QUAND Y ALLER ?
Toute l'année.

POUR Y DORMIR
• Val d'Aran Camper Park, à Vielha. Très central. Point GPS / 42.71319, 0.79791.

PARKING GRATUIT
La plupart des parkings sont gratuits.

VAL D'ARAN

● ÉTAPE 1

Bienvenue dans le Val d'Aran, un joyau caché des Pyrénées catalanes. À cheval entre la France et l'Espagne, cette vallée mêle traditions catalanes, occitanes et aranaises. Tu y découvriras des villages de pierre aux toits d'ardoise, entourés de forêts profondes et de sommets escarpés, parfaits pour les randonneurs et les amoureux de paysages bruts.
À savoir : la langue locale, l'aranès — une forme de gascon — y est toujours parlée, signe de l'identité unique et préservée de la vallée.

→ MONTER AU LAC DE BASSA D'ARRES
Parking gratuit autour du petit lac.
Point GPS / 42.76926, 0.71561.

→ VISITER LA CASCADE SAUT DETH PISH, la plus célèbre du Val d'Aran. Accès autorisé aux véhicules de moins de 2 m de large, interdit aux camping-cars. Parkings gratuits au sommet.
Point GPS / 42.77664, 0.8324.

→ VISITER VIELHA, GARÓS, ARTIES ET SALARDU,
des petits villages en pierre, typiques de la région.

→ DÉCOUVRIR LA VIA FERRATA POI D'UNHA
Trois niveaux au choix.
Le parcours K3 offre une échelle impressionnante et une vue spectaculaire sur la vallée.
Parking Aparcament d'Unha, gratuit.
Point GPS / 42.71046, 0.90309.

→ DÉCOUVRIR LE MONASTÈRE DE MONTGARRI et ses randonnées alentour. Possibilité de se garer en face du monastère sur l'herbe (gratuit).
Point GPS / 42.75946, 0.99473.

→ RANDONNER À PARTIR DU LAC SAINT-MAURICE
Les vans sont interdits près du lac. Gare-toi sur le parking Aparcament d'Espot en bas, puis prends un taxi juste en face. Ils sont faciles à repérer et proposent plusieurs excursions en montagne selon les niveaux.
Point GPS / 42.57483, 1.09053.

→ RANDONNER AU CIRQUE DE COLOMERS
2h30 | 6,5 km | 580 D+ | Modéré
Boucle parmi des lacs glaciaires et un panorama superbe. Parking Banhs de Tredòs, gratuit.
Point GPS / 42.65579, 0.92807.

→ RANDONNER À PLANELL D'AIGÜESTORTES
3h | 10 km | 183 D+ | Facile
Ce parc national est magnifique. L'accès est interdit aux véhicules. Gare-toi sur le parking de Boí, puis prends un taxi à la Parada de taxis del Parc Nacional d'Aigüestortes.
Point GPS / 42.52222, 0.83396.

→ SE DÉTENDRE AUX THERMES BARONIA DE LES
Point GPS / 42.81424, 0.71272.

Sur les rochers, en face de « Tozal de la Cobeta », au coucher du soleil.

DÉSERT DE MONEGROS

Moins célèbre que le désert des Bardenas, celui des Monegros a été un véritable coup de cœur ! Avec ses airs d'Arizona en plein Aragon, il est souvent surnommé le Far West espagnol. C'est une parenthèse aride et envoûtante au cœur d'un road trip verdoyant, offrant un contraste saisissant avec les montagnes et les forêts du nord. Que ce soit pour une randonnée dans un canyon, une pause photo devant ses formations rocheuses ou simplement pour ressentir la solitude et le silence, Monegros est une étape hors du temps, loin des sentiers battus. Avec ses quelque 2 700 km², tu as de quoi t'amuser.

→ **RANDONNER OU FAIRE DU VTT** dans les plaines et collines arides.

→ **VIVRE UNE AVENTURE EN 4X4 OU À MOTO** à travers les zones les plus isolées du désert. Possibilité de circuits accompagnés en quad ou 4x4 avec commentaires géologiques et historiques.

→ **GOÛTER À LA CUISINE LOCALE** : agneau rôti, migas, jamón de Teruel, fromages de brebis.

→ **PARTICIPER AU MONEGROS DESERT FESTIVAL**, un événement rassemblant des dizaines de milliers de festivaliers. Pour une nuit de musique électronique ininterrompue dans un décor post-apocalyptique.

→ **VISITER LES VILLAGES ALENTOUR** : Villanueva de Sigena, Alcubierre, la lagune de Sariñena (un lieu idéal pour observer flamants roses, hérons, canards...).

ACCÈS
Entre Saragosse et Huesca, à environ 2h50 de Planell d'Aigüestortes.

QUAND Y ALLER ?
À éviter en plein été (plus de 40 °C). Préfère d'avril à juin pour la douceur et les fleurs, ou de septembre à novembre pour des températures agréables et de longues journées.

POUR Y DORMIR
• À côté de la tour rocheuse Tozal de la Cobeta, gratuit. Point GPS/41.70199, -0.17404.

PARKING GRATUIT
De nombreux renfoncements permettent de se garer sans gêner.

• ÉTAPE 2

Au Mirador de los Buitres, pour une vue imprenable au coucher de soleil sur les falaises verticales.

MALLOS DE RIGLOS

• ÉTAPE 3

Les Mallos de Riglos, perchés dans les Pyrénées aragonaises, sont un véritable trésor géologique. Avec leurs falaises verticales de 300 m de haut et leur roche aux teintes ocres, on a tout simplement l'impression d'être au parc national de Zion, aux États-Unis. Le site, près du village de Riglos, dans la province de Huesca, attire les grimpeurs du monde entier, mais aussi les randonneurs, les photographes et les amoureux de la nature sauvage. L'atmosphère du lieu fascine, entre minéral imposant et traditions locales. Si tu passes par l'Aragon, ne manque pas ce spot spectaculaire : c'est un incontournable.

→ PRATIQUER L'ESCALADE SUR LES PAROIS EMBLÉMATIQUES : El Puro, La Visera, El Fire, réputées pour leur verticalité et leur beauté naturelle.

→ RANDONNER AUTOUR DES MALLOS
2h30 | 6 km | 440 à 480 D+ | Modéré
Depuis Riglos, paysages spectaculaires entre les parois, vues panoramiques sur la vallée et observation des vautours. Variante plus longue et sauvage dans la Sierra : la randonnée PR-HU 98.

→ OBSERVER LES VAUTOURS ET AUTRES RAPACES au Mirador de los Buitres. Un point de vue idéal pour l'observation ornithologique. Point GPS / 42.33646, -0.70649.

→ FAIRE DU RAFTING OU DU KAYAK SUR LE RÍO GÁLLEGO
Activité praticable d'avril à octobre selon le niveau d'eau, au départ de Murillo de Gállego, offrant une vue imprenable sur les Mallos.

→ VISITER LE VILLAGE DE RIGLOS, un charmant village au pied des formations rocheuses.

ACCÈS
À 45 min de Huesca et à 1h50 du désert de Monegros.

QUAND Y ALLER ?
D'avril à juin et de septembre à mi-octobre : températures douces (15 à 28 °C), peu de précipitations, ciel dégagé, faune active et affluence modérée.

POUR Y DORMIR
• À côté du Mirador de los Buitres : spot gratuit avec vue magnifique. Accès par un long chemin en gravier : pas besoin de 4x4, mais roulez lentement et évitez les ornières, surtout par temps de pluie. Point GPS / 42.3361679, -0.7065894.
• Autres spots nature à proximité sur l'application Park4Night.

PARKING GRATUIT
À Riglos et autour.

→ OBSERVER LES ÉTOILES grâce à la faible pollution lumineuse.

→ PIQUE-NIQUER au bord du fleuve ou sur les hauteurs.

LAC DE YESA

Bienvenue au lac de Yesa, niché au pied des Pyrénées, mêlant beauté turquoise et secrets engloutis ! Ce vaste lac artificiel de 10 km, né en 1959 grâce à un barrage sur la rivière Aragón, offre aujourd'hui un décor spectaculaire, propice aux activités nautiques, aux randonnées et à la contemplation. Mais derrière sa beauté se cache une histoire plus complexe : villages abandonnés, thermes romains engloutis, glissements de terrain... Yesa est un lieu de contrastes, à la fois paisible et controversé. Malgré les débats environnementaux qu'il suscite, il reste un spot naturel apprécié pour son côté sauvage et sa tranquillité.
À savoir : en période de sécheresse intense, les anciennes sources thermales romaines des Baños de Tiermas refont brièvement surface, laissant jaillir une eau chaude toujours active.
Attention : le site n'est pas aménagé, l'accès se fait uniquement à pied et comporte des risques de glissements de terrain.

ACCÈS
À 1h20 de Mallos de Riglos.

QUAND Y ALLER ?
Les meilleures périodes pour visiter sont de mai à début juillet, puis de septembre à octobre. Les températures y sont agréables (entre 20 et 30 °C), le lac est encore haut, l'eau turquoise est splendide et il y a moins de touristes qu'en plein été.

POUR Y DORMIR
- Spot nature très paisible. Point GPS / 42.61344, -1.05747.
- De nombreux autres spots nature le long du lac.

PARKING GRATUIT
Un peu partout, souvent non aménagés, mais accessibles.

→ **SE BAIGNER DANS LES EAUX TURQUOISE DU LAC**, sans plages aménagées, dans un esprit sauvage et naturel.

→ **FAIRE DU PADDLE OU DU KAYAK**, idéalement au petit matin lorsque le lac est paisible. Location possible à proximité.

→ **TENTER UNE BAIGNADE DANS LES SOURCES CHAUDES DE TIERMAS** Accessible uniquement lorsque le niveau du lac est très bas. Point GPS / 42.61256, -1.10825.

→ **EXPLORER LES VILLAGES ENGLOUTIS OU ABANDONNÉS** : Tiermas, Escó et Ruesta, des lieux marqués par la mise en eau du barrage.

→ **OBSERVER LES OISEAUX ET LA FAUNE** depuis le mirador de la Peña, un joli point de vue. Pense à emporter des jumelles.

→ **RANDONNER SUR LE CAMINO DE SANTIAGO ARAGONAIS** Le chemin de Compostelle traverse la région via Ruesta et Undués de Lerda.

→ **PIQUE-NIQUER AU BORD DU LAC** et admirer le coucher du soleil.

DÉSERT DE BARDENAS REALES

ÉTAPE 5

Après avoir profité des eaux turquoise du lac de Yesa, cap sur un autre décor spectaculaire : le désert des Bardenas Reales. Cette zone semi-désertique de plus de 42 000 ha, classée Réserve de la Biosphère par l'UNESCO, offre un paysage digne d'un western. Formations rocheuses sculptées par le vent, vastes étendues silencieuses, poussière et lumière brute… Le Castildetierra, emblème du désert, en est l'icône. L'entrée est gratuite, mais réglementée, car le site se trouve en zone militaire active (centre de tir de l'OTAN), avec des accès parfois limités. C'est un lieu idéal pour la randonnée, la photo ou simplement l'évasion. Prépare-toi à une immersion sauvage, entre solitude et immensité.
À savoir : il a servi de décor à des films et des séries, comme *Game of Thrones* ou le James Bond *Le monde ne suffit pas*, mais aussi à des clips de Shakira, Muse et bien d'autres artistes.

→ **RANDONNER À PIED OU À VTT** sur des circuits balisés pour découvrir les paysages à son rythme.

→ **FAIRE LA BOUCLE EN VOITURE** sur la piste autorisée.

→ **VISITER LES POINTS EMBLÉMATIQUES** : Castildetierra, El Rallón, Cabezo de las Cortinillas, etc.

→ **SE DÉTENDRE** et profiter d'une **PAUSE PIQUE-NIQUE**.

Au pied du Castildetierra pour immortaliser cette formation rocheuse étonnante. Point GPS / 42.21025, -1.51575.

ACCÈS
À 1h30 du lac de Yesa.

QUAND Y ALLER ?
Le désert varie selon les saisons, mais septembre-octobre est idéal : temps sec, 20—28 °C, lumière dorée pour les photos et moins de monde.

POUR Y DORMIR
Il est interdit d'y passer la nuit, c'est une zone protégée.
• Aire de camping-car d'Arguedas, tout près du départ pour les Bardenas, est gratuite. Point GPS / 42.19025, -1.58579.

PARKIN GRATUIT
De nombreux emplacements gratuits sont disponibles dans le parc.

Au sommet de la Ruta del Cares, une vue imprenable sur les gorges.

PICS D'EUROPE

• ÉTAPE 6

Les Pics d'Europe, ou Picos de Europa, sont un véritable paradis pour les amoureux de montagne. Ce massif, situé entre les Asturies, la Cantabrie et la Castille-et-León, offre des paysages à couper le souffle : gorges vertigineuses, lacs glaciaires, villages perchés... C'est un terrain de jeu idéal pour les randonneurs, les photographes et les passionnés de nature brute. Même si le temps est capricieux, la magie opère quoi qu'il arrive.
À savoir : le nom « Picos de Europa » viendrait des marins des XVe et XVIe siècles : en revenant d'Amérique, ils apercevaient ces sommets enneigés avant même les côtes espagnoles.

→ **RANDONNER** sur les itinéraires incontournables des Picos de Europa
- **Les Gorges du Cares**
6 h | 21 à 24 km A/R | 504 D+ | Modéré : trek spectaculaire entre parois abruptes.
- **Les lacs de Covadonga** (Enol et Ercina)
3 h | 6 à 10 km A/R | 252 D+ | Facile : Balades glaciaires faciles avec vues magnifiques.
- **Le Pic de Torrecerredo**
11 h à 12 h 30 | 16 à 18 km A/R| 1800 D+ | Difficile
Pour alpinistes aguerris.
- **Le sentier de Bulnes**
2 h 30 | 7 km A/R| 500 D+ | Facile
Découverte du village, accessible à pied ou en funiculaire
- **Possibilité de pratiquer la via ferrata et l'escalade**

→ **OBSERVER LA FAUNE SAUVAGE** : chamois, vautours, aigles royaux, notamment dans la réserve de Fuente Dé.

→ **VISITER LES VILLAGES TYPIQUES DE MONTAGNE** : Bulnes, Potes et Cabrales, des lieux authentiques au cœur des paysages des Asturies.

→ **DÉGUSTER LES SPÉCIALITÉS LOCALES** : fromage de Cabrales, cidre asturien, miel des montagnes.

ACCÈS
À 6 h du désert des Bardenas Reales.

QUAND Y ALLER ?
Toute l'année, avec une fréquentation plus forte en été.

POUR Y DORMIR
• Autour de Potes, Arenas de Cabrales ou Cangas, privilégie les aires dédiées : grands parkings où dormir sans gêner les habitants. Reste discret, évite de tout déballer.

PARKING
Dans les Pics d'Europe, anticipe le stationnement : en haute saison, accès aux lacs de Covadonga uniquement par navette depuis les parkings-relais (notamment à Cangas de Onís), grand parking gratuit à Fuente Dé, places limitées à Poncebos (départ du Cares ou funiculaire de Bulnes, arriver tôt). Vans et camping-cars autorisés en journée, bivouac interdit dans le parc.

→ **PIQUE-NIQUER AU BORD DES LACS** ou dans les prairies d'altitude.

CUDILLERO

ÉTAPE 7

Face à l'Atlantique, Cudillero est l'un des villages les plus pittoresques des Asturies. Ancien port de pêche accroché à flanc de colline, il descend en cascade vers une petite baie, formant un amphithéâtre naturel où les maisons colorées semblent s'empiler les unes sur les autres. Ce décor unique lui donne un charme fou. Arrête-toi pour goûter quelques pâtisseries locales et flâner dans les ruelles. Tu y trouveras aussi de nombreux restaurants de poisson, parfaits pour une pause gourmande face à la mer. Un vrai coup de cœur pour les amateurs de villages authentiques.

→ **SE PERDRE DANS LES RUELLES COLORÉES DU VIEUX VILLAGE**

→ **GRIMPER JUSQU'AUX PLUS BEAUX POINTS DE VUE** sur le village et l'océan.
Miradors de la Garita (Point GPS / 43.5639, -6.14493), del Pico (Point GPS / 43.56224, -6.14603), La Atalaya (Point GPS / 43.56405, -6.14439), Cimadevilla (Point GPS / 43.56284, -6.14454).

→ **FLÂNER AUTOUR DU PORT** de pêche et observer les bateaux rentrer tout en regardant les pêcheurs à l'œuvre.

→ **MANGER DU POISSON FRAIS** en terrasse : lotte (pixín), calamars, merlu à la sidra, fruits de mer... un régal local.

→ **VISITER LA CHAPELLE DU HUMILLADERO**, témoin de la foi des marins et du patrimoine religieux.

→ **DÉCOUVRIR L'HISTOIRE DU « PIXUETO »**, dialecte unique de Cudillero.

→ **SE BALADER SUR LE PETIT SENTIER CÔTIER** au départ du phare pour prendre l'air marin et s'éloigner de la foule.

ACCÈS
À environ 2h45 des Pics d'Europe.

QUAND Y ALLER ?
De mai à septembre, mais risque de forte affluence en juillet-août.

POUR Y DORMIR
• Aire de camping-car payante à l'entrée du village, en partant avant 9h le lendemain pour éviter le surcoût.

PARKING PAYANT
Il est impossible de se garer dans le village. Grand parking à l'entrée du village. Point GPS / 43.56591, -6.1509.

À l'intérieur des arches à marée basse pour capturer cette perspective unique.

PLAYA DE LAS CATEDRALES

ÉTAPE 8

Termine ton périple en beauté sur l'une des plages les plus emblématiques de Galice : la Playa de las Catedrales, célèbre pour ses arches naturelles, grottes marines et falaises sculptées par l'océan qui lui donnent des allures de cathédrale gothique. À marée basse, on peut passer sous ces arches monumentales, certaines dépassant les 30 m de haut : vérifie bien les horaires des marées pour profiter pleinement de ce décor grandiose.

EXPÉRIENCES

→ **EXPLORER LES ARCHES NATURELLES** et les grottes à marée basse : des formations spectaculaires accessibles à pied selon les horaires de marée.

→ **RANDONNER SUR LE SENTIER CÔTIER** avec vues superbes sur la mer et la côte galicienne.

→ **REJOINDRE À PIED LA PLAGE D'ESTEIRO** et découvrir ses petites criques Point GPS / 43.55395, -7.14727.

ACCÈS
À moins d'1h de la playa del Silencio via la N-634.

QUAND Y ALLER ?
Privilégie juin ou septembre pour éviter la foule, et viens à marée basse pour admirer les formations rocheuses.

POUR Y DORMIR
• Grand parking en face du restaurant. Point GPS / 43.55300, -7.15901.

PARKING
Le parking officiel de la plage est interdit. À 300 m, un grand parking gratuit en terre, devant le restaurant, permet de se garer facilement. Point GPS / 43.55300, -7.15901.

L'ESPAGNE DU NORD

AVEC TON VAN

Depuis la France, le plus direct : A63 via Hendaye vers San Sebastián.

Alternatives plus nature : par Roncevaux, le tunnel de Bielsa ou la vallée de Vielha.

Les routes sont bonnes et les paysages superbes.

Astuce : beaucoup d'autoroutes espagnoles au nord sont gratuites. Privilégie les routes « A » (gratuites) plutôt que « AP » (payantes).

LES 4 SAISONS

EN HIVER

les ↑ Paysages enneigés dans les Pyrénées, ambiance authentique, peu de monde, sports d'hiver.

les ↓ Routes parfois fermées, météo froide et humide, journées courtes.

EN AUTOMNE

les ↑ Climat doux, belles couleurs, moins de touristes.

les ↓ Météo variable, risque de pluie, journées plus courtes, activités maritimes limitées.

AU PRINTEMPS

les ↑ Paysages fleuris, températures douces, faune et flore faciles à observer, peu de touristes.

les ↓ Météo instable, certaines infrastructures fermées, mer fraîche.

EN ÉTÉ

les ↑ Temps sec et ensoleillé, idéal pour la plage et les activités, journées longues, ambiance animée.

les ↓ Forte affluence, prix élevés, chaleur, sites parfois surchargés.

QUE PRENDRE AVEC SOI ?

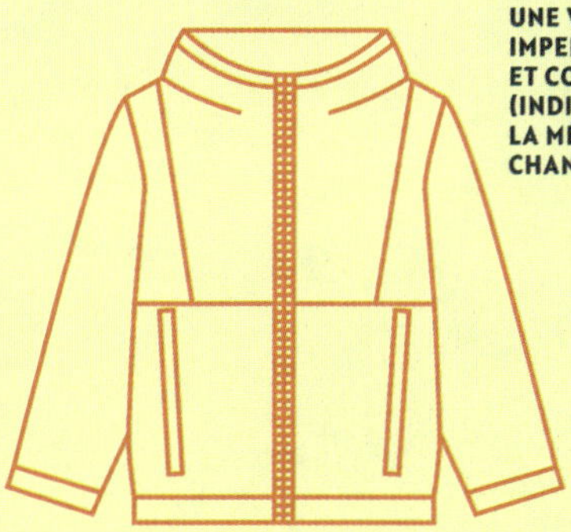

UNE VESTE IMPERMÉABLE ET COUPE-VENT (INDISPENSABLE, LA MÉTÉO PEUT ÊTRE CHANGEANTE).

DES VÊTEMENTS POLYVALENTS : T-SHIRTS, CHEMISES, PULLS LÉGERS, PANTALONS, SHORTS.

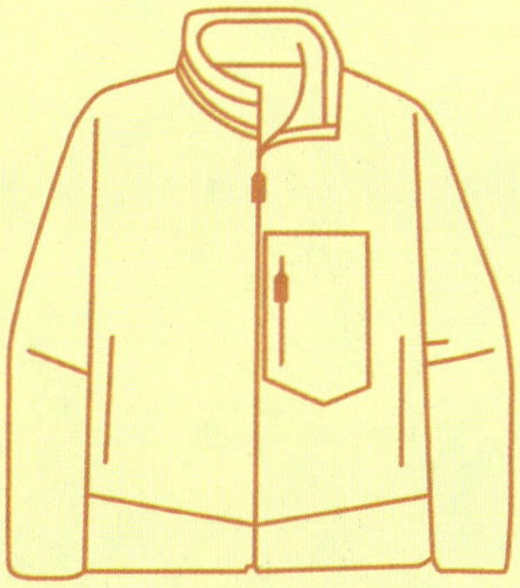

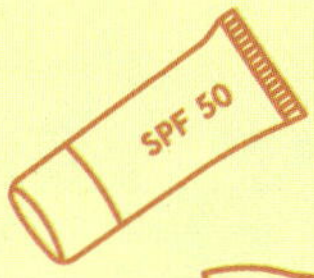

CRÈME SOLAIRE.

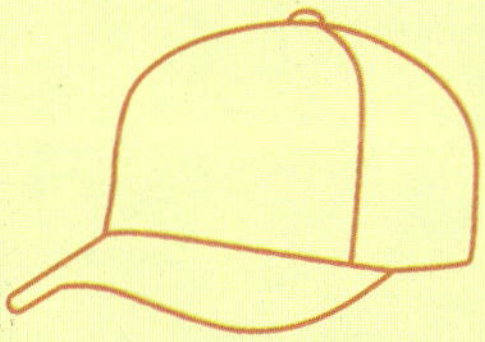

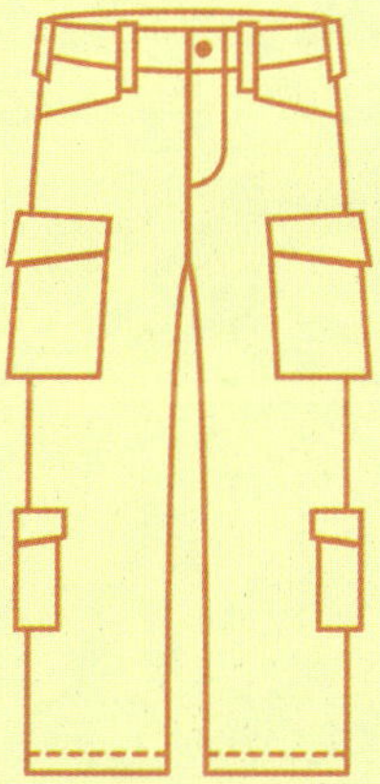

CASQUETTE/ CHAPEAU.

MAILLOT DE BAIN.

LOCATION D'UN VAN

Si tu n'as pas ton propre van, il est possible d'en louer un sur place, notamment à Bilbao, San Sebastián ou Santander.
Compte entre 60 et 150 € par jour selon la saison et le modèle.

Quelques loueurs recommandés :
- Roadsurfer
- Indie Campers
- Mundovan
- CamperDays
- Yescapa

Distances clés :
- Depuis Bilbao : Désert des Bardenas à 2 h 30, Désert de Monegros à 5 h.
- Depuis San Sebastián : Pampelune à 1 h 15, Lac de Yesa à 1 h 40.

MONNAIE

L'euro (€).

SÉCURITÉ

La sécurité est bonne dans le nord de l'Espagne, mais il est conseillé d'être vigilant face aux petits vols dans les lieux fréquentés (ne rien laisser d'apparent dans ton véhicule).

BUDGET

Pour un road trip de 11 jours dans le nord de l'Espagne à deux, compte entre 500 € (voyage économique, peu de campings, activités gratuites) et 1 500 € (plus de confort, restaurants et activités payantes), selon tes choix d'hébergement et de loisirs.

LANGUES

Dans le nord de l'Espagne, l'espagnol est la langue principale, mais selon les régions, le catalan, le galicien ou l'aranés sont aussi couramment parlés.

OÙ DORMIR ?

Bivouaquer est interdit. Privilégie les aires dédiées ou les parkings autorisés pour la nuit.
Important : vérifie toujours les règles locales, par exemple sur Park4Night.

PORTU

GAL

DURÉE
7 JOURS

DÉPART
PORTO

ARRIVÉE
FARO

DISTANCE
900 KM

Qui dit road trip dit forcément côte ouest du Portugal ! Elle est à visiter au moins une fois dans sa vie tant elle est belle et permet de profiter de ses criques secrètes et d'admirer ses villages. On te conseille d'y aller hors saison, à partir d'octobre, comme nous. Les températures étaient parfaites, l'océan était encore chaud et il ne restait plus que quelques touristes.
Au bout de ses 800 km, la côte ouest nous a menés jusqu'à l'Algarve. Un petit joyau qui nous a poussés à rester une semaine de plus tant la météo était parfaite. La vie sur place y est agréable et paisible, rythmée par le bruit des vagues et la vie dans les villages traditionnels de pêcheurs. Il faut absolument que tu goûtes à leurs poissons : *bacalhau*, morue, poulpe grillé, sardine...

PROGRAMME

JOUR 1

- **MATIN** Porto
- **APRÈS-MIDI** Une croisière sur le Douro

JOUR 2

- **MATIN** Nazaré
- **APRÈS-MIDI** Sintra

JOUR 3

- **MATIN** Plage d'Ursa et Cabo da Roca
- **APRÈS-MIDI** Lisbonne

JOUR 4

- **MATIN** Lisbonne
- **APRÈS-MIDI** La plage de Foz + Bordeira

JOUR 5

- **MATIN** Sagrez
- **APRÈS-MIDI** Plage de Cordoama

JOUR 6

- **MATIN** Lagos
- **APRÈS-MIDI** Côte de Prainha

JOUR 7

- **MATIN** Grotte de Benagil en kayak
- **APRÈS-MIDI** Plage de Marinha

PORTO

Un mélange parfait entre histoire, gastronomie, maisons colorées et fleuve paisible : bienvenue à Porto, la deuxième plus grande ville du Portugal après Lisbonne ! Bien qu'il n'ait pas fait très beau lors de notre passage, on a adoré cette ville. Elle est nichée sur les hauteurs et offre des vues incroyables sur le fleuve Douro qui la traverse. De nombreux spots permettent d'admirer le coucher de soleil. Attention : les rues escarpées et pentues de Porto ne sont pas adaptées à tout le monde. Ça monte pas mal. On te déconseille d'y aller avec une poussette, par exemple.

→ **FLÂNER DANS LE QUARTIER DE LA RIBEIRA** (ruelles pavées et maisons colorées).

→ **DÉCOUVRIR LES FRESQUES CÉLÈBRES** de la ville sur l'église do Carmo et l'église Saint-Ildefonse.

→ **OBSERVER UN COUCHER DE SOLEIL** depuis le pont Dom Luís I.

→ **VISITER UNE CAVE À VIN.**

→ **FAIRE UNE CROISIÈRE SUR LE DOURO** avec un bateau traditionnel : rabelo.

→ **VISITER UNE DES PLUS BELLES LIBRAIRIES DU MONDE** : Librairie Lello.

→ **MANGER UNE FRANCESINHA** Un croque-monsieur XXL, nappé de sauce à la bière et garni de viande (au café Santiago : enseigne emblématique depuis 1959).

Depuis le jardin do Morro, pour un coucher de soleil avec vue panoramique sur le pont, dans une ambiance chaleureuse en fin de journée.

ACCÈS
À 1h20 de la frontière espagnole au Nord et à 3h de Lisbonne au Sud. À 15 à 25 min des plages les plus proches comme Praia do Molhe, Praia de Matosinhos ou Praia dos Ingleses.

QUAND Y ALLER ?
Au printemps, quand la météo est encore assez douce et qu'il y a peu de monde dans les rues.

POUR Y DORMIR
• Parking à l'écart du centre-ville, le long du Douro, assez tranquille, avec toilettes et douches, à 30 min à pied du pont Dom Luis et à 7 min à vélo. La piste cyclable le long du fleuve est très bien aménagée. Point GPS / 41.138637,-8.587700.

PARKING
On te conseille d'éviter de circuler avec ton véhicule dans le centre-ville, car les rues peuvent être étroites. Pour se garer gratuitement, mieux vaut rester en petite périphérie, avec environ 30 min de marche des différents points d'intérêt. Sinon, dans le centre-ville : Parking Saba Estação São Bento.

À côté du fort de São Miguel Arcanjo pour observer les immenses vagues et les surfeurs.

NAZARÉ

Cette ville est un spot de surf mondialement connu, où les records des plus grosses vagues surfées sont régulièrement battus, notamment en hiver. Même si tu n'es pas spécialement fan de ce sport, on te conseille de t'y arrêter. Les vagues sont en effet impressionnantes : elles peuvent atteindre jusqu'à 30 m de haut, résultat d'un canyon sous-marin, l'un des plus profonds d'Europe. En été, l'ambiance y est totalement différente, car les vagues sont beaucoup moins fortes. On oublie souvent son petit village traditionnel balnéaire, tout aussi charmant. Une richesse culturelle qui se traduit également par la gastronomie à base de poissons frais.

→ **CONTEMPLER LES VAGUES IMMENSES** de Nazaré depuis le fort de São Miguel Arcanjo.

→ **EMPRUNTER LE FUNICULAIRE** pour relier le centre de Nazaré (Avenida da República) à Sitio (Largo do Santuário), la partie haute et la partie basse de la ville.

→ **PROFITER DES PLAGES** : Praia de Nazaré (plage principale, grande et plus calme) et Praia do Norte (plage sauvage, surf).

→ **DÉCOUVRIR LA CULTURE ET LA GASTRONOMIE LOCALE**, le centre historique et le marché municipal.

● ÉTAPE 2

ACCÈS
À 2h15 de Porto.

QUAND Y ALLER ?
D'octobre à janvier, pour observer les vagues et les surfeurs. Avec un peu de chance, tu assisteras à une compétition, souvent annoncée peu de temps avant selon la météo.

POUR Y DORMIR
• Petit parking en face de la plage de Praia do Norte pour observer les surfeurs de loin. L'ambiance est très détendue, avec un petit food truck à l'entrée de la descente. Point GPS / 39.6050540, -9.0783119.

PARKING GRATUIT
La partie haute de la ville se remplit vite lors de la saison des grosses vagues, alors arrive très tôt pour une bonne place. Les parkings sont gratuits sur les hauteurs, mais il est courant qu'on te demande une petite pièce pour t'aider à te garer. Dans la partie basse, un grand parking accueille camping-cars et vans, à quelques minutes du centre-ville. Point GPS / 39.597720,-9.067517.

Depuis le palais national de Pena pour capturer la beauté du palais ou la vue sur la ville.

ÉTAPE 3

SINTRA

Bienvenue à Sintra, l'une des plus belles villes du pays à seulement 30 min de Lisbonne. Elle se distingue des autres villes et villages traversés par son retrait de la côte, à 15 min de l'océan, et par sa végétation luxuriante et abondante. On s'y arrête surtout pour visiter ses palais, dont le plus connu et le plus coloré est le palais national de Pena. Si tu as du temps devant toi, fais un saut dans le centre de Sintra. On y découvre d'autres palais, le jardin féérique de la Quinta da Regaleira et une ambiance locale typique avec ses petites boutiques ou ses pâtisseries traditionnelles.

EXPÉRIENCES

→ **VISITER LE PALAIS NATIONAL DE PENA**. Ce magnifique château situé en hauteur, avec ses couleurs vives, rouges et jaunes, son architecture et ses dômes, rappelle les dessins animés de princesses.

→ **DÉCOUVRIR LE PALAIS NATIONAL DE SINTRA**

→ **EXPLORER LE DOMAINE AVEC SES JARDINS ET SA VERDURE :** Quinta da Regaleira.

→ **VISITER LE PALAIS ET JARDINS DE MONSERRATE**

ACCÈS
À 1 h 30 de Nazaré et à 30 min de Lisbonne.

QUAND Y ALLER ?
Au printemps ou à partir de septembre pour une météo agréable, afin d'éviter la forte chaleur de l'été et les touristes de la haute saison.

POUR Y DORMIR
- Sur la côte, à seulement 15 min, tu trouveras des spots nature plus facilement et à l'écart de l'agitation de la ville, autour de la plage d'Ursa.

PARKING
Attention, certaines zones sont réservées aux voitures et non aux grands véhicules. Un parking accessible à tous et avec un arrêt de bus pour accéder directement au palais de Pena (bus 434), à 15 min du centre de Sintra. Point GPS / 38.801840,-9.376428.

URSA BEACH ET CABO DA ROCA

Juste au-dessus de la plage pour admirer le reflet du soleil sur les falaises. L'accès se fait par un petit sentier en terre.

Bienvenue à la plage d'Ursa, notre préférée de la côte, à seulement 30 min de Sintra ! Ursa signifie « ours » : à toi de trouver le rocher en forme d'ours. La plage est considérée comme l'une des plus belles du Portugal. Assez isolée, sauvage et déserte même en haute saison, ses rochers sortant de l'eau turquoise et son sable blanc la rendent unique et idyllique. Vérifie les horaires des marées pour éviter de te faire surprendre. On te recommande d'y aller au coucher du soleil. Attention : son accès est un peu sportif, oublie les tongs. À savoir : Te voilà au bout du continent européen ! Cabo da Roca est le point le plus à l'ouest de l'Europe continentale (hors îles portugaises). Le phare rouge qui s'y dresse depuis 1772 symbolise le bout de l'Europe.

ACCÈS
À 30 min de Sintra.

QUAND Y ALLER ?
Toute l'année, et surtout au coucher du soleil pour profiter de la douce lumière de fin de journée et d'une ambiance chaleureuse, avec les falaises se teintant d'orange.

POUR Y DORMIR
• Il existe des petits spots cachés dans la nature, à l'écart de la route. Il n'y en a pas énormément, alors n'hésite pas à y aller assez tôt et à laisser la zone propre. Point GPS / 38.774863,-9.487144.

PARKING PAYANT
Au phare de Cabo da Roca. Point GPS / 38.7814894, -9.4967003.
Attention : en haute saison, il peut vite se remplir surtout au coucher du soleil.

→ **ADMIRER LE COUCHER DU SOLEIL**

→ **FAIRE LE TOUR DU PHARE**

→ **SE BALADER SUR LES FALAISES**

ÉTAPE 4

SPOT PHOTO

Le miradore da Senhora do Monte. Il offre une vue à 360 ° sur la ville et ses toits rouges (parfait pour y pique-niquer au coucher du soleil).

LISBONNE

• ÉTAPE 5

La capitale du Portugal ! Prépare-toi à en prendre plein les yeux, mais aussi à en avoir plein les jambes. Construite sur des petites collines surplombant le fleuve Tage, Lisbonne est en effet connue pour ses ruelles très pentues. Laisse-toi porter par les différents quartiers et suis les ruelles pavées du plus vieux quartier, Alfama, avec les cordes à linge devant les fenêtres et les terrasses ouvertes.

→ **LA TOUR DE BELÉM ET LE MONASTÈRE DES HIÉRONYMITES**
À 6 km à l'ouest de Lisbonne, Belém vaut le détour pour sa célèbre tour, forteresse sur le Tage classée à l'UNESCO. Privilégie le bus pour t'y rendre. Profite-en pour goûter les fameux pastéis de nata à la Fábrica dos Pastéis de Belém. Attention, il y a souvent du monde le week-end.

→ **L'ASCENSEUR DE SANTA JUSTA** pour une vue panoramique.

→ **LES QUARTIERS D'ALFAMA, BAIRRO ALTO, CHIADO**

→ **DÉCOURIR LE CENTRE D'ART LX FACTORY**. C'est un ancien complexe industriel transformé en espace créatif.

→ Observer le coucher de soleil aux **MIRADORES DA SENHORA DO MONTE**, de **SANTA CATARINA** ou **DAS PORTAS DO SOL**.

→ **TRAVERSER LE PONT DU 25-AVRIL** au-dessus du Tage.

→ **MONTER À BORD DU TRAM 28**. Fais un stop pour observer ce tram jaune mythique ou emprunte-le carrément pour moins te fatiguer.

→ **MANGER AU TIME OUT MARKET**. Un endroit unique, avec différents stands et petits restaurants, pour goûter aux spécialités locales sur des grandes tables en bois.

ACCÈS
À 30 min de Sintra.

QUAND Y ALLER ?
Au printemps et en automne, les températures sont douces et agréables pour t'y promener. Évite Lisbonne les week-ends ou en été, car il peut y avoir beaucoup de touristes et la chaleur peut être suffocante.

POUR Y DORMIR
• On te conseille de quitter l'agitation de Lisbonne et de longer la côte vers la Pointe de Cabo Espichel : de nombreux spots avec vue sur l'océan et des couchers de soleil superbes près du phare. Point GPS / 36.871450,-119.766526.

PARKING PAYANT
Laisse ton véhicule aux alentours de la ville et déplace-toi à pied, en bus ou en louant une trottinette pour accéder au centre plus facilement.
Il existe cependant différentes possibilités de parkings payants :
• Parkings souterrains, en centre-ville et sécurisés : celui de Restauradores ou celui de Praça do Município.
• Parking relais avec bus : Sete Rios / Entrecampos.

La villa do Bispo, à côté de la plage, offre une vue panoramique incroyable.

PRAIA DA CORDOAMA

ÉTAPE 6

Bienvenue à Cordoama, la plus belle plage sauvage de la côte atlantique de l'Algarve ! Une plage de presque 2 km de long, parfaite pour les balades de fin de journée. Elle présente différents points de vue depuis les falaises. Si tu as un peu de chance, tu pourras y observer des courageux, sautant en parachute. Cette grande plage de sable fin se teinte d'une couleur dorée au coucher du soleil, quand les rayons se confondent avec les embruns marins : très photogénique ! Attention aux courants sur la côte atlantique. Les plages ne sont pas toutes surveillées et ils peuvent être très forts en fonction des marées et des saisons. Cette côte est d'ailleurs très connue pour ses vagues que certains surfeurs plus ou moins confirmés viennent affronter.

EXPÉRIENCES

→ **FLÂNER SUR LA PLAGE** au coucher du soleil.

→ **SE BALADER SUR LES FALAISES**, pour la vue panoramique.

→ **SURFER** sur les grosses vagues.

→ **SE DÉTENDRE AU BAR DA PRAIA** et déguster quelques spécialités avec une vue sur la mer.

ACCÈS

À 20 min de Carrapateira. Sur le chemin entre les deux plages, il y a une magnifique route, la N26B, où les arbres se penchent pour te laisser passer. Point GPS / 37.1246017, -8.8867423.

QUAND Y ALLER ?

Entre mai et juin et septembre ou octobre pour éviter les touristes et profiter d'une belle météo.

POUR Y DORMIR

Il est interdit de dormir sur la côte en haute saison, car nous sommes dans le Parc Naturel du Sud-Ouest Alentejano et Costa Vicentina, une zone protégée pour sa faune et sa flore.

La meilleure option restera Vila Do Bispo avec :

- Option gratuite, dormir sur le parking du supermarché Aldi, très calme, et sécurisé.
- Option payante, parking de camping-car, avec machine à laver, douches, WC. Point GPS / 37.08035, -8.91378.

PARKING

- En face de la mer : le parking de praia da Cordoama à côté du bar da Praia (peut se remplir très vite en haute saison) ou le parking plus sauvage de la plage de Barriga.
- Sur les hauteurs : le parking du mirador de Cordoama en terre battue.

SAGRES

● ÉTAPE 7

SPOT PHOTO

Depuis le cap Saint-Vincent, au bout du monde, pour le coucher du soleil et la vue sur l'océan.

« Le bout du monde européen » était le nom donné à Sagres par les explorateurs et aventuriers à l'époque des grandes découvertes. La ville a une histoire forte et importante au Portugal, car tous les grands explorateurs et navigateurs partaient de son port pour découvrir de nouvelles terres. La forteresse de Sagres, avec sa position emblématique, fait face aux vents les plus forts de la côte. De là, tu peux admirer une vue à 180° sur l'océan.
À savoir : Henri le Navigateur, figure clé des expéditions portugaises, a planifié ses expéditions qui ont changé le monde depuis Sagres. En plus de son passé historique, tu y trouveras des plages sauvages, des restaurants et des bars locaux pour t'arrêter et boire une bière fraîche en regardant le soleil tomber dans l'océan. Un combo parfait entre histoire et nature sur ton itinéraire dans l'Algarve.

EXPÉRIENCES

→ **SURFER** depuis Praia do Tonel ou Mareta.

→ **VISITER LA PLAGE DE BELICHE**, une crique entourée de falaises.

→ **RANDONNER DE SAGRES À SALEMA**
16,6 km | 5 h | Modéré
Une partie du Trilho dos Pescadores (Sentier des Pêcheurs) de la Rota Vicentina, un réseau de grande randonnée qui longe la côte.

ACCÈS
À 15 min de Praia da Cordoama.

QUAND Y ALLER ?
En fin de journée, lorsque la température commence à baisser, pour profiter du fort, de la côte et du coucher de soleil.

POUR Y DORMIR
Il est interdit de stationner sur les parkings de la ville après 22 h.
• Camping Orbitur (Point GPS / 37.02464, -8.94626), un camping avec de l'ombre et à 1 km seulement des plages.

PARKING GRATUIT
Celui du fort de Sagres te donne accès aux falaises, au fort et à la ville toute la journée.

SPOT PHOTO

Les différentes plages au lever du soleil pour admirer les falaises gorgées d'une lumière chaleureuse.

LAGOS

• ÉTAPE 8

Cette petite ville totalise les quatre plus belles plages de l'Algarve. Elles sont les plus photographiées du pays et aussi bien plus calmes que celles de la côte atlantique. Rien que Lagos vaut le détour pour ses ruelles dans la vieille ville, ses concerts de rue, ses petites terrasses animées... Une ville plutôt dynamique et jeune qui attire de nombreux digital nomades qui y travaillent en hors saison, car son climat et son ambiance y sont accueillants. C'est aussi la base parfaite pour explorer le sud et être au centre de tous les incontournables. On te conseille de te lever tôt pour profiter des plages désertes et des lumières chaudes du lever du soleil, d'enchaîner ensuite par la visite de la ville quand les locaux se réveillent, de t'arrêter prendre ton petit déjeuner et découvrir quelques pâtisseries locales, avant de profiter d'une autre des plus belles plages de la côte.

EXPÉRIENCES

→ **VISITER LES PLAGES** de Praia do Camilo, Praia dos Estudantes avec son passage secret et Ponta da Piedade.

→ **OBSERVER UN COUCHER DE SOLEIL AU PHARE** de Ponta da piedade.

→ **VISITER LA VIEILLE VILLE** et aller au marché de Escravos.

→ **FAIRE DU KAYAK ENTRE LES FALAISES** de Ponta da Piedade.

→ **FAIRE UNE EXCURSION EN MER** pour observer les dauphins.

ACCÈS

À 35 min de Sagres.

QUAND Y ALLER ?

De mai à octobre pour goûter à l'ambiance estivale et animée de la ville, avec une météo chaleureuse.
De novembre à avril pour une ambiance plus calme et une météo encore très ensoleillée.

POUR Y DORMIR

- Un camping bien placé et ombragé pour avoir accès à pied pour tout : le camping Trindade Point GPS / 37.09438, -8.6714.
- Dans les ruelles de la ville, un peu excentrées, comme la Rua Dos Eucaliptos.

PARKING

Sur chaque plage. On te recommande d'y aller avant 10 h en haute saison pour trouver une place. Aucune insécurité ressentie pour le véhicule, tu peux facilement te garer où tu veux, en évitant le centre si tu as un grand ou long véhicule.

CÔTE DE PRAINHA

ÉTAPE 9

Un arrêt de plus avant de continuer à longer la côte de l'Algarve et du sud du Portugal : deux plages magnifiques pour observer des formations rocheuses exceptionnelles, des petits passages secrets et encore plus de falaises orange, des joyaux sculptés dans la roche. Celles-ci sont très connues et célèbres au Portugal : Praia dos Tres Irmaos, la plus grande, et Praia da Prainha avec ses petites criques secrètes parfaites pour partir à l'aventure sur les falaises.

EXPÉRIENCES

→ **DÉCOUVRIR LES CRIQUES SECRÈTES** entre les falaises dorées à marées basse.

→ **SE DÉTENDRE** sur la Praia dos Tres Irmaos.

→ **RANDONNER AU-DESSUS DES FALAISES** pour jouir de points de vue époustouflants.

→ **SNORKELING** dans les eaux calmes et translucides.

→ **LE RESTAURANT-BAR CANIÇO**, caché dans les falaises, la vue au coucher du soleil y est somptueuse.

SPOT PHOTO

Dans la grotte de la plage dos Tres Irmaos, sur le côté gauche depuis le parking principal, au coucher du soleil et à marée basse.
Point GPS / 37.1193, -8.5804.

ACCÈS
À 30 min de Lagos, en longeant la côte.

QUAND Y ALLER ?
À toutes les saisons et au coucher du soleil pour de belles lumières.

POUR Y DORMIR
• Nous avons dormi dans un grand parking de terre avec d'autres campeurs, en haut des plages, une zone sans trop de prétention. Les maisons sont loin, cela évite de déranger les habitants. Point GPS / 37.1191547, -8.5719917.

PARKING GRATUIT
Juste au-dessus de la plage dos Tres Irmaos pour la journée.

ÉTAPE 10

BENAGIL ET SES PLAGES

À l'intérieur de la grotte de Benagil.

Bienvenue dans un autre coin spectaculaire de l'Algarve : la grotte de Benagil et ses plages. Son trou au plafond attire les touristes du monde entier. Cette grotte a été polie et façonnée par la mer et les intempéries. Le seul moyen d'y accéder est en kayak, car il n'y a aucun accès depuis la terre ferme. Il est fortement déconseillé d'y aller à la nage, car les courants sont très forts. L'intérieur de la grotte cache une magnifique plage de sable blanc. Victime de son succès, il peut y avoir une très forte affluence en haute saison, et il est désormais interdit d'accoster pour préserver cette merveille. Tu peux essayer d'observer le trou vu d'en haut, mais il est bien plus impressionnant de l'intérieur.

→ **S'ARRÊTER UN PEU EN AMONT DE LA GROTTE DE BONECA**
Il y a un espace aménagé pour observer les différentes grottes et passages secrets dans la roche.

→ **LOUER UN KAYAK** pour visiter **LA GROTTE DE BENAGIL** de l'intérieur.

→ **TROUVER LE CŒUR FORMÉ PAR LES FALAISES** à la plage de Marinha juste après la grotte de Benagil. Point GPS / 37.0884193, -8.4158935.

→ Continuer sur la côte pour **PLAGE DE ALBANDEIRA** et son arche sublime.

ACCÈS
À 16 min de Ferragudo.

QUAND Y ALLER ?
On te recommande d'éviter la haute saison ! En effet, il peut y avoir beaucoup de monde sur place. Sinon, vas-y très tôt le matin.

POUR Y DORMIR
- Dans la campagne, loin de la route, facile d'accès et ombragé, parfait pour profiter des plages alentour. Point GPS / 37.1175278, -8.4046389.

PARKING GRATUIT
Différents parkings sur les hauteurs. Pour accéder à la grotte de Benagil facilement à pied, on te recommande de partir du parking de Praia do Carvalho. Viens avant 10 h en haute saison.

LE PORTUGAL

DISTANCES CLÉS DEPUIS PORTO

- Nazaré à 2 h
- Peniche à 2 h 30.

AVEC TON VAN

Depuis la France, traverse l'Espagne via Saint-Sébastien ou Irun, puis longe la côte atlantique jusqu'à Porto.

Astuce : Privilégie les petites routes pour éviter les autoroutes portugaises (payantes).

LOCATION SUR PLACE

Vans à louer à Porto, Lisbonne ou Faro. Compte 70 à 150 € par jour.

Loueurs conseillés :

- Indie Campers
- Yescapa
- Blacksheep
- Campervan
- Roadsurfer.

LES 4 SAISONS

EN HIVER

les ⊕ Peu de monde, ambiance très calme et tarifs plus avantageux.

les ⊖ Météo parfois capricieuse avec quelques passages pluvieux, journées plus courtes et baignades difficiles.

EN AUTOMNE

les ⊕ Mer encore un peu chaude, température douce, peu de monde et lumières dorées parfaites pour les photos et profiter des levers et coucher de soleil.

les ⊖ Certaines attractions / restaurants / bars peuvent être fermés.

AU PRINTEMPS

les ⊕ Températures qui se réchauffent (16-26 °C), parfaites pour visiter et profiter des villes et des façades en fleurs, peu de touristes en semaine.

les ⊖ Baignade encore un peu fraîche, difficile de profiter des plages.

EN ÉTÉ

les ⊕ Les plages, les terrasses ouvertes, la mer chaude, le ciel bleu et les festivités portugaises.

les ⊖ Beaucoup de touristes et journées très chaudes.

LANGUES

La langue officielle est le portugais. On parle facilement l'anglais, voire le français dans certaines zones touristiques.

MONNAIE

L'euro (€).

SÉCURITÉ

Le Portugal n'est pas considéré comme un pays dangereux. Même en centre-ville ou même en dormant dans notre van, on s'est sentis en sécurité partout.

BUDGET

Pour un road trip au Portugal à deux de près de deux semaines, compte entre 600 et 800 €, en incluant quelques spécialités locales et activités comme le kayak à la grotte de Benagil.

OÙ DORMIR ?

Bivouaquer ou dormir sur des spots nature est toléré au Portugal, à condition de ne rien laisser derrière soi, et c'est toujours plus simple hors saison.
Le pays attire de nombreux voyageurs en van, venus profiter de la liberté et de l'ambiance chaleureuse de ses côtes et falaises. Mais les excès ont conduit à des restrictions : il reste possible de trouver des spots nature, à condition d'être discret et respectueux. En été, la fréquentation explose et les contrôles sont fréquents.

Important : vérifie toujours les règles locales, par exemple sur Park4Night.

QUE PRENDRE AVEC SOI ?

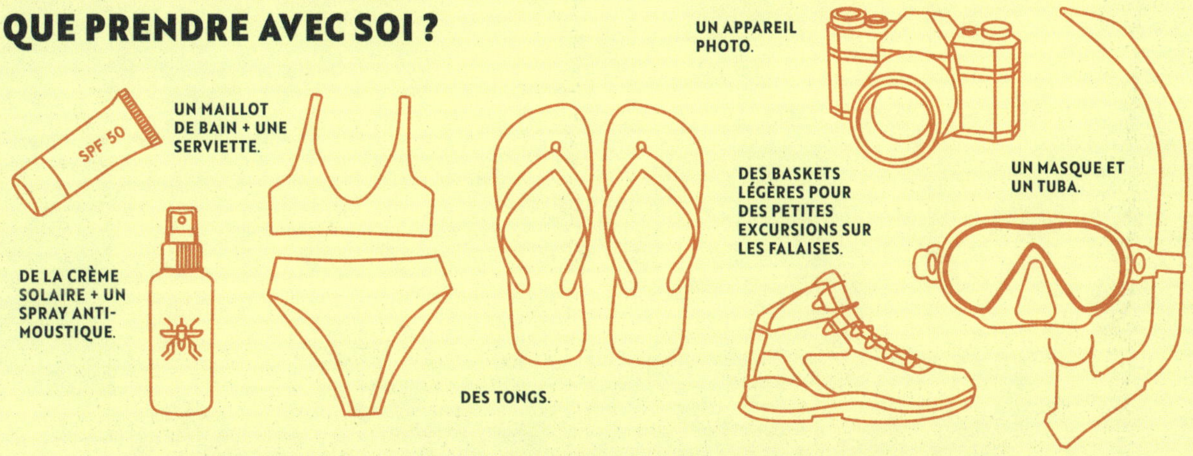

EUROPE DE L'EST

SLOVÉ

NIE

DURÉE
10 JOURS

DÉPART
KANAL

ARRIVÉE
PIRAN

DISTANCE
700 KM

Ce petit pays d'Europe centrale, bordé par l'Italie, l'Autriche, la Hongrie et la Croatie, nous faisait rêver depuis longtemps — et il n'a pas déçu. Arrivés en juin, nous avons eu la chance de profiter d'une météo idéale tout au long de notre séjour. Malgré sa taille modeste, la Slovénie offre une incroyable diversité de paysages : sommets majestueux, forêts luxuriantes, lacs paisibles et même une jolie portion de côte sur l'Adriatique... tout ce qu'on aime !

PROGRAMME

JOUR 1

- **MATIN** Kanal
- **APRÈS-MIDI** Se baigner à Volcanski dans la Soča River

JOUR 2

- **MATIN** Visite de Kobarid avec le pont Napoléon et la cascade Kozjak
- **APRÈS-MIDI** Les gorges de la Soča

JOUR 3

- **MATIN** Randonnée dans le parc du Triglav
- **APRÈS-MIDI** Réserve naturelle de Zelenci

JOUR 4

- **MATIN** La cascade de Pericnik
- **APRÈS-MIDI** Les gorges du Vintgar + Visite de la ville de Bled

JOUR 5

- **MATIN** Le lac de Bled
- **APRÈS-MIDI** Le lac de Bohinj

JOUR 6

- **MATIN** L'église Cerkev Sv Tomaz + l'église catholique Saint Primus et Felician à Jamnik
- **APRÈS-MIDI** La vallée de Logarska

JOUR 7

- **MATIN** Velika Planina
- **APRÈS-MIDI** La route vers Ljubljana

JOUR 8

- **JOURNÉE** Ljubljana

JOUR 9

- **MATIN** Le parc de Yakov Skocjan
- **APRÈS-MIDI** Les grottes de Skocjan

JOUR 10

- **MATIN** La vieille ville de Piran
- **APRÈS-MIDI** Baignade en Méditerranée

RIVIÈRE SOČA

C'est l'emblème de la Slovénie ! Son fleuve traverse le pays sur 138 km pour venir terminer sa course dans la mer Adriatique au sud du pays. De nombreux touristes européens viennent expressément jusqu'à cette eau cristalline pour profiter d'activités et de sports nautiques tels que le rafting, le kayak, le canyoning... Une partie de la rivière est tellement sauvage et tumultueuse qu'apparemment des équipes olympiques de kayak viennent jusqu'ici pour s'entraîner. Au-delà de sa couleur, l'eau de la Soča est considérée comme presque pure.

ACCÈS
À 2h de la capitale Ljubljana.

QUAND Y ALLER ?
Mai et juin, lorsque le lit de la rivière est plus important après la fonte des neiges, moins de touristes et nature verdoyante. Juillet et août pour pouvoir se baigner plus facilement, mais plus de monde et prix plus chers. Septembre et octobre pour profiter des couleurs d'automne et moins de touristes.

POUR Y DORMIR
Il est assez compliqué de trouver des spots pour dormir en Slovénie.

- Kamp Kore, au bord de la rivière Soča, en pleine nature. Point GPS / 46.24997, 13.58702.

PARKING PAYANT
Le long de la rivière. Ils seront plus ou moins grands à certains endroits.

→ VISITER LA VILLE DE KANAL

Ce village médiéval au bord de la rivière est idéal pour une visite à la journée ou une balade dans ses ruelles lors d'une douce soirée d'été. En poursuivant la route sur 18 km, tu arrives à Tolmin, une autre ville réputée de la région.

→ DÉCOUVRIR LE PONT NAPOLÉON

Superbe pont à arche datant de 1750, qui enjambe la rivière. Astuce : gare-toi juste après à droite pour accéder à une plage de galets avec vue sur le pont.

→ MARCHER JUSQU'À LA CASCADE KOZJAK

Balade facile le long de la Soča jusqu'à la cascade de 15 m. Parking payant après le pont Napoléon ou au camping Koren. Randonnée gratuite, mais accès final à la cascade payant.

→ ADMIRER LA CASCADE BOKA

La plus grande cascade de Slovénie : 144 m de haut, 18 m de large. Visible depuis la route entre Bovec et Kobarid, ou après 15 min de marche jusqu'à une plateforme.

→ EXPLORER LES GORGES DE LA SOČA

En allant vers le col de Vršič, découvre les gorges spectaculaires de la Soča. Gare-toi à Velika koritka (après le pont) et viens tôt pour profiter de la balade et de la baignade. (Velika korita Soče), longues de 750 m et pouvant atteindre jusqu'à 15 m de haut.

→ TENTER LA SOČA TRAIL

8 à 10 h de marche | 25 km aller

Pour les marcheurs aguerris, ce sentier relie Bovec au col de Vršič en longeant les gorges spectaculaires de la Soča (Velika korita Soče, 750 m de long, jusqu'à 15 m de haut). Pour une vue au ras de l'eau, cherche ton propre chemin, mais reste prudent, les gorges sont peu sécurisées.
La randonnée se termine dans une crique idéale pour se détendre ou sauter dans l'eau, dans une ambiance estivale et conviviale.

SPOT PHOTO

La petite chapelle russe, construite en 1916 pendant la Première Guerre mondiale, est un arrêt à ne pas manquer pour la beauté de son architecture. Elle sert de mémorial dédié aux prisonniers russes ayant construit la route du col.

PARC NATIONAL DU TRIGLAV

Le parc du Triglav (« trois têtes » pour les trois sommets) est un jeu d'enfant pour les amoureux de la montagne. Réserve naturelle depuis 1924, le parc couvre environ 800 km² et est composé de rivières, mais surtout de lacs glaciaires (le lac de Bohinj, par exemple) et de vallées glaciaires comme celle de Vrata ou Trenta.
À savoir : c'est le seul parc national de Slovénie, et c'est ici que tu pourras observer le plus haut sommet du pays, le Triglav (2 860 m). D'ailleurs, c'est un symbole national important, présent sur le drapeau slovène et sur les pièces de 50 centimes d'euros slovènes.

→ **ROULER JUSQU'AU COL DE VRŠIČ PASS** culminant à 1 611 m, avec ses 50 virages, et s'arrêter à la chapelle russe à mi-chemin.

→ **DÉCOUVRIR LA VALLÉE GLACIAIRE DE TRENTA**
Depuis le Vršič pass : de 4 à 6h | 10-12 km.

→ **FAIRE L'ASCENSION DU MONT TRIGLAV**
Difficulté intermédiaire, les derniers 400 m se font sur une crête avec un matériel spécifique de via ferrata.

→ **SE BAIGNER AU LAC DE BOHINJ**

→ **EXPLORER LES GORGES DE TOLMIN**

ACCÈS
À 50 min depuis Bovek et à 1h30 depuis Ljubljana.
Attention : quelques routes sont difficiles d'accès en hiver comme le Vršič pass, réputé pour ses lacets. Vérifie que ton véhicule est capable de gravir autant d'altitude et a un bon angle de braquage pour les virages.

QUAND Y ALLER ?
Tôt pendant la haute saison pour éviter la foule, car certains parkings sont assez petits. À éviter en hiver, car les routes sont fermées à cause de la neige et des risques d'avalanches. Les randonnées seront limitées. Réouverture possible à partir de fin mai jusqu'à octobre.

POUR Y DORMIR
Nous sommes dans une réserve naturelle, il y est donc formellement interdit d'y dormir avec ton véhicule aménagé. On te recommande de réserver un camping à Bled ou encore vers Bovek et les gorges de la Soča.

PARKING GRATUIT
Sur le grand parking d'environ 50 places à côté de l'Erjavčeva mountain hut, près du col Vršič (excellent point de départ pour des randos dans la région du col Vršič).

RÉSERVE NATURELLE DE ZELENCI

ÉTAPE 3

Un petit bijou de verdure avec un lac majestueux et vert émeraude ! Il faut absolument t'y arrêter, surtout s'il fait beau : l'eau sera encore plus cristalline avec cette magnifique vue sur les montagnes en arrière-plan. Les informations présentes sur la randonnée aménagée t'indiqueront quelles espèces tu pourras y observer. Tu atteindras le lac après 1,5 km de marche. N'hésite pas à monter sur le promontoire pour prendre de la hauteur.
À savoir : l'eau provient d'une source souterraine. C'est un refuge pour des espèces rares de plantes, qui grouille de vie.

→ **RANDONNER** autour du lac de Zelenci.

→ **OBSERVER LA FAUNE ET LA FLORE** aux alentours.

→ **REJOINDRE À VÉLO** la station de ski Kranjska Gora.

SPOT PHOTO

Point de vue incroyable en montant sur le promontoire juste au-dessus du lac de Zelenci.

ACCÈS

À environ 10 km du col de Vršič ou à 1 h de la ville de Bled. Un petit parking se trouve juste à côté de la route, au départ de la randonnée.

QUAND Y ALLER ?

Au printemps pour la floraison et avoir moins de foule. En été pour une eau très claire, mais l'endroit est alors très fréquenté par les touristes. En automne pour les couleurs dorées des forêts environnantes. En hiver pour voir le lac gelé, mais la météo est très changeante.
Tu bénéficieras de la meilleure lumière en fin de journée avec la réverbération du soleil couchant sur les montagnes en face. Sinon, on te recommande d'y aller vers 9—10 h par une journée ensoleillée quand l'eau est cristalline.

POUR Y DORMIR

Notre meilleur parking pour dormir non loin de la réserve se situe à 5 min. Il s'agit du grand parking à côté du centre de saut en ski (le plus grand au monde). Un parking payant, mais avec tout le nécessaire et entouré de montagnes.
Conseil : n'hésite pas à aller au fond du parking pour te trouver un coin isolé.

PARKING GRATUIT

Le parking officiel de Zelenci se trouve sur la route nationale 202, juste après le village de Podkoren, en direction de Kranjska Gora → Italie. Situé juste à l'entrée, avec accès direct au lac en 5 min.

SPOT PHOTO

Derrière la cascade, pour photographier la vue sur les montagnes en face.

CASCADE DE PERICNIK

Bienvenue dans la vallée glaciaire de Vrata. La cascade de Pericnik te laissera sans voix, d'autant plus qu'il n'y en a pas qu'une seule. Il faut absolument que tu prennes de la hauteur pour découvrir la deuxième cascade située juste au-dessus. Si tu as encore un peu de temps, et si tu es curieux, le sentier se poursuit sur une magnifique plateforme au-dessus du vide.

À savoir : tu peux passer derrière la première cascade (petite douche garantie). La première cascade mesure 52 m et la deuxième fait 16 m de haut. Elles sont visibles depuis le parking, et il te suffira de monter pendant 20 min pour atteindre la première chute d'eau.

Attention : le sentier pour la deuxième est un peu plus raide.

ACCÈS
À 30 min du lac de Bled. Tu emprunteras la route de la vallée de Vrata, qui est juste magnifique ! Elle n'est pas très large, mais en bon état.

QUAND Y ALLER ?
Tôt le matin pour éviter la foule ou vers 8—9 h pour avoir une belle lumière.

POUR Y DORMIR
Tu es dans le parc national du Triglav, il est interdit de dormir dans son véhicule. On te recommande de dormir vers la ville de Bled pour être au plus proche.

PARKING PAYANT
À côté du refuge Koča pri Peričniku (parking très petit).

GORGES DU VINTGAR

C'est l'emblème incontournable de la ville de Bled ! Une belle découverte. En traversant les gorges et des passerelles suspendues, la randonnée le long de la rivière Radovna, sur presque 1,8 km de long, est très ludique et rafraîchissante.

→ RANDONNER DANS LES GORGES

1h30 — 2h A/R | 3,2 km.

Les gorges sont ouvertes de mi-avril à novembre en fonction des conditions météo, de 8 h à 18 h. L'entrée est payante.

Astuce : tu peux accéder à la fin de la randonnée gratuitement pour observer la cascade Sum, ce que l'on a préféré faire depuis le parking du nord à côté du cimetière.

ACCÈS
À 10 min de la ville de Bled.

QUAND Y ALLER ?
Tôt le matin ou en fin de journée pour profiter de lumières douces et éviter la foule (surtout à l'ouverture).

POUR Y DORMIR
Dans un camping autour de la ville de Bled ou juste à côté du lac.

PARKING GRATUIT
Possibilité de se garer sur ce parking : Vintgar Blejska Dobrava. Point GPS / 46.40698, 14.10799.

ÉTAPE 6

LAC DE BLED

Bienvenue au site le plus incontournable et le plus touristique de Slovénie ! Il s'agit d'un lac glaciaire, long de 2 km et large de 1,4 km. Même lors d'un week-end de printemps très fréquenté, nous avons réussi à en profiter pendant deux jours tout en douceur.
Si tu as un peu de chance, tu pourras observer une compétition de canoë-kayak ou d'aviron sur le lac de Bled, reconnu dans le pays entier. Au petit matin, plusieurs sportifs s'entraînent dans leurs lignes d'eau.

EXPÉRIENCES

→ **ADMIRER LE LEVER DE SOLEIL** depuis le promontoire Mala Osojnica. Pour avoir la meilleure vue sur le lac de Bled (15 min d'accès).

→ **REJOINDRE L'ÎLE DE BLED** en barque ou à la nage pour les plus aventuriers.

→ **SE BALADER DANS LA VILLE DE BLED** en fin de journée ou au petit matin pour observer les habitants dans leur quotidien.

→ **VISITER LE CHÂTEAU DE BLED**
Musée et vue panoramique : perché à 130 m au-dessus du lac, il offre une vue spectaculaire !

SPOT PHOTO

La promenade le long du lac au lever du soleil juste en face de la petite île du lac de Bled.

ACCÈS

À 55 km de Ljubljana.
On te recommande d'y rester quelques jours pour profiter de l'ambiance de la ville.

QUAND Y ALLER ?

Toute l'année, le lac est beau à toutes les saisons. Mais on te conseille tout de même d'éviter les week-ends ou la haute saison pour y être plus tranquille.

POUR Y DORMIR

Il est interdit de dormir dans son véhicule aménagé, mais il y a de magnifiques campings dans les environs du lac de Bled. Nos recommandations :

- Kamp Bled, au pied du lac de Bled et de la ville, parfait pour tout faire à pied. Pense à réserver, surtout en haute saison.
- River Camping Bled, ce camping est très agréable avec des zones ombragées, à seulement 15 min à vélo du lac et de ses alentours.

PARKING

Nous nous sommes garés dans notre camping et avons fait tout le reste à vélo. Il y a plusieurs parkings payants le long du lac.

Sur les bords du lac, au détour d'une petite plage au coucher de soleil, pour profiter de belles lumières se reflétant dans l'eau et les montagnes autour.

ÉTAPE 7

LAC DE BOHINJ

Voici le plus grand lac naturel de Slovénie, situé au cœur du parc national du Triglav. Glaciaire, pur, d'une couleur bleu-vert qui ne te laissera pas indifférent, plus sauvage et authentique, moins fréquenté que le lac de Bled, on te conseille d'y faire un détour pour l'admirer, tout comme sa petite église située sur la rive : un spot incontournable. Tu peux y rester toute la journée pour t'y prélasser, randonner, te baigner et profiter des lieux.

→ FAIRE LE TOUR DU LAC
3-4 h | 12 km.

→ CONTINUER AU BOUT DE LA ROUTE POUR VOIR LA CASCADE DE SAVICA
Avec ses 78 m de chute, elle vaut le détour. L'accès est payant depuis Ukanc, il te faudra ensuite 20 à 30 min de marche pour l'atteindre.

→ EMPRUNTER LE TÉLÉPHÉRIQUE DU MONT VOGEL (1800 m)
Au départ de Ribčev Laz (au bord du lac) pour prendre de la hauteur sur le lac de Bohinj. C'est le point de départ de nombreuses randonnées et de pistes de ski en hiver.

→ VISITER L'ÉGLISE DE SAINT-JEAN-BAPTISTE
avec sa vue sur le lac.

ACCÈS
À 30 min de Bled. La route débouche sur une impasse avec, au fond, la cascade de Savica. Tu seras obligé de retourner à Bled pour continuer ton road trip.

QUAND Y ALLER ?
Pour plus de tranquillité, mai, juin ou septembre sont de bonnes périodes, mais en été tu pourras profiter pleinement de toutes les activités autour du lac. Cependant, attention à la foule.

POUR Y DORMIR
Il est interdit de dormir dans son véhicule aménagé. On te recommande de retourner dormir au camping à Bled.

PARKING
Sur le côté gauche du lac, tu trouveras d'autres places pour te garer et un joli coin pour te baigner avec, pour décor, montagne et nature.

ÉTAPE 8

ÉGLISE CATHOLIQUE DE SAINT PRIMUS ET FELICIAN

Savais-tu que la Slovénie comptait environ 3 000 églises ? Il n'y a donc pas de road trip en Slovénie sans passer par une belle église. Celle-ci est perchée sur une colline et se démarque par sa vue à 180° sur la vallée de Ljubljana et les montagnes en arrière-plan. Le décor est sublime ! C'est l'une des églises les plus photographiées du pays. Une magnifique allée t'y conduit directement. L'idéal est de venir au lever du soleil, quand le silence est majestueux et le décor alpin grandiose, avec en fond sonore le chant des oiseaux.

RANDONNÉES

→ Beau point de départ propice aux **RANDONNÉES** vers Kriska Gora, Dobrca ou Stol.

SPOT PHOTO

Depuis le sentier ou en drone, pour photographier le panorama (prends ton temps pour en profiter pleinement).

ACCÈS
À 30 min de Bled. L'église est accessible via une petite route entre Kropa et Dražgoše, avec quelques places de stationnement près du chemin.

QUAND Y ALLER ?
Au lever ou au coucher du soleil pour de belles lumières.

POUR Y DORMIR
• On te conseille de trouver un camping aux alentours ou de continuer la route vers Medvode sur ce spot nature au sommet d'une colline à côté de la chapelle Cerkev Sv. Florjan. Point GPS / 46.11326, 14.36643.

PARKING GRATUIT
Le parking n'est pas très grand, mais les places sont gratuites.

SPOT PHOTO

Point de vue exceptionnel au coucher du soleil avec la réverbération des lumières sur l'église et sur les vallées environnantes. Idéal en drone.

ÉGLISE CERKEV SV TOMAZ

Perchée sur un petit promontoire au milieu des champs (attention, on est sur un terrain privé, respecte les lieux), cette église est notre préférée ! À notre venue, la lumière était parfaite et douce au coucher du soleil. À savoir : beaucoup d'églises sont construites en hauteur (sur des promontoires, des collines ou des sommets), car elles étaient utilisées comme repères et points de rassemblement.

ÉTAPE 9

ACCÈS
À 50 min de Bled et à seulement une vingtaine de minutes de l'église de Saints Primus et Felician à Jamnik. Il faut monter le chemin en gravier.

QUAND Y ALLER ?
Toute l'année : printemps et été verdoyants, automne coloré, hiver enneigé. Privilégie la fin de journée pour la lumière dorée.

PARKING GRATUIT
Peu de places : vise le petit parking juste à côté de l'église. Point GPS / 46.48285, 16.07879.

SPOT PHOTO

Depuis la route du parking de l'hôtel Plesnik ou la route 927, pour une vue panoramique sur la vallée.

VALLÉE DE LOGARSKA

ÉTAPE 10

Cette vallée glaciaire, classée Natura 2000, est l'une des plus belles du pays. Longue de 7 km, elle offre un superbe écrin de verdure et une cascade magnifique. À découvrir à pied ou à vélo, au nord du pays, près de la frontière.

→ **ALLER VOIR LA CASCADE RINKA** au fond de la vallée, l'une des plus hautes du pays avec ses 105 m.

→ **RANDONNER** vers le chalet de la montagne (Koča na Loki) à 1 400 m d'altitude, pour une vue imprenable sur toute la vallée, idéal pour les plus sportifs.

→ **SORTIR DE LA VALLÉE** pour prendre de la hauteur et découvrir, juste en face depuis la route 927, l'église catholique Cerkev Sv. Duha.

ACCÈS
À 2 h de Bled et 1 h 20 de Ljubljana. En été, péage pour accéder à la vallée (gratuit pour piétons et cyclistes).

QUAND Y ALLER ?
Évite juillet-août (trop de monde). Privilégie mai, juin ou septembre.

POUR Y DORMIR
• Hôtel Plesnik, piscine avec vue, super petit-déjeuner. Location de vélos et cours de yoga. Point GPS / 46.39811, 14.63131.

PARKING GRATUIT
Celui de l'hôtel.

VALLÉE DE VELIKA PLANINA

La vue depuis l'église Marija Snežna sur les petits chalets.

ÉTAPE 11

Une visite à Velika Planina s'impose. Ce plateau alpin, dont le nom signifie « la grande plaine », culmine à 1 600 m d'altitude. L'été, les pâturages verdoyants sont parsemés de petites huttes et de chalets en bois, utilisés par les bergers pour garder les troupeaux de vaches. En hiver, quand la neige s'invite dans le décor, c'est un véritable petit paradis blanc. Les chalets, reconnaissables à leurs toits pyramidaux typiques de la tradition alpine slovène, donnent au lieu un charme unique. C'est l'endroit idéal pour se promener entre les cabanes et admirer les sommets environnants.

EXPÉRIENCES

→ **SE BALADER** entre les petits chalets.

→ **MONTER JUSQU'AU MONT GRINTOVEC** à 2 560 m d'altitude
Pour les plus téméraires :
7h | 14–16 km A/R | 2000 D+.

→ **DÉCOUVRIR LA GASTRONOMIE LOCALE** : fromages, plats de viande, etc., lors d'une pause dans l'un des restaurants du coin ouverts à certaines périodes de l'année.

ACCÈS
- En téléphérique : au départ de la ville de Kamniška Bistrica (ouvert de mai à octobre en fonction des conditions météorologiques).
- À pied : environ 2-3 h aller | 7 km depuis Kamniška Bistrica.
- À 1 h de Ljubljana.

QUAND Y ALLER ?
- De juin à septembre pour profiter pleinement de la vallée et des différents sentiers de randonnée.
- En hiver pour tester les spots de raquettes et profiter de la neige.

POUR Y DORMIR
Il existe quelques parkings où il est toléré de dormir sur place. Nous avons passé la nuit sur le même parking.

PARKING PAYANT
Il existe plusieurs parkings à différents niveaux. Nous sommes allés jusqu'en haut.

ÉTAPE 12

LJUBLJANA

Quoi de mieux que de passer une matinée (ou plus) à flâner dans les ruelles pavées de Ljubljana, à admirer ses façades colorées et à suivre le cours tranquille de la Ljubljanica ? Facile à parcourir à pied ou à vélo, Ljubljana séduit par son atmosphère jeune et créative, surtout dans le quartier alternatif de Metelkova, où se mélangent graffitis, fresques, peintures murales, etc. Installe-toi à une terrasse au bord de l'eau et savoure l'ambiance paisible de la ville.

→ **MONTER À PIED OU EN FUNICULAIRE** pour visiter le château de Ljubljana (Ljubljanski grad) : vue panoramique sur la ville, expositions, visites guidées, etc.

→ **SE PROMENER DANS LE VIEUX QUARTIER** le long du fleuve Ljubljanica et ses trois ponts.

→ **ADMIRER LES FRESQUES ET L'ART** dans le quartier alternatif de Metelkova.

→ **MANGER LOCAL AU MARCHÉ CENTRAL** (Vodnik Square), surtout le vendredi soir (avril-octobre) : la cuisine est réalisée en plein air par différents chefs.

→ **PRENDRE UN VERRE** sur une terrasse près du fleuve.

→ **SE DÉTENDRE** dans le parc Tivoli, le plus grand de la ville.

SPOT PHOTO

Depuis la place centrale de Ljubljana et ses ponts au coucher du soleil, ou depuis la tour de guet du château pour une vue panoramique sur toute la ville.

ACCÈS
À 1 h de Velika Planina, à 45 min de Bled.

QUAND Y ALLER ?
Au printemps et en été, quand la nature reverdit, la ville est agréable, les restaurants sont ouverts et les bords du fleuve animés.

POUR Y DORMIR
- Petit spot pour la nuit, à côté de la rivière Save et à 10 min de la capitale parfait pour une nuit. Point GPS/ 46.06143, 14.31006.

PARKING
- Dans les rues au plus près du centre : parking payant.
- Sur les parkings P+R avec 2 trajets de bus inclus pour rejoindre le centre.
- Sur des parkings gratuits, à environ 3-5 km du centre.

PARC DE RAKOV SKOCJAN

Un petit coin encore trop peu connu ! On a découvert le parc de Rakov Škocjan un peu par hasard, en cherchant une pause sur la route. Créé en 1949, c'est le premier parc paysager du pays. On a été charmés par sa verdure luxuriante et ses arbres majestueux. Il abrite la rivière Rak, des chemins de gravier blanc, des cabanes en bois, deux grottes et deux ponts. On peut le parcourir en voiture, mais on recommande vivement de s'y promener à pied pour profiter pleinement des sentiers.
C'est une zone protégée pour sa biodiversité, et la baignade dans la rivière y est interdite.

SPOT PHOTO

Depuis le premier pont à l'entrée du parc, pour une vue surplombant la vallée et la rivière Rak.

EXPÉRIENCES

→ **RANDONNER SUR LE SENTIER ÉDUCATIF** naturel de Rakov Škocjan.
6 km A/R | Facile.

→ **EXPLORER ET DESCENDRE DANS LES GROTTES**

ACCÈS
À 1 h de Ljubljana.

QUAND Y ALLER ?
Toute l'année, mais évite les heures chaudes en été (il n'y a pas trop d'ombre). Le matin ou en fin d'après-midi : meilleure lumière pour les photos et moins de monde.

POUR Y DORMIR
Sur ce spot nature à 30 min du canal en remontant dans les terres : accès étroit et en pente, mais une fois en haut, calme absolu et joli panorama au réveil.

PARKING GRATUIT
À proximité immédiate des ponts.

ÉTAPE 13

GROTTES DE ŠKOCJAN

ÉTAPE 14

Un site unique et extraordinaire en Slovénie, et l'un des plus grands canyons souterrains du monde. Il totalise une profondeur de 150 m et une largeur de presque 100 m selon les endroits. On a adoré explorer ces grottes avec leurs stalagmites, stalactites et formations géologiques. Tu vas en prendre plein les yeux, on se croirait presque dans la montagne des Hobbits ! La visite se fait sur 3 km et est accessible à tous. Tu as ensuite le choix de poursuivre ta visite du parc via différents sentiers, à toi de voir en fonction de ta forme. La visite des grottes se fait obligatoirement avec un guide agréé. Langues possibles : slovène, anglais, allemand, italien. Il peut y avoir des visites en français selon le nombre de personnes présentes.

À savoir :
- En haute saison, il peut être recommandé de réserver ta visite.
- N'oublie pas de prendre de quoi te couvrir, il fait 12 °C dans les grottes.
- Oublie la poussette, il y a beaucoup d'escaliers.
- La visite des grottes ne se fait qu'avec un guide.

Les photos sont interdites dans les grottes souterraines, alors ouvre grand les yeux et profite pleinement du spectacle ! Tu pourras ensuite immortaliser la vue spectaculaire sur les gorges à l'extérieur.

ACCÈS
À 1 h de Ljubljana.

QUAND Y ALLER ?
Au printemps ou en automne, et en semaine, pour éviter la foule.
Attention : en hiver, les visites sont beaucoup moins régulières, seulement deux par jour.

POUR Y DORMIR
Un petit coin de nature, à l'écart de toutes activités, pour se retrouver seul au monde dans les bois et à 10 min des grottes. Point GPS / 45.43080, 13.59466.

PARKING PAYANT
À l'entrée du site.

PIRAN

ÉTAPE 15

Après 9 jours dans les terres slovènes, tu pourras enfin apercevoir la côte et la mer Adriatique ! La petite ville de Piran t'accueillera avec ses places chaleureuses, son petit port et son architecture vénitienne encore bien présente. On s'y est arrêté pour prendre un verre en terrasse et observer le coucher du soleil. Une ambiance chaleureuse et surtout méditerranéenne se dégage de cette petite ville.

EXPÉRIENCES

→ **DÉCOUVRIR LA VILLE**
La place Tartini et l'église St-George.

→ **SE PROMENER SUR LE PORT** au coucher du soleil ou au petit matin pour assister au retour des pêcheurs.

→ **MONTER SUR LES REMPARTS**

→ **VISITER LA MAISON DE TARTINI**
Aujourd'hui devenue un musée consacré au violoniste.

→ **DÉGUSTER LES PLATS TYPIQUES DU COIN** : calamars, moules, risotto à l'encre de seiche et vin de l'Adriatique.

SPOT PHOTO

Depuis les remparts de la ville pour profiter d'une vue panoramique sur les petits toits rouges et l'église.

ACCÈS

À 1h30 de Ljubljana et à 45 min des Grottes de Škocjan.

QUAND Y ALLER ?

Privilégie mai, juin ou septembre pour la météo et la tranquillité. Pour profiter de la mer Adriatique, privilégie juillet et août.

POUR Y DORMIR

On te recommande de dormir chez un viticulteur pour profiter de la plus belle vue sur le port et la ville de Piran, idéale au coucher du soleil. En échange de l'achat de quelques produits de sa ferme (son vin est succulent), tu pourras poser ton van dans son pré avec accès aux toilettes et à une douche chaude. Les week-ends d'été, animations possibles à Mareziģe, à 10 min à pied.

• Camp : Vinska klet Vilij Bržan – PZA – camper stop. (tu pourras le retrouver sur l'application)

PARKINGS PAYANTS

• Parking Fornače : à l'entrée de la ville.
• Parking Arze : un peu plus loin, mais relié par une navette.

LA SLOVÉNIE

DISTANCES CLÉS DEPUIS LJUBLJANA

- Bled à 45 min
- Triglav à 1 h 30
- Piran à 1 h 30.

AVEC TON VAN

Depuis la France, le plus rapide : autoroute Turin/Milan, puis entrée par Trieste.

Astuce : Vignette autoroutière slovène ("vinjeta") obligatoire.

LOCATION SUR PLACE

Vans à louer à Ljubljana, Maribor ou Trieste. Compte 50 à 180 € par jour.

Loueurs conseillés :

- Adriatik.si,
- Avtocenter Martin Stipič
- Balkan Campers,
- Yescapa.

LANGUES

On y parle majoritairement le slovène. Dans certaines zones touristiques, il sera facile de s'exprimer en anglais, et allemand.

MONNAIE

L'euro (€).

SÉCURITÉ

C'est un pays que l'on a considéré comme assez safe. On ne s'est jamais sentis en insécurité.
On le recommanderait facilement en voyage solo pour une femme, par exemple.

BUDGET

Pour un road trip en Slovénie à deux de 10 jours, compte environ 800 €, même en tenant compte d'une consommation plus élevée en montagne et d'une ou deux nuits à l'hôtel. C'est une destination moins chère que la Suisse ou la France, mais un peu plus coûteuse que les Balkans.

OÙ DORMIR ?

Bivouaquer ou dormir sur des spots nature avec son van est interdit, surtout autour de Bled et dans les Alpes où la réglementation est stricte et les rangers contrôlent régulièrement le soir, notamment à cause des ours. Privilégie les aires de camping-car ou les campings pour éviter les amendes, surtout en haute saison.

LES 4 SAISONS

EN HIVER

les ⊕ Montagnes enneigées, ambiance féerique, activités d'hiver, peu de touristes.

les ⊖ Routes ou randos fermées, attractions parfois inaccessibles.

EN AUTOMNE

les ⊕ Paysages d'automne, calme, moins de monde, prix bas.

les ⊖ Activités parfois déjà fermées, températures plus fraîches.

AU PRINTEMPS

les ⊕ Paysages verts, floraison, peu de touristes, météo douce.

les ⊖ Eau fraîche pour la baignade, certains sentiers et cols encore fermés.

EN ÉTÉ

les ⊕ Montagne et activités au top, baignade agréable.

les ⊖ Plus de monde, prix plus hauts, campings à réserver.

QUE PRENDRE AVEC SOI ?

UNE VIGNETTE AUTOROUTIÈRE SLOVÈNE (POUR EMPRUNTER LES AUTOROUTES) À ACHETER EN LIGNE OU DANS UNE STATION-SERVICE.

UN APPAREIL PHOTO POUR IMMORTALISER CE VOYAGE.

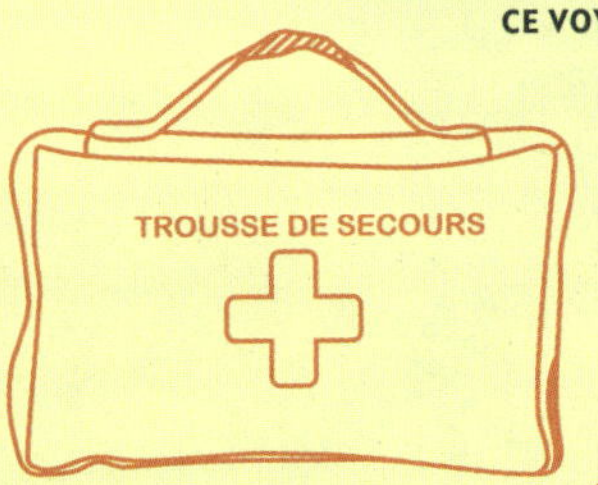

UNE TROUSSE DE MÉDICAMENTS.

UN SAC ÉTANCHE POUR LES ACTIVITÉS NAUTIQUES.

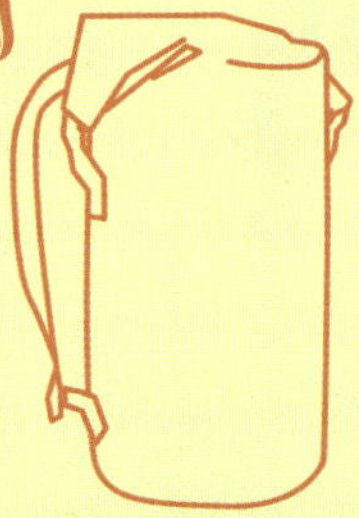

UN MAILLOT DE BAIN, UNE SERVIETTE, DES CHAUSSURES D'EAU.

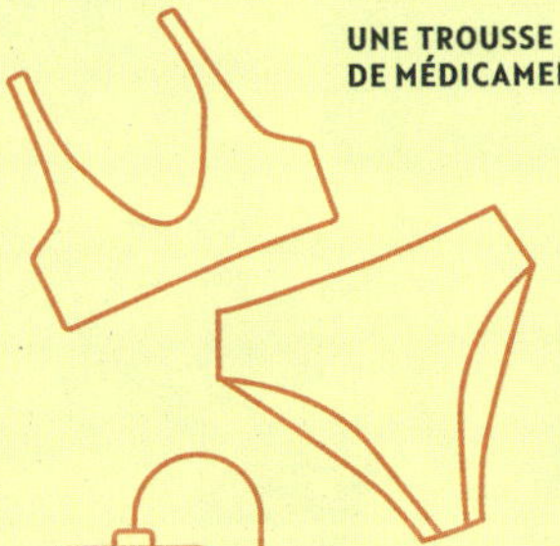

UNE VESTE COUPE-VENT OU POLAIRE (SOIRÉES FRAÎCHES OU ALTITUDE).

UNE BATTERIE EXTERNE.

UNE BONNE PAIRE DE CHAUSSURES DE RANDONNÉE.

TÉLÉCHARGER L'APPLICATION PARK4NIGHT.

CROAT

IE

DURÉE
10 JOURS

DÉPART
DUBROVNIK

ARRIVÉE
ROVINJ

DISTANCE
1300 KM

Entre eaux turquoise, villages de pierre, nature sauvage et ambiance méditerranéenne, la Croatie coche toutes les cases. Ce petit pays s'étend le long de la mer Adriatique, avec plus de 1 000 îles, des parcs nationaux à couper le souffle et des villes au riche passé comme Dubrovnik ou Split. Attention, c'est une destination assez prisée, notamment en été.

PROGRAMME

JOUR 1

- **JOURNÉE** Dubrovnik

JOUR 2

- **MATIN** Route vers Split
- **APRÈS-MIDI** Split

JOUR 3

- **MATIN** Trogir
- **APRÈS-MIDI** Excursion vers le Blue Lagoon

JOUR 4

- **MATIN** Source de la rivière Cetina
- **APRÈS-MIDI** Lozovac National Park Krka

JOUR 5

- **MATIN** Monastère de Visovac
- **APRÈS-MIDI** Cascade de Roški + grotte d'Oziđana Pećina

JOUR 6

- **JOURNÉE** Zadar

JOUR 7

- **MATIN** Parc national des lacs de Plitvice
- **APRÈS-MIDI** Repos

JOUR 8

- **MATIN** Route vers la région de l'Istrie
- **APRÈS-MIDI** Cascade de Sopot

JOUR 9

- **MATIN** Pula
- **APRÈS-MIDI** Rovinj

Au Fort Lovrijenac surnommée le « Gibraltar croate » au coucher de soleil pour profiter d'une vue plongeante sur les remparts et la vieille ville.

DUBROVNIK

Bienvenue dans cette ville, aussi surnommée « la perle de l'Adriatique », célèbre pour ses remparts très bien conservés et son centre historique très mignon. Nous nous y sommes arrêtés pour profiter de la vieille ville. Des guides peuvent t'aborder pour te proposer de découvrir les lieux emblématiques du tournage de la série *Game of Thrones*, qui contribuent largement à la renommée touristique de la ville.

EXPÉRIENCES

→ **VISITER LA VIEILLE VILLE** et ses petites ruelles.

→ **FAIRE LE TOUR DES REMPARTS**. Payant, du simple au double selon la saison.

→ **VISITER LA CATHÉDRALE DE L'ASSOMPTION** avec ses œuvres d'art.

→ **SE BAIGNER SUR LA PLAGE DE BANJE** proche des remparts.

→ **FAIRE DU KAYAK** le long des remparts.

→ **VISITER L'ÎLE DE LOKRUM** À 10 min en bateau et 40 min en kayak.

→ **GOÛTER À LA CUISINE LOCALE** dans la vieille ville. Fruits de mer, risotto noir ou pasticada.

→ **PRENDRE LE TÉLÉPHÉRIQUE** jusqu'au mont Srđ et admirer le panorama exceptionnel. Payant.

ACCÈS

À 2h30 de Perast au Monténégro, 30 min de l'aéroport de Dubrovnik. La vieille ville est piétonne : impossible d'y entrer en voiture.

QUAND Y ALLER ?

D'avril à juin ou septembre et octobre pour avoir une météo optimale, moins de monde et des prix plus bas qu'en été.

POUR Y DORMIR

Difficile de dormir sur un spot de dingue à Dubrovnik, sauf en bordure de route.

- Voici un spot toléré pour le soir : point GPS / 42.72298, 18.02685.
- Sinon privilégie le camping Solitudo, situé à proximité d'une plage. Point GPS / 42.66209, 18.07053

PARKING PAYANT

Pour éviter de marcher, choisis un parking payant ou prends le bus, la ville est bien desservie.

SPLIT

ÉTAPE 2

On a continué notre road trip en longeant la côte en direction de Split, qui regorge d'histoire et de très beaux vestiges. C'est la deuxième plus grande ville de Croatie après Zagreb, et l'une des plus visitées. Mais Split ne se résume pas à ses ruines antiques : c'est une ville vivante, ensoleillée, tournée vers la mer, avec une atmosphère à la fois authentique, vibrante et décontractée. On a adoré s'y balader.

Depuis le viewpoint du parc Marjan, au sommet des marches, pour profiter des couleurs douces sur la ville au coucher du soleil.

→ **VISITER LE PALAIS DE DIOCLÉTIEN**
Cet endroit est marqué par l'histoire avec quelques vestiges d'anciennes constructions de différentes époques. C'est tout aussi beau de nuit avec les lumières des ruelles.

→ **DÉCOUVRIR TRIKLINIJ,** près du palais, pour ses vestiges et son point de vue sur le palais et la cathédrale, souvent peu fréquenté.

→ **FLÂNER SUR LA PLACE DU MARCHÉ MÉDIÉVAL PJACA,** magnifique avec sa pierre blanche, ses restaurants et boutiques.

→ **PASSER PAR TRG BRAĆE RADIĆA (VOĆNI TRG),** autre belle place de la vieille ville.

→ **MONTER EN HAUT DU PARC MARJAN**
Pour une vue panoramique sur Split. Parking Point GPS / 43.50915, 16.42936.

ACCÈS
À 3h30 de Dubrovnik, 1h de Makarska par la côte.

QUAND Y ALLER ?
De mai à juin ou septembre : température (25 à 30 °C) et mer agréables pour se baigner, pleine floraison et moins de touristes qu'en été.

POUR Y DORMIR
• Camping Stobreč, proche d'une rivière et très proche de Split. Point GPS / 43.50408, 16.52631.

PARKING PAYANT
Petites places payantes en dehors de la vieille ville, mais se garer reste assez compliqué.

TROGIR

Trogir est une véritable perle, moins connue que Split ou Dubrovnik, mais tout aussi mignonne. Cette petite île reliée au continent par un pont se situe en face de Split. Si tu aimes les villes croates, celle-ci est un incontournable à ajouter à ton road trip. Fortifiée et entièrement piétonne, Trogir se visite assez rapidement, surtout après Split ou Dubrovnik, mais tu verras, ses ruelles sont encore plus étroites et pleines de charme.

EXPÉRIENCES

→ **FLÂNER DANS LA VIEILLE VILLE** et ses ruelles.

→ **VISITER LA FORTERESSE KAMERLENGO** Payante.

→ **MONTER AU CLOCHER DE LA CATHÉDRALE SAINT-LAURENT** Vue panoramique.

→ **SE PROMENER SUR LE REMBLAI** et profiter de l'ambiance calme et romantique de ce village.

→ **SE BAIGNER SUR LA PLAGE D'OKRUG GORNJI**, accessible par un pont sur l'île Čiovo.

→ **GOÛTER AUX SPÉCIALITÉS LOCALES** comme la gregada (ragoût de poisson) ou les calamars farcis.

→ **FAIRE UNE EXCURSION EN BATEAU** vers la Blue Lagoon, Šolta ou Drvenik.

ACCÈS
À 30 min de Split.

QUAND Y ALLER ?
De mai à juin et en septembre : idéal, peu de monde et températures douces. Privilégie le matin ou la fin d'après-midi pour la lumière et la tranquillité.

POUR Y DORMIR
• Spot nature en hauteur à seulement 15 min de Trogir. Point GPS / 43.53013, 16.26841.
• L'Amadria Park Camping Trogir, à côté de la plage. Point GPS / 43.51182, 16.19389

PARKING PAYANT
Parkiralište Soline, parking payant proche du ferry. Point GPS / 43.51572, 16.24408.
Il est moins cher que d'autres parkings et te permet de marcher quelques minutes pour accéder au petit pont de la ville.

SOURCE DE LA RIVIÈRE CETINA

Le lendemain matin, découverte de cette magnifique source de la rivière Cetina. C'est un incroyable puits karstique d'un bleu intense, connu sous le nom de l'Œil Bleu ou l'Œil de la Croatie ! Le meilleur moyen de l'apercevoir est en drone. La profondeur de ce trou est estimée entre 130 et 155 m sur 15 m de large. C'est impressionnant ! Il est interdit de s'y baigner pour éviter la contamination, car c'est la principale source d'eau potable des comtés environnants.

SPOT PHOTO

Avec un drone par temps dégagé, pour capturer l'œil spectaculaire vu du dessus.

EXPÉRIENCES

→ **OBSERVER LA SOURCE** depuis les hauteurs et **VISITER L'ÉGLISE ORTHODOXE SAINT-SAUVEUR** (Crkva Sv. Spasa) à côté.

→ **MARCHER AUTOUR DU BASSIN** et se balader le long de la rivière.

→ **FAIRE DU CHEVAL** le long de la rivière Cetina Au départ du Konjički Klub Sveti Mihovil, près de Trilj. Point GPS / 43.62758, 16.72907.

→ **OBSERVER LES OISEAUX ET LA FAUNE LOCALE.**

→ **RANDONNER VERS LE MASSIF DE DINARA**

8 h | 16 km | Modéré

Boucle au départ de Glavaš (Kijevo).

ACCÈS

À 50 min de Trogir.
L'entrée est gratuite.

QUAND Y ALLER ?

Le matin ou en début d'après-midi, par ciel dégagé.

POUR Y DORMIR

- Spot nature en direction de Lozovac, très calme la nuit. Point GPS / 43.89153, 16.33071.
- Camping Peruča, au bord du lac. Point GPS / 43.9043, 16.44583.

PARKING

À côté de l'église.

ÉTAPE 4

SPOT PHOTO

Sur le ponton en face de la cascade de Roški ou en hauteur sur les marches en direction des grottes, au coucher du soleil.

PARC NATIONAL DE KRKA

C'est notre premier parc national de Croatie, un incontournable et aussi l'un de nos préférés ! Il s'étend le long de la rivière Krka, pas très loin de la ville historique de Šibenik. Ce parc est célèbre pour ses impressionnantes chutes d'eau, qui offrent des paysages à couper le souffle. Tu pourras profiter de la nature luxuriante et de la beauté sauvage de ses sentiers, de ses pontons en bois et de ses eaux cristallines.

EXPÉRIENCES

→ **ADMIRER LES CHUTES DE SKRADINSKI BUK**
Une série spectaculaire de cascades sur 800 m de long.

→ **MONTER À LA GROTTE D' OZIĐANA PEĆINA**, juste à côté, pour une vue à couper le souffle après quelques marches.

→ **VISITER LE MONASTÈRE DE VISOVAC**
Posé sur une petite île au milieu d'un lac. L'endroit est super reposant et très beau (accès payant, drones interdits).

→ **DÉCOUVRIR LA CASCADE DE ROŠKI SLAP**
L'accès se fait par le nord du parc. On passe ensuite sur un pont au-dessus d'une cascade. C'est magnifique ! Tu pourras même y voir des moulins traditionnels restaurés. Point GPS / 43.90372, 15.97496.

→ **PIQUE-NIQUER** dans les zones ombragées aménagées du parc.

→ **EXPLORER LES SENTIERS BALISÉS** à travers forêt, cascades et points de vue panoramiques.

ACCÈS
À 45 min de Cetina River Spring Blue Eye. Tu pourras acheter un ticket à l'entrée principale qui te donnera accès à tout le parc.

QUAND Y ALLER ?
D'avril à juin, car le débit des cascades est plus élevé, il y a moins de touristes et la nature est luxuriante. Septembre et octobre sont aussi un excellent compromis.
Tôt le matin ou en fin d'après-midi pour profiter de couleurs plus douces.

POUR Y DORMIR
Il n'est pas possible de dormir en van dans ce site protégé.
- Camping Europa, en pleine nature. Point GPS / 43.9138, 15.94638

PARKING PAYANT
- Pour Skradinski Buk : parking Vrata Krke (grand et économique).
- Pour Roški Slap : parking à l'entrée, gratuit ou inclus selon la saison.

ÉTAPE 5

ÉTAPE 6

ZADAR

Parmi les villes incontournables, il y a aussi la vieille ville de Zadar, située sur une presqu'île. Tout aussi belle que celles que nous avons découvertes auparavant, elle se distingue par son harmonie parfaite entre passé et modernité. Fondée il y a plus de 3 000 ans, elle ne se contente pas de vivre dans son histoire : elle innove avec des installations uniques comme l'orgue marin ou le salut au soleil. Tu l'auras compris, nous avons adoré flâner dans ses ruelles.

Au niveau de l'orgue marin au coucher de soleil pour capturer les couleurs dorées sur les îles en face.

EXPÉRIENCES

→ **VISITER LA VIEILLE VILLE** et ses ruelles, la place du Forum et l'église Saint-Donat.

→ **SE PROMENER SUR LES REMPARTS** et le bord de mer.

→ **FAIRE DU PADDLE ET DU KAYAK** le long de la côte.

→ **ÉCOUTER L'ORGUE MARIN (MORSKE ORGULJE)**, où les vagues créent une musique naturelle dans les marches de pierre.

→ **LE SALUT AU SOLEIL (POZDRAV SUNCU)**, un cercle de panneaux solaires interactifs qui s'illuminent la nuit.

→ **PARTIR EN EXCURSION EN BATEAU** vers l'archipel des Kornati ou Dugi Otok.

ACCÈS
À 1h du parc national de Krka.

QUAND Y ALLER ?
Au coucher du soleil

POUR Y DORMIR
Pour préparer la visite du parc de Plitvice, nous avons passé la nuit près de Gospić, dans un camping nature.
- Eco camp Rizvan City, à 1h20 de Zadar et 1h10 de Plitvice. Point GPS/44.49548, 15.29179
- Voici un spot nature dans les terres, proche d'un lac. Point GPS/44.36730, 15.66150.

PARKING PAYANT
Sur le parking Javna garaža Ravnice (pratique et central).

PARC NATIONAL DES LACS DE PLITVICE

Le parc national le plus connu de Croatie ! Dans ce petit joyau naturel, entre forêts profondes et montagnes karstiques, se cache un paysage féerique. Tu y découvriras 16 lacs turquoise reliés entre eux par des cascades, des passerelles en bois passant au-dessus de l'eau et parfois en dessous à cause de la quantité d'eau à certaines périodes de l'année. Même s'il y a beaucoup de monde, c'est un incontournable pour les amoureux de nature, de photographie et de randonnée. Tu peux facilement y rester une journée entière à tout contempler.
À savoir : réserve tes billets si tu ne veux pas faire la queue, surtout en haute saison.

→ **EXPLORER LES SENTIERS DE RANDONNÉE** (8 circuits balisés de A à K) : de 2 h à 8 h de marche.

→ **FAIRE UN TOUR EN BATEAU ÉLECTRIQUE** (inclus dans le billet d'entrée) pour traverser le lac Kozjak.

→ **PRENDRE LE PETIT TRAIN PANORAMIQUE** (aussi inclus dans le ticket).

→ **OBSERVER LA FAUNE ET LA FLORE**

→ **FAIRE DU VTT** en dehors du parc, nombreux sentiers forestiers autour.

Voici, selon nous, le meilleur itinéraire (3–4 h de marche) : nous avons commencé par le parcours H pour découvrir les lacs supérieurs et la grande cascade visible dès l'arrivée. Ensuite, nous avons longé le lac principal avant de prendre une navette vers les lacs inférieurs. Malheureusement, cette partie était fermée suite à des crues récentes. Nous avons poursuivi avec un bus panoramique jusqu'à l'entrée n°2, puis terminé par une superbe randonnée en hauteur, avec vue sur les différents lacs — l'un de nos moments préférés.

ACCÈS
À 2 h de Zadar.

QUAND Y ALLER ?
Au printemps, après la fonte des neiges et la période des pluies. Les chutes d'eau sont impressionnantes, la nature verdoyante et il y a moins de monde. Vers 7 h ou 8 h pour éviter la foule et les grosses chaleurs.

POUR Y DORMIR
• Possibilité d'avancer vers la région de l'Istrie et de dormir sur ce spot nature référencé en tant que geoSpot sur Park4Night (51326 Gornji Vukšići, Croatia). C'est sur un terrain privé et, sur donation, tu pourras passer jusqu'à 2 nuits sur place. Point GPS / 45.41377, 15.00543.

PARKING PAYANT
Parking de l'entrée n° 2, le plus pratique.

CASCADE DE SOPOT

• ÉTAPE 8

Nous voilà arrivés dans la région de l'Istrie et quoi de mieux que de s'arrêter voir une cascade cachée dans les collines boisées et silencieuses. Loin de la foule et du tumulte touristique, tu pourras contempler cette cascade de 24 m de haut qui tombe dans un bassin en arc de cercle de couleur vert émeraude. C'est un lieu parfait pour les amoureux de nature et de photo ou pour un arrêt détente en Istrie.

EXPÉRIENCES

→ MARCHER JUSQU'À LA CASCADE
~10–20 min. Parfait pour un pique-nique au bord de l'eau.

→ SE BALADER SUR LE SENTIER DE ST. ROKO
Petite boucle.

→ ALLER JUSQU'AUX DEUX BELVÉDÈRES
L'un dédié à la divinité slave Perun (dieu du tonnerre), l'autre à la déesse Mokoš (déesse de la nature).

→ OBSERVER LA FAUNE ET LA FLORE

→ PROFITER D'UN ARRÊT DANS UNE KONOBA LOCALE (auberge rurale) près de Pazin pour goûter aux spécialités istriennes : truffes, vins Malvazija & Teran, huile d'olive.

SPOT PHOTO

Sur les rochers en face de la cascade, à une quinzaine de mètres du bassin (attention, pas de barrière).

ACCÈS
À 3 h du parc national des Lacs de Plitvice. La cascade est accessible par une randonnée modérée sur le sentier Saint-Roko depuis Floričići.

QUAND Y ALLER ?
Privilégie le début de matinée ou la fin d'après-midi : la lumière rase offre de superbes reflets sur l'eau et les rochers.

POUR Y DORMIR
• Spot nature, avec vue sur la mer. Point GPS / 44.97968, 14.14493.
• Camping Dvor, tout près et dans les bois. Point GPS / 45.01228, 13.97389

PARKING GRATUIT
À l'entrée du village de Floričići.

PULA

SPOT PHOTO

Sur le côté droit de l'amphithéâtre au niveau des escaliers avec un grand-angle.

ÉTAPE 9

C'est devenu notre région coup de cœur en Croatie, surtout grâce à la météo après une semaine de pluie. Nous avons décidé de prendre notre temps face à la mer. Nous voilà arrivés à Pula, à la pointe sud de la péninsule d'Istrie. C'est une ville où tu pourras voir son imposant amphithéâtre romain, l'un des mieux conservés du monde, même s'il n'est pas aussi impressionnant que celui de Rome. Cet endroit reste l'incontournable de la ville, relatant son histoire (Pula a été fondée par les Romains) et les différentes guerres avec leurs voisins italiens. On y flâne entre temples, arches, palais vénitiens et cafés, tout en profitant d'un accès direct à la mer Adriatique.

EXPÉRIENCES

→ **VISITER LA VIEILLE VILLE** et ses petites ruelles.

→ **FAIRE LE TOUR DE L'AMPHITHÉÂTRE** : la visite est payante pour les adultes, mais gratuite pour les moins de 12 ans.

→ **EXPLORER LES AUTRES VESTIGES ROMAINS** : le temple d'Auguste, l'arc de Triomphe des Sergii, le forum romain ou la mosaïque de la punition de Dircé.

→ **SE DÉTENDRE SUR LES PLAGES DE GALETS** ou de rochers à l'eau turquoise : Valkane, Havajka Beach (Verudela), Gortanova uvala.

→ **FAIRE DU SNORKELING, DU KAYAK OU DU VÉLO** pour explorer la côte.

→ **MONTER À LA FORTERESSE DE KAŠTEL** : vue à 360 °.

→ **DÉGUSTER LES SPÉCIALITÉS ISTRIENNES** : Huile d'olive, vin (Malvazija, Teran), fromages, truffes...

ACCÈS
1 h de la cascade de Sopot.

QUAND Y ALLER ?
De mai à juin ou en septembre pour une météo agréable, pouvoir se baigner et profiter de la vie urbaine sans trop de touristes.

POUR Y DORMIR
• Possibilité de rester dormir sur le parking où nous avions garé le van.

PARKING PAYANT
Nous avons vu énormément de panneaux interdisant le parking aux vans, fourgons et camping-cars en ville. Nous nous sommes donc garés sur le parking Mandrač, qui accueille les véhicules aménagés.

ROVINJ

ÉTAPE 10

La petite ville de Rovinj est la plus belle de l'Istrie selon nous. On y a même prolongé notre étape pour en profiter au maximum. La ville est assez petite, on te conseille de te perdre dans les différentes ruelles. C'est un ancien village de pêcheurs vénitiens, qui a conservé son caractère avec ses ruelles pavées, ses maisons colorées et ses clochers baroques dominant la mer, respirant la dolce vita croate. On te conseille d'y rester le soir pour déguster les délices aux notes d'Italie et faire quelques ploufs sur les pierres chaudes de la ville.

SPOT PHOTO

Depuis l'église Sainte-Euphémie, au coucher du soleil.

EXPÉRIENCES

→ **SE PERDRE DANS LA VIEILLE VILLE** et ses petites ruelles aux fenêtres fleuries.

→ **MONTER À L'ÉGLISE SAINTE-EUPHÉMIE** située au sommet de la colline de Rovinj.

→ **EXPLORER LA RUE GRISIA** Très artistique.

→ **SE PROMENER OU FAIRE DU VÉLO DANS LE PARC ZLATNI RT** (Punta Corrente) accessible à pied depuis le centre.

→ **SE BAIGNER DANS LES CRIQUES AUTOUR DE ROVINJ** : Mulini Beach, Lone Bay, Cuvi Beach.

→ **FAIRE UNE EXCURSION** autour des îles de l'archipel de Rovinj en bateau.

→ **DÉGUSTER LES SPÉCIALITÉS LOCALES** : truffes noires ou blanches, poissons frais, vins istriens (Malvazija, Teran) et aller au marché près du port.

ACCÈS
À 40 min de Pula.

QUAND Y ALLER ?
Tôt le matin ou au coucher du soleil pour éviter la foule et profiter de la lumière.

POUR Y DORMIR
• Campsite Amarin, près d'une plage de galets. Point GPS / 45.10667, 13.62304.

PARKING PAYANT
Si tu es en van ou avec un grand fourgon, on te conseille de te garer sur le parking Rovigno Wohnmobilstellplatz, tu ne seras pas embêté.

LA CROATIE

DISTANCES CLÉS DEPUIS DUBROVNIK
- Split à 3 h
- Plitvice à 5 h.

AVEC TON VAN
Depuis la France, traverse l'Italie puis la Slovénie pour rejoindre la côte croate.

Astuce : Circulation dense en été, surtout près des grandes villes et parcs.

LOCATION SUR PLACE
Vans à louer à Dubrovnik, Split ou Zagreb. Compte 70 à 180 € par jour.

Loueurs conseillés :
- WeVan
- Balkan Campers,
- Indie Campers,
- Yescapa.

LES 4 SAISONS

EN HIVER

les ⊕ Peu de touristes, hébergements pas chers, ambiance de Noël.

les ⊖ Temps froid et humide, mer froide, sites souvent fermés ou horaires réduits..

EN AUTOMNE

les ⊕ Temps doux, mer chaude, moins de monde, belles couleurs d'automne.

les ⊖ Froid en novembre, certains sites fermés, pluies fréquentes à la fin de l'automne.

AU PRINTEMPS

les ⊕ Temps doux, paysages en fleurs, peu de touristes, prix bas.

les ⊖ Mer froide jusqu'en mai, soirées fraîches.

EN ÉTÉ

les ⊕ Temps ensoleillé, mer chaude, festivals, vie nocturne, sites ouverts.

les ⊖ Beaucoup de touristes, prix élevés, chaleur intense.

LANGUES

La langue officielle est le croate. Ils parlent très bien anglais et allemand et aussi l'italien en Istrie.

MONNAIE

L'euro (€).

SÉCURITÉ

La Croatie est considérée comme une destination sûre et nous nous y sommes sentis en effet en sécurité. Si tu dors dans ton véhicule, ne laisse pas d'objets de valeur visibles pour éviter tout vol ou effraction.

BUDGET

Pour un road trip en Croatie à deux de deux semaines, compte environ 700 €, selon ton mode de voyage et tes choix d'activités.

OÙ DORMIR ?

Bivouaquer ou dormir sur des spots nature avec son van est interdit., Privilégie les aires de camping-car ou les campings pour éviter les amendes, surtout en haute saison. Important : vérifie toujours les règles locales, par exemple sur Park4Night.

QUE PRENDRE AVEC SOI ?

MONTE

NÉGRO

DURÉE
7 JOURS

DÉPART
ULCINJ

ARRIVÉE
PERAST

DISTANCE
600 KM

Le Monténégro est un tout petit pays que l'on peut facilement traverser. Il fait la taille de la région Île-de-France, tu imagines ? Malgré sa taille modeste, il regorge de trésors naturels et culturels : des plages sauvages, des fjords majestueux, des villages médiévaux et des parcs nationaux montagneux à couper le souffle. Il n'y a pas d'autoroute et les routes ne sont pas lisses, mais elles restent faciles. Nous avons longé la côte du sud au nord, de la frontière albanaise à la frontière croate. Cet itinéraire est parfait pour un road trip au printemps ou en été et c'est une belle destination pour se déconnecter et se sentir un peu dépaysé.

PROGRAMME

JOUR 1

- **MATIN** Ulcinj
- **APRÈS-MIDI** Velika Plaža

JOUR 2

- **MATIN** Pavlova Strana Viewpoint + le lac de Skadar
- **APRÈS-MIDI** Rijeka Crnojevića

JOUR 3

- **MATIN** Sveti Stefan
- **APRÈS-MIDI** Ivano Vidoni Beach

JOUR 4

- **MATIN** Budva
- **APRÈS-MIDI** Stari Grad

JOUR 5

- **MATIN** Route longeant la baie de Kotor direction Donji Stoliv
- **APRÈS-MIDI** Mont Vrmac

JOUR 6

- **MATIN** Faire le marché de Kotor et le monastère
- **APRÈS-MIDI** Kotor Serpentine

JOUR 7

- **MATIN** Mont Lovćen
- **APRÈS-MIDI** Kotor + Perast

ULCINJ

● ÉTAPE 1

Ulcinj, la ville la plus au sud, est une ancienne cité méditerranéenne au passé ottoman marqué (plus de 2 500 ans d'histoire), réputée pour son ambiance orientale, ses plages infinies et sa population majoritairement albanaise. Grâce à son passé, l'architecture, la gastronomie, les traditions et même la population offrent un mélange étonnant de cultures qui diffère des villes plus touristiques telles que Kotor ou Budva. C'est un arrêt idéal pour un voyage hors des sentiers battus, surtout si tu aimes la culture, la nature et la détente.

EXPÉRIENCES

→ **VISITER LA VIEILLE VILLE STARI GRAD**
Architecture ottomane, forteresse et vues magnifiques au coucher du soleil.

→ **DÉGUSTER UN PLAT DE POISSON GRILLÉ** ou un bure albanais face à la mer.

→ **PROFITER DE VELIKA PLAŽA,**
La plus grande plage du pays (13 km de sable fin).

→ **OBSERVER LES OISEAUX AUX SALINES,** paradis pour ornithologues (flamants roses, oiseaux migrateurs).

→ **EXPLORER L'ÎLE FLUVIALE ADA BOJANA,** réserve naturelle prisée des kitesurfeurs, avec ambiance bohème et restaurants sur pilotis.

SPOT PHOTO

Depuis les forteresses pour admirer le coucher de soleil

ACCÈS
À 30 min de la frontière de Shkodër en Albanie.

QUAND Y ALLER ?
De mai à juin ou de septembre à octobre pour éviter la foule et la chaleur intense.

POUR Y DORMIR
• Sur un spot nature au bord de la plage de Velika Plaža : c'est the spot en été quand il fait chaud avec la plage à perte de vue, les douches (eau froide évidemment) et le sable. Point GPS / 41.877678, 19.326545.

PARKING
Celui de la plage.

SPOT PHOTO

Depuis le Pavlova Strana Viewpoint, au lever du soleil, pour un magnifique point de vue en fer à cheval sur le lac de Skadar.

ÉTAPE 2

RIJEKA CRNOJEVIĆA

Une belle atmosphère se dégage de cette magnifique petite ville. Située à proximité du lac Skadar, Rijeka Crnojevića est très animée le week-end et le dimanche. Les habitants y viennent en famille pour faire un tour en barque, en kayak, en paddle, se balader et aller au restaurant. La nature y est aussi luxuriante.

EXPÉRIENCES

→ **VISITER LA VILLE** et emprunter le pont en pierre emblématique.

→ **PRENDRE UN BATEAU OU UN KAYAK** jusqu'au lac Skadar, qui sépare l'Albanie du Monténégro. Un endroit calme et reposant.

→ **FAIRE DES BALADES**
Autour du village pour découvrir des vues magnifiques sur la vallée et les montagnes.

→ **GOÛTER À LA CUISINE LOCALE** au bord de l'eau.

ACCÈS

À 2h d'Ulcinj, 30 min de Cetinje. Mieux vaut prendre la route qui longe le lac, une belle route panoramique, car les autres peuvent être très étroites. Si quelqu'un arrive dans l'autre sens, un camping-car ne passera pas.

QUAND Y ALLER ?

Au printemps ou en automne pour éviter la chaleur et profiter d'une nature luxuriante.

POUR Y DORMIR

• Au camping Auto Camp Rijeka Crnojevića, idéal au pied de la rivière. Point GPS/42.35569, 19.02879.

PARKING GRATUIT

Dans le village ou le long de la route pour le point de vue.

SVETI STEFAN

ÉTAPE 3

Sveti Stefan est un ancien village de pêcheurs célèbre pour son îlot fortifié relié au continent par un chemin en pierre bâti sur un banc de sable. Le village et ses environs constituent une escapade parfaite pour ceux qui souhaitent découvrir le charme authentique du Monténégro. Ivano Vidoni Beach est notre plage préférée : l'eau y est turquoise et si belle ! C'est aussi l'endroit parfait pour passer une journée entière. Une plage à gauche, une plage à droite et au milieu un petit pont donnant accès à un îlot abritant aujourd'hui un complexe hôtelier de luxe.

SPOT PHOTO

Point de vue exceptionnel à l'église St Sava au coucher de soleil.

EXPÉRIENCES

→ **VISITER LE VILLAGE** et ses environs en empruntant différents sentiers.

→ **PROFITER D'IVANO VIDONI BEACH** pour la baignade et la détente.

→ **MONTER À L'ÉGLISE ST. SAVA** pour une vue sur la plage et un coucher de soleil parfait.

ACCÈS
À 15 min de Budva, 1 h 10 de Podgorica via Cetinje, 1 h de Rijeka Crnojevića.

QUAND Y ALLER ?
De mai à juin ou septembre-octobre : météo agréable (22–28 °C), moins de touristes, prix bas, parfait pour la baignade.

POUR Y DORMIR
On te recommande de dormir dans l'un des campings près de Budva.

PARKING PAYANT
Parking en face de l'îlot fortifié : attention, beaucoup de bouchons en été.

BUDVA ET SA VIEILLE VILLE : STARI GRAD

Plages de sable, vie animée et riche patrimoine historique... Budva est une station balnéaire très populaire au Monténégro. Stari Grad est sa vieille ville fortifiée, accessible uniquement à pied lors d'une promenade matinale (de préférence). La pierre de ses édifices rend l'atmosphère chaleureuse. De plus, Stari Grad est bordée par la mer qui s'échoue sur les remparts. Tu peux facilement t'y perdre. Laisse-toi porter par la foule à travers les méandres de la ville.

→ **VISITER LA VIEILLE VILLE** Prévoir de bonnes chaussures pour les pavés.

→ **DÉCOUVRIR** la citadelle, les églises historiques et le musée de Budva.

→ **SE BAIGNER À RICARDOVA GLAVA**, petite crique au pied des remparts.

→ **PROFITER DE LA PLAGE DE MOGREN**, à 10 min à pied de la vieille ville.

→ **SE DÉTENDRE SUR LA PLAGE DE SLOVENSKA**, la plus grande et animée l'été.

SPOT PHOTO

Se perdre dans les petites ruelles pour photographier le charme du village.

ACCÈS
À 20 min de Sveti Stefan en longeant la côte, 40 min de Kotor.
Stari Grad est uniquement piétonnier.

QUAND Y ALLER ?
De mai à juin et de septembre à mi-octobre : soleil, climat doux (20–28 °C), moins de foule. Venir tôt, car les rues sont étroites.

POUR Y DORMIR
• Le camping Seoce-Budva avec une vue magnifique et en hauteur sur la baie. Point GPS/42.28635, 18.81659.

PARKING PAYANT
Ceux du village.

DONJI STOLIV

Tu entres dans la magnifique baie de Kotor, un vrai coup de cœur ! Donji Stoliv est un petit village côtier au charme authentique, qui rappelle les villages italiens et français les pieds dans l'eau. Bordé par la mer Adriatique d'un côté et par les montagnes imposantes de l'autre, c'est un lieu parfait pour se ressourcer, randonner et admirer les couleurs changeantes de la baie. Il reste à l'écart du tourisme de masse que tu retrouveras à Kotor malgré sa proximité.

Sur le mont Vrmac avec des vues panoramiques sur Kotor et ses environs, idéal au coucher de soleil.

EXPÉRIENCES

→ FAIRE LE TOUR DE LA VILLE À VÉLO

→ EXPLORER LES MAISONS EN PIERRE ET L'ÉGLISE SAINT-ELIE

→ RANDONNER
2h | 5km | Modéré.
De Donji Stoliv à Gornji Stoliv, un village abandonné dans les collines : vue panoramique sur la baie de Kotor.

→ MARCHER VERS LE MONT VRMAC
2h | 8km | Modéré.
Pour y découvrir le Fort Vrmac, une forteresse austro-hongroise abandonnée.

ÉTAPE 5

ACCÈS
À 1h de Budva, 15min de Kotor et 20 min de Tivat. Attention, les routes sont étroites et difficiles avec un très gros véhicule en cas de manœuvre.

QUAND Y ALLER ?
En mai et juin ou en septembre : météo douce, pas trop de monde, baignade possible (22—26 °C), belles couleurs.

POUR Y DORMIR
• Camping Mimoza, offrant une vue imprenable sur la baie. Point GPS / 42.47201, 18.70758.

PARKING
Le long de la baie ou dans les hauteurs vers le Fort Vrmac.

KOTOR

ÉTAPE 6

Évidemment incontournable, Kotor est l'une des plus belles villes historiques du Monténégro. Entourée de montagnes abruptes et de remparts médiévaux, cette cité fortifiée mêle culture vénitienne, nature spectaculaire et vie locale animée. Attention : les touristes arrivent en masse avec les bateaux de croisière, et la ville ne se visite qu'à pied.

SPOT PHOTO

Depuis le sommet de la forteresse Saint-Jean, après avoir monté les 1 350 marches, pour une autre vue sur Kotor.

EXPÉRIENCES

→ **VISITER LA VIEILLE VILLE** avec ses ruelles en pavées, ses petites places et restaurants.

→ **DÉCOUVRIR LA CATHÉDRALE CATHOLIQUE SAINT-TRYPHON**

→ **PASSER PAR LA RIVER GATE** (North Gate). Aussi appelée « la place aux chats ». Au niveau de l'entrée nord.

→ **FAIRE LE TOUR DES REMPARTS**

→ **FLÂNER AU KOTOR FOOD MARKET** Le marché à l'entrée de la ville.

ACCÈS
À 20 min de l'aéroport de Tivat, à 30/40 min de Budva.

QUAND Y ALLER ?
De mai à juin ou de septembre à octobre : météo agréable, moins de monde et nature luxuriante.

POUR Y DORMIR
• Nous avons fait le choix de poursuivre notre chemin à travers les hauteurs de Kotor en prenant la route serpentine et avons dormi sur un terrain en gravier au bord de la route dans le parc. Point GPS / 42.41757, 18.80341.

PARKINGS PAYANTS
Grand parking gratuit à gauche de Kotor City Hospital. Point GPS / 42.42163, 18.76274.

SPOT PHOTO

Depuis les différents points de vue accessibles en van, pour admirer la baie de Kotor entourée de montagnes.

● ÉTAPE 7 ●

SERPENTINE

Pour prendre encore plus de hauteur, voici l'une des plus belles routes d'Europe : la serpentine de Kotor. Elle te permet d'accéder au col de Njeguši pour entrer dans le parc national de Lovćen. Attention : ce sont des routes sinueuses et très petites. En été, il y a beaucoup de monde, mais ça se fait très bien. Et pour te rassurer, tu as des remparts sur les côtés pour éviter tout accident.
À toi de compter les virages : il y en a environ 30 qui te permettront de monter à plus de 900 m. À éviter tout de même avec un vieux véhicule capricieux, de peur d'y laisser quelques pièces mécaniques entre deux ou trois virages.

EXPÉRIENCES

→ **BOIRE UN COCKTAIL AU HORIZONT BAR** au coucher du soleil, avec vue sur la baie. Point GPS / 42.40938, 18.78634.

→ **TENTER LA ZIP LINE NJEGUŠI**, tyrolienne entre deux vallées à 5 min du bar. Point GPS / 42.42456, 18.79982.

→ **DÉCOUVRIR LE VILLAGE DE NJEGUŠI**, réputé pour son fromage, jambon fumé et artisanat.

ACCÈS
Elle est située entre Kotor et le col de Njeguši, dans le parc national de Lovćen. Environ à 40 min de Kotor avec les arrêts photos.

QUAND Y ALLER ?
L'été, en haute saison.

POUR Y DORMIR
Plusieurs spots nature le long de la route.
• Voici le spot où nous avons dormi avec une vue imprenable sur la baie. Point GPS/ 42.4175736, 18.8034174.

PARKING GRATUIT
L'entrée du parc est payante. Plusieurs parkings gratuits.

● ÉTAPE 8

MONT LOVĆEN

Bienvenue dans le cœur symbolique du Monténégro, situé dans le parc national Lovćen. Le mont Lovćen est l'un des sommets les plus emblématiques du pays, lié à son histoire et à son fondateur-poète, Petar II Petrović-Njegoš. L'endroit est parfait si tu souhaites t'y rafraîchir quand il fait trop chaud dans la vallée, et la vue est époustouflante.

SPOT PHOTO

Depuis le sommet de Jezerski Vrh, au Mausolée de Njegoš, avec sa vue panoramique à 360 °.

EXPÉRIENCES

→ VISITER LE PARC NATIONAL (entrée payante).

→ DÉCOUVRIR LE MAUSOLÉE DE NJEGOŠ
Tu y découvriras le mausolée après avoir gravi plusieurs marches. Entrée payante, uniquement en espèces. Vérifie bien les horaires d'ouverture.

→ RANDONNER DE NJEGUŠI À JEZERSKI VRH (MAUSOLÉE)
2h à 2h30 | ~7 km aller | 600 D+ | Modéré
Vue spectaculaire.

ACCÈS
À 1h15 de Kotor à travers la route serpentine, 30/40 min de Cetinje, car la route est plus directe et facile.

QUAND Y ALLER ?
De mai à juin et de septembre à octobre : moins de touristes, lumière magnifique pour les photos.

POUR Y DORMIR
Plusieurs spots nature le long de la route.

PARKING GRATUIT

PERAST

ÉTAPE 9

Un autre village, un peu plus petit que Kotor, à visiter si tu as le temps et surtout s'il y a de la place pour te garer en haute saison. Perast est un haut lieu historique du pays et une véritable perle avec son architecture vénitienne intacte. Tu auras une vue imprenable sur les îles de Notre-Dame-du-Rocher (Gospa od Škrpjela) et Saint-Georges (Sveti Đorđe).

EXPÉRIENCES

→ **VISITER LA CHAPELLE NOTRE-DAME DU ROCHER (GOSPA OD ŠKRPJELA)**, perchée sur une île de la baie de Kotor, en s'y rendant en barque depuis Perast.

→ **SE PROMENER DANS LE VILLAGE** et ses ruelles pavées.

→ **MANGER DANS UN RESTAURANT** avec vue sur la baie.

ACCÈS
À 20 min de Kotor.

QUAND Y ALLER ?
De mai à juin ou de septembre à octobre : climat doux, ciel dégagé, mer calme et moins de monde.

POUR Y DORMIR
• Nous sommes allés au camping Autocamp Naluka à 15 min de Perast pour y faire une grosse lessive et profiter du lieu paisible. Tu séjourneras dans un jardin privé, les pieds dans l'eau, avec un petit accès direct à la baie — idéal pour ceux qui souhaitent partir en paddle ou en kayak.

PARKING GRATUIT
Le long de la route en venant de Kotor.
Attention : certains vont te demander de payer le stationnement alors que le parking est gratuit.
Ils risquent aussi de te proposer des excursions en bateau deux ou trois fois plus chères.

944 - BD

LE MONTÉNÉGRO

DISTANCES CLÉS DEPUIS PODGORICA
- Ulcinj à 1 h 15
- Kotor à 2 h.

AVEC TON VAN
Depuis la France, traverse l'Italie puis ferry Bari/Ancône–Bar ou Durrës, ou longe la côte depuis la Croatie (Dubrovnik).

Astuce : Routes étroites et sinueuses, surtout l'été.

LOCATION SUR PLACE
Vans à louer à Podgorica, Bar, Tivat ou Kotor. Compte 50 à 120 € par jour.

Loueurs conseillés :
- Balkan Adventure,
- Indie Campers,
- Agape Escape,
- MyCamper.

LES 4 SAISONS

EN HIVER
les ⊕ Montagnes enneigées, tarifs bas, idéal pour la rando hivernale.

les ⊖ Froid, mer très fraîche, certaines infrastructures fermées.

EN AUTOMNE
les ⊕ Températures douces, mer chaude, moins de monde, paysages colorés, prix en baisse.

les ⊖ Risque de pluie, certaines activités ferment fin octobre.

AU PRINTEMPS
les ⊕ Plages superbes, météo douce, nature en éveil, moins de touristes, prix abordables.

les ⊖ Mer fraîche, certains sites ou restos fermés, risque de pluie en montagne.

EN ÉTÉ
les ⊕ Plages superbes, mer chaude, longues journées, ambiance animée.

les ⊖ Beaucoup de touristes, prix élevés, chaleur parfois intense.

LANGUES
Le monténégrin (langue officielle selon la Constitution), le serbo-croate, l'albanais, l'italien, l'anglais et un peu l'allemand.

MONNAIE
Le Monténégro ne fait pas partie de l'Union européenne, cependant la monnaie est l'euro. On te recommande d'avoir de l'espèce sur toi, les paiements par carte ne sont pas toujours possibles.

SÉCURITÉ
Le Monténégro est sûr, mais évite les gros camping-cars : routes étroites, sinueuses et souvent encombrées l'été.

BUDGET
Pour un road trip au Monténégro à deux d'une semaine, compte environ 320 €, parkings et excursions inclus.

OÙ DORMIR ?
Depuis 2025, une nouvelle loi (Loi 5170/2025) restreint fortement le camping sauvage et le stationnement de nuit hors campings officiels. En hors saison, c'est parfois encore toléré si tu ne sors pas de matériel.
Important : vérifie toujours les règles locales, les spots et les avis par exemple sur Park4Night.

QUE PRENDRE AVEC SOI ?

UN APPAREIL PHOTO POUR IMMORTALISER CE VOYAGE.

VESTE COUPE-VENT OU POLAIRE (SOIRÉES FRAÎCHES OU ALTITUDE).

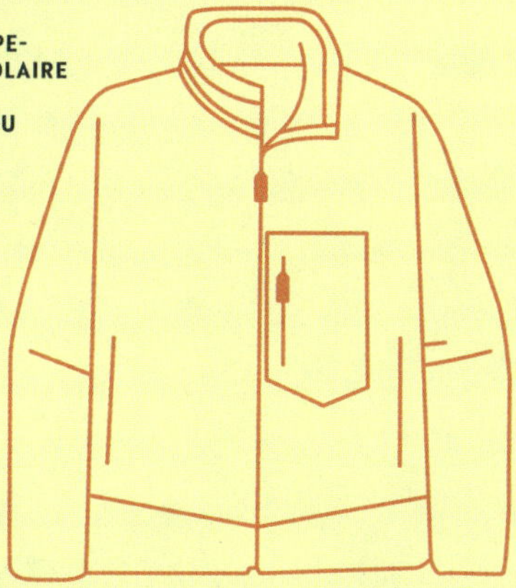

TON PASSEPORT.

CARTE GPS HORS LIGNE.

UNE BATTERIE EXTERNE.

UNE BONNE PAIRE DE CHAUSSURES DE RANDONNÉE.

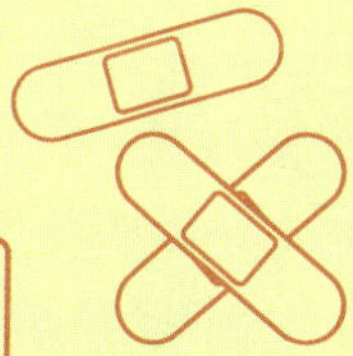

DU DÉSINFECTANT ET DES PANSEMENTS.

ALBAN

IIE

DURÉE
2 SEMAINES

DÉPART
TIRANA

ARRIVÉE
KSAMIL

DISTANCE
870 KM

L'Albanie est encore peu connue, mais elle ne devrait pas le rester longtemps.
Avec ses 450 km de côtes et ses plages paradisiaques, elle a tout pour devenir une destination estivale incontournable. Le pays a souffert d'une image négative, liée à son passé : guerre froide, mafia, ouverture tardive de ses frontières dans les années 1990. Pour mieux comprendre son histoire, on te recommande de faire appel à un guide, notamment pour découvrir les monuments et vestiges de la capitale.

PROGRAMME

JOUR 1

- **JOURNÉE** Tirana

JOUR 2

- **MATIN** Route vers le réservoir de Bovilla
- **APRÈS-MIDI** Réservoir de Bovilla

JOUR 3

- **MATIN** Route vers District de Shkodër
- **APRÈS-MIDI** District de Shkodër

JOUR 4

- **MATIN** Route vers Koman
- **APRÈS-MIDI** Le lac Lumi i Shales

JOUR 5

- **MATIN** Balade en canoë
- **APRÈS-MIDI** Farniente au bord de la rivière

JOUR 6

- **MATIN** Route vers Kanioni i Holtes
- **APRÈS-MIDI** Kanioni i Holtes

JOUR 7

- **MATIN** Route vers Berat
- **APRÈS-MIDI** Berat

JOUR 8

- **MATIN** Plazhi i Semanit
- **APRÈS-MIDI** Randonnée à vélo

JOUR 9

- **JOURNÉE** Zvërnec

JOUR 10

- **MATIN** Col de Llogara
- **APRÈS-MIDI** Randonnées dans le parc national

JOUR 11

- **MATIN** La route côtière (la Riviera Albanaise)
- **APRÈS-MIDI** Lukova Beach

JOUR 12

- **MATIN** Pulëbardha Beach
- **APRÈS-MIDI** Ksamil et ses environs

TIRANA

ÉTAPE 1

Bienvenue dans la capitale albanaise ! Tirana est une ville de contrastes : moderne et marquée par son passé, décontractée mais pleine de symboles forts. Elle se visite facilement en 1 ou 2 jours, et c'est une porte d'entrée parfaite pour comprendre l'Albanie d'hier et d'aujourd'hui.

EXPÉRIENCES

→ **SE DÉTENDRE AU GRAND PARK ET SON LAC ARTIFICIEL** Un espace vert idéal pour se détendre ou pique-niquer.

→ **VISITER BUNK'ART 1 ET 2** Anciens bunkers transformés en musées immersifs sur l'histoire communiste.

→ **DÉCOUVRIR LA PLACE SKANDERBEG**, entourée des principaux monuments.

→ **SORTIR À BLLOKU**, ancien quartier du régime, aujourd'hui animé avec bars et restaurants.

→ **GOÛTER AUX PRODUITS LOCAUX** au marché Pazari i Ri.

→ **SE PROMENER DANS LES RUES** pour admirer le street art et les façades colorées.

→ **MONTER AU MONT DAJTI** en téléphérique pour une vue panoramique sur Tirana, **RANDONNER** ou **FAIRE UNE PAUSE GOURMANDE** en haut.

ACCÈS
- En avion de Paris.
- Par la route à environ 2 h de Berat ou de Shkodër.

QUAND Y ALLER ?
D'avril à juin : météo agréable, ville fleurie, moins de touristes et événements culturels (expos, concerts, etc.).
De septembre à octobre : météo encore chaude de l'été, ambiance agréable et peu de foule.

POUR Y DORMIR
- Parking au calme près du lac de Tirana (payant). Idéal pour visiter la ville et profiter du coucher de soleil sur le lac (30 min de marche). Point GPS / 41.3150881, 19.8330487.

PARKING PAYANT
Sur le même parking que pour dormir.

SPOT PHOTO

Tout en haut, tu pourras admirer la vue panoramique sur les montagnes et le lac.

RÉSERVOIR DE BOVILLA

Un vrai coup de cœur pour cet endroit à seulement 20 km au nord-est de Tirana. Le lac de Bovilla (ou réservoir de Bovilla) est un joyau naturel niché au cœur des montagnes de la région du mont Gamti. Alimenté par la rivière Tërkuzë, ce réservoir artificiel est la principale source d'eau potable de Tirana, mais il est aussi devenu un spot prisé pour les amoureux de nature, de randonnée et de paysages impressionnants.

EXPÉRIENCES

→ RANDONNER VERS LE PANORAMA DE GAMTI
Elle offre une vue époustouflante sur le lac turquoise encerclé de falaises. Attention si tu as peur du vide et prévois de bonnes chaussures de randonnées.
À savoir : il faut payer 1 euro à un monsieur qui attend dans sa voiture. Il ne parlait pas anglais, mais il était très sympathique. Le début du sentier pour atteindre le point de vue est dans le dernier virage juste avant le restaurant. Ensuite, tu auras accès à un petit sentier et à des escaliers.
45 min à 1 h | Facile à modéré

→ OBSERVER LES AIGLES et autres oiseaux.

→ EXPLORER LES PETITS SENTIERS ENVIRONNANTS

→ MANGER AU RESTAURANT BOVILLA, au départ du sentier vers le mont Gamti, pour savourer une cuisine albanaise traditionnelle avec vue sur le lac et les montagnes. Point GPS / 41.45107, 19.86392.

ACCÈS
À 1 h de Tirana (les 5-6 derniers km sont non goudronnés, praticables, mais un peu cahoteux). Pas besoin de 4x4, il faut juste prendre son temps comme sur toutes les routes d'Albanie. Dans l'angle du dernier virage de la route juste avant le restaurant Bovilla.

QUAND Y ALLER ?
De mars à juin ou en septembre et octobre pour éviter la chaleur et la foule.

POUR Y DORMIR
Plusieurs spots nature possibles selon ton véhicule.
- Petit parking du bas, près du barrage (7 places, GPS / 41.44611, 19.86679).
- Grand parking du haut offre une vue encore plus belle. Attention, la montée est raide et en gravier : à éviter avec un grand camping-car ou sans 4x4.

PARKING GRATUIT
Nous avons préféré garer le van juste à côté du lac en bas avant le « serpentin » que forme la route.

ÉTAPE 2

Depuis le château, pour une vue imprenable sur la ville.

DISTRICT DE SHKODËR

Situé dans le nord de l'Albanie, à la frontière du Monténégro, le district de Shkodër est idéal pour explorer le nord de l'Albanie, avec un parfait équilibre entre nature spectaculaire, histoire riche et vie locale authentique. Shkodër, aussi appelée « la ville aux vélos », est la ville albanaise où l'on utilise le plus son vélo au quotidien. Mais le plus amusant, c'est que les habitants n'ajustent pas la selle, ils conduisent tous à hauteur de genoux. Cependant, il y a aussi énormément de voitures.

EXPÉRIENCES

→ **VISITER LA VILLE** et son centre historique à vélo (pense à régler la selle à la bonne hauteur !).

→ **FAIRE UNE BALADE EN BATEAU OU EN KAYAK** sur le lac de Shkodër.

→ **DÉCOUVRIR LE CHÂTEAU DE ROZAFA** pour un panorama exceptionnel sur la ville et le lac.

→ **RANDONNER AU MONT TARABOSH**
2 heures A/R 4 km | Facile à modéré
Depuis Shirokë, pour une vue panoramique sur Shkodër, le lac et la rivière Buna.

ACCÈS
À 2h de Tirana, 3h du réservoir de Bovilla.

QUAND Y ALLER ?
De mai à octobre.

POUR Y DORMIR
Privilégie les campings, car il n'y a pas de spots nature. Voici 2 options possibles :

- Camping Bandula. Point GPS/42.07979, 19.51258.
- Lac Shkodra Resort. Proche du lac (20 min de Shkodër). Point GPS/42.1384, 19.46716.

PARKING PAYANT
Possibilité de trouver des parkings sécurisés dans le centre pour visiter la ville.

● **ÉTAPE 3**

LUMI I SHALES

Direction la plus belle partie de l'Albanie ! Bienvenue au lac Koman. La route pour y accéder est très praticable. Il faut juste être vigilant, car il peut y avoir quelques ornières. Lumi i Shales est un joyau naturel, ressemblant à des fjords. Cette rivière turquoise serpente à travers un canyon étroit, entourée de falaises calcaires imposantes et d'une nature intacte.

EXPÉRIENCES

→ **DÉCOUVRIR LUMI I SHALES**, une zone paisible pour nager et marcher dans l'eau (accessible seulement quand le niveau est assez haut).

→ **SE BAIGNER DANS UNE EAU TURQUOISE ET GLACÉE** même en été !

→ **FAIRE DU KAYAK** sur la rivière et découvrir les petites cascades.

→ **PROFITER DU CALME, DE LA NATURE ET DE LA CUISINE LOCALE**

ACCÈS

À 2h de Shkodër.
Rejoins le port de Koman. Prends un bateau ou un ferry (~1 h) jusqu'à la rivière Shala.

QUAND Y ALLER ?

De juin à septembre. Hors saison, l'accès est plus difficile et certaines infrastructures sont fermées.

POUR Y DORMIR

• Neomalsore Agrotourism, avec nuit, repas, trajet en bateau aller-retour et balade sur le fleuve inclus. Point GPS / 42.19322, 19.83028. Chez l'habitant, dans une maison traditionnelle albanaise.

PARKING PAYANT

Parking sécurisé à Koman, généralement inclus avec l'hébergement.

• ÉTAPE 4

KANIONI I HOLTES

La route pour accéder à ce canyon se fait facilement. Suis bien les panneaux vers la fin de la route ! Nous sommes arrivés dans un magnifique décor, un peu aride, avec juste le bruit de l'eau en fond sonore. Après s'être rapproché du bord, on remarque un grand passage où l'eau coule doucement. C'est là que l'aventure commence.

ACCÈS
À 2h de Lumi i Shales. Chemin en gravier lorsqu'on rentre dans la zone du canyon, avec quelques trous par endroits.

QUAND Y ALLER ?
Les mois de juin et septembre sont parfaits : bonne météo, peu de monde, bon niveau d'eau.

POUR Y DORMIR
• En face du bar-restaurant « Kanioni i Holtës ». Va consommer un repas ou une boisson chez le propriétaire du lieu pour jouer le jeu. Point GPS/40.92600, 20.22218.

PARKING GRATUIT
Proche du canyon.

EXPÉRIENCES

→ SE BAIGNER
Prévois des chaussures étanches et un maillot de bain au cas où, car il y a des passages où l'eau arrive jusqu'à la taille (tout dépend des dernières précipitations).

→ SE RÉGALER DANS LA SOURCE D'EAU CHAUDE
À l'entrée sur la gauche, là où l'eau est un peu trouble. En continuant, l'eau arrive à hauteur d'homme. Il est recommandé de s'équiper de casques, de combinaisons et de chaussons.

ÉTAPE 5

Depuis le pont New Bridge of Berat, pour photographier la ville en face.

ÉTAPE 6

BERAT

Aussi appelée « la ville aux mille fenêtres », on comprend vite pourquoi en la découvrant ! Perchée à flanc de montagne, cette petite ville révèle tout son charme en fin de journée, lorsqu'elle s'illumine doucement. Un moment magique à ne pas manquer. La visite se fait uniquement à pied. Nous avons passé quelques heures à déambuler dans ses ruelles aux maisons traditionnelles.

→ **VISITER LE CHÂTEAU KALAJA E BERATIT**, juste au-dessus de la vieille ville.

→ **SE PROMENER DANS LA VIEILLE VILLE** et le quartier de Mangalem.

→ **DÉCOUVRIR LE MUSÉE ONUFRI** et les mosquées ottomanes aux ruelles fleuries.

→ **RANDONNER** dans le parc naturel de Tomorr.

ACCÈS
À 2h de Kanioni i Holtes.

QUAND Y ALLER ?
Au printemps et en automne.

POUR Y DORMIR
• Spot nature dans les hauteurs pour voir Berat illuminé la nuit. Point GPS/40.6949261, 19.9546929.

PARKING
Dans la rue de l'autre côté du fleuve.

PLAZHI I SEMANIT

Après une journée de fortes pluies, nous voulions trouver un spot en bord de plage pour profiter du coucher de soleil. Enfin, nous avons essayé et... échec ! Nous avons préféré nous arrêter sous les pins, car plus loin, la route était inondée. À pied, nous avons débouché sur une plage immense et désertique de sable fin. Plazhi i Semanit est paisible, peu fréquentée et offre un cadre naturel préservé. Attention : il peut y avoir des chiens errants, comme partout en Albanie. Garde tes distances, mais nous n'avons jamais eu de soucis !

→ **SE REPOSER SOUS LES PINS**

→ **SE PROMENER LE LONG DE CETTE GRANDE PLAGE**

→ **SE BAIGNER** et profiter des eaux claires et peu profondes.

→ **EXPLORER LES ENVIRONS À VÉLO**

ACCÈS
À 1h30 de Berat. La route peut être un peu cabossée après le Restaurant Oazi i Pishave en arrivant vers la plage. Point GPS/40.68018, 19.35318.

QUAND Y ALLER ?
La meilleure période est de fin mai à septembre. Après la pluie, reste sur le sable dur, surtout sans 4x4.

POUR Y DORMIR
• Spot nature sous la pinède. Point GPS/40.6834928, 19.3498548.
• Sur la plage si elle n'est pas inondée (attention à l'enlisement).

PARKING GRATUIT
La plage est accessible par une route menant à un parking gratuit.

ÉTAPE 7

SPOT PHOTO

Sur la petite crête à gauche de la plage pour prendre une photo en hauteur.

ZVËRNEC

L'un de nos coups de cœur en Albanie. Nous y sommes restés 3 jours pour profiter pleinement du lieu. C'est un petit joyau encore méconnu, situé à quelques kilomètres au nord-ouest de Vlorë.
Ce lieu mystique, entouré de pins et de marécages paisibles, abrite le monastère byzantin de Zvërnec, fondé au XIIIe siècle. Posée au cœur de la lagune de Narta, cette petite île boisée est reliée à la terre par un long pont en bois, parfait pour faire des photos au lever ou au coucher du soleil.

→ **VISITER LE MONASTÈRE BYZANTIN SAINTE-MARIE**, accessible par un petit ponton en bois.

→ **OBSERVER LES ENVOLÉES DE FLAMANTS ROSES** au lever du soleil.

→ **DÉCOUVRIR LA GRANDE PLAGE DE SABLE**, en continuant sur le petit chemin cabossé. Idéale pour le kite surf et la baignade dans une eau tempérée (attention à l'enlisement sans 4×4).

→ **CROISER LES BREBIS ET LES VACHES** qui broutent sur les chemins de terre.

→ **LOUER DES VÉLOS** pour rejoindre la pointe et profiter d'un superbe point de vue sur la lagune et la plage d'Hidrovor.

→ **OBSERVER LA FAUNE LOCALE**, notamment avec des jumelles pour les amateurs de nature

→ **RANDONNER AQUATIQUE** dans le canyon (2 à 3 h), idéale pour les amateurs d'aventure modérée ; prévoir chaussures et casque si possible.

ACCÈS
À 45 min de Plazhi i Semanit. La route peut être un peu cabossée par endroits (mais on commence à s'y habituer !).

QUAND Y ALLER ?
Entre juin et septembre. À éviter de novembre à mars : météo humide, vent, froid relatif, lagune peu accessible, site peu vivant.

POUR Y DORMIR
Il n'est plus possible de dormir en van dans ce site protégé, mais tu pourras y rester la journée avec ton véhicule.
Voici une autre option :
- gratuit, à 15 min du parc. Point GPS/40.5022923, 19.4127791

PARKING GRATUIT
Plusieurs spots, y compris sur la plage où les habitants s'installent pour pêcher et profiter de l'eau, plutôt chaude.

ÉTAPE 9

COL DE LLOGARA

On a repris la route direction le Llogara Pass. Ce passage sinueux offre des vues à couper le souffle sur les plages de Dhërmi et les montagnes du parc national de Llogara. Entouré de forêts de pins, c'est un incontournable pour les amateurs de paysages grandioses, de nature sauvage et de road trips panoramiques. Si tu as le mal de voiture, il est possible de traverser sous le col de Llogara par le tunnel ouvert en juillet 2024.

EXPÉRIENCES

→ **PASSER LE COL DE LLOGARA**
1 000 m de dénivelé en 10 km, avec un panorama spectaculaire sur la mer Ionienne.

8 h
14,4 km
Modéré à difficile

→ **RANDONNER DANS LE PARC NATIONAL LLOGARA**
Le chemin mène vers le col de Çika et les vues sont spectaculaires.

1 h
2,4 km A/R
132D+
Facile à modéré

→ **EMPRUNTER LE SENTIER PANORAMIQUE CAESAR'S PATH**

→ **GOÛTER AUX SPÉCIALITÉS LOCALES** dans les restaurants traditionnels de montagne.

Depuis les différents points d'arrêt le long de la route, pour varier les points de vue.

ACCÈS
Deux options, soit par le tunnel (payant, rapide : 7 min), soit par la route de montagne (gratuite, plus longue : 40 min).

QUAND Y ALLER ?
Entre juin et septembre, le climat est agréable (18–25 °C) et la fréquentation plus faible en juin et septembre. De nombreuses randonnées sont alors accessibles.

POUR Y DORMIR
• Spot nature gratuit. Point GPS / 40.2116844, 19.5781152. Plusieurs autres spots le long de la route.

PARKING GRATUIT
Tout au long du chemin.

ÉTAPE 10

RIVIERA ALBANAISE

Du col de Llogara à Ksamil, la Riviera albanaise déroule un ruban côtier spectaculaire où se mêlent plages turquoise, criques secrètes, villages traditionnels et routes sinueuses à flanc de montagne.

Par beau temps, ce littoral sauvage et lumineux, bordé par la mer Ionienne, est une destination idéale pour les voyageurs en quête d'authenticité.

Petit bémol : de grands hôtels sont en construction, ce qui peut nuire un peu au charme de cette région.

EXPÉRIENCES

→ **DÉCOUVRIR** Lukova Beach, Palermos Beach, Himarë, Gjiri i Akuariumit et Gjipe Beach, une plage de sable blanc avec des grottes à explorer en bateau.

ACCÈS
En 1h du col de Llogara à Ksamil.

QUAND Y ALLER ?
Entre juin et septembre, climat agréable (25—30 °C), mer chaude (22—25 °C), plages calmes et moins de touristes.

POUR Y DORMIR
Comme tu le verras en Albanie, les routes ne sont pas très bien entretenues et peuvent vite être chaotiques.
Voici plusieurs spots possibles :

- Au-dessus de Lukova Beach. Point GPS/39.98738, 19.91100.
- À côté d'Himarë. Point GPS/40.11211, 19.73380.
- À côté de l'église Shen Ilia. Point GPS/40.14585, 19.65322.
- Et le camping Himara, proche de la plage. Point GPS/ 40.11332, 19.72125.

PARKING GRATUIT
Le long de la route.

ÉTAPE 11

PULËBARDHA BEACH

À peine arrivés, nous nous sommes installés sur cette magnifique plage pour nous reposer et profiter de la beauté du paysage. Au printemps, nous étions – à notre plus grand bonheur – littéralement seuls ! Pas d'autres véhicules aux alentours, une esplanade de restaurant vide et une vue magnifique sur le soleil couchant et la mer en face de nous ! On se souviendra longtemps de cette petite plage de galets.

→ ADMIRER LE LAC BLUE EYE
Pour son eau translucide. Ici, l'attraction est payante, mais c'est aussi comme cela que les habitants peuvent vivre.

→ VISITER GJIROKASTËR
Une magnifique ville albanaise avec ses rues pavées et ses petites ruelles.

ACCÈS
En 45 min de Lukova Beach. L'accès est un peu chaotique.

QUAND Y ALLER ?
En juin ou septembre, le temps est chaud et ensoleillé, la mer calme et limpide (entre 25 et 28 °C). Il y a moins de monde, l'ambiance est détendue.

POUR Y DORMIR
Nous avons dormi sur l'esplanade du restaurant, la vue était magnifique, nous étions seuls, avec accès à la plage. Il est toléré d'y dormir, surtout en dehors du pic de saison. Reste discret et respecte les lieux en ne laissant pas tes déchets. Point GPS / 39.80121, 20.00172.

PARKING GRATUIT
Celui du restaurant.

ÉTAPE 12

KSAMIL ET SES PLAGES

Nichée au sud de l'Albanie, Ksamil est une perle de la Riviera albanaise, réputée pour ses plages de sable blanc, ses eaux turquoise et ses îlots paradisiaques accessibles à la nage ou en bateau. Située à proximité du parc national de Butrint, classée au patrimoine mondial de l'Unesco, cette petite station balnéaire séduit les voyageurs en quête de tranquillité, de nature préservée et de charme méditerranéen. Ksamil incarne à la fois l'authenticité des Balkans et l'évasion d'un décor de carte postale.

→ SE BAIGNER À KSAMIL,
Avec un petit déjeuner face aux îles.

→ VISITER LE PARC ARCHÉOLOGIQUE DE BUTRINT
À moins de 10 min de Ksamil.

L'ALBANIE

DISTANCES CLÉS

- Tirana–Réservoir de Bovilla : 1 h
- Tirana–Shkodër : 2 h
- Durrës–Berat : 2 h
- Durrës–Riviera albanaise : 3 h

AVEC TON VAN

Depuis la France, le plus direct est de traverser l'Italie (via Trieste, Ancône ou Bari) puis de prendre un ferry jusqu'à Durrës ou Vlorë (nombreuses traversées). Il est aussi possible de traverser les Balkans par la Croatie et le Monténégro, en longeant la côte adriatique (routes parfois sinueuses et frontières longues en haute saison).

LOCATION SUR PLACE

Vans à louer à Tirana Compte 60 à 140 € par jour.

Loueurs conseillés :
- Campervan
- Albania,
- GoVan,
- Albania Campers,
- Alvanture Campers.

LES 4 SAISONS

EN HIVER

les ⊕ Très peu de touristes, prix attractifs, la neige sur les Alpes albanaises.

les ⊖ Climat froid et humide, accès difficile à certaines régions, peu d'activités.

EN AUTOMNE

les ⊕ Températures encore agréables, moins de monde, couleurs d'automne.

les ⊖ Météo incertaine, infrastructures fermées à partir de fin octobre, moins d'activités disponibles.

AU PRINTEMPS

les ⊕ Météo douce, nature verdoyante et florissante, idéal pour les randonnées, peu de touristes, bon rapport qualité / prix.

les ⊖ Certaines infrastructures encore fermées, eau encore froide, pluies possibles en avril..

EN ÉTÉ

les ⊕ Météo chaude, paysages dorés, ambiance animée dans les villes, infrastructures ouvertes.

les ⊖ Tourisme de masse sur la Riviera albanaise, prix élevés, très chaud dans les terres.

QUE PRENDRE AVEC SOI ?

N'oublie pas une veste coupe-vent ou polaire pour les soirées en montagne, même en été, une gourde filtrante, et pense à télécharger Google Translate pour échanger avec les Albanais.

CARTE GPS HORS LIGNE.

LANGUES

Albanais (attention, les Albanais ne parlent pas très bien anglais).

MONNAIE

L'Albanie ne fait pas partie de l'Union européenne. La monnaie locale est le lek et, bien que l'euro soit très largement accepté, tu obtiendras de meilleurs prix en utilisant des leks.
En 2026, 1 € ≈ 97 leks.
On te conseille d'ailleurs d'emporter de l'espèce, car les Albanais n'ont pas tous le TPE.
En plus, tu peux prendre une carte globe-trotteur. Elle te permettra de limiter les taxes et les frais quand tu utiliseras ta carte bancaire française en dehors de l'Europe.

SÉCURITÉ

L'Albanie est une destination sûre.

EAU POTABLE

Le seul bémol en Albanie est l'eau, notamment à cause de la saleté et des déchets qui ne sont pas traités. On ne trouve pas de fontaines facilement, il est donc difficile de savoir si l'eau est potable. Le plus sûr est d'en chercher dans les campings, les parkings ou stations-service. Si tu n'as pas le choix comme c'était notre cas, approvisionne-toi là où les habitants remplissent leurs bidons d'eau.

BUDGET

Pour un road trip en Albanie à deux de 18 jours, compte environ 300 € (ou 515 € en dormant chez l'habitant), l'essence, la nourriture et l'hébergement étant très abordables, et la plupart des activités ou campings gratuits.

OÙ DORMIR ?

Bivouaquer ou dormir sur des spots nature est facile en Albanie, où il n'existe pas de réglementation spécifique pour les vans jusqu'à présent. C'est une destination idéale pour voyager en van, à condition de rester discret, de ne pas s'installer sur les plages ni d'étaler ses affaires, et de respecter le partage des lieux avec les habitants.
Important : vérifie toujours les règles locales, par exemple sur Park4Night.

Ça y est, le projet se concrétise...
Et nous voulions absolument remercier toutes celles et tous ceux qui nous ont aidés à donner vie à ce livre. **MERCI** aux parents de Lilia, Serge et Véronique, qui nous ont soutenus depuis le tout début, en nous laissant envahir leur maison, de la construction du van jusqu'à notre premier tour d'Europe. Merci pour votre patience, votre accueil et votre soutien constant !

MERCI aux parents de Valentin, à Jean-Philippe, qui nous a énormément aidés dans la fabrication de Manou, et à Frédérique, toujours présente et bienveillante.

MERCI à Marine, sa sœur, dont la joie de vivre et la soif d'aventure ont inspiré Valentin lors de leur voyage en Australie.

MERCI à nos amis, qui restent toujours là malgré la distance, nos passages éclair à la maison et nos vies un peu nomades. Merci de croire en nous, de célébrer chaque étape et de ne jamais nous lâcher.

Un grand merci à vous tous qui nous suivez sur les réseaux, certains depuis notre tout premier road trip en Nouvelle-Zélande, pendant le COVID.
Et surtout à tous ceux qui prennent le temps de nous envoyer des petits messages, de commenter, de liker... Ce n'est peut-être pas grand-chose pour vous, mais cela représente tout pour nous.

Et pour finir, un grand merci à Élise, pour ton accompagnement précieux tout au long de ce projet, pour tes conseils, ton regard et ta présence dans l'écriture de ce livre qui, on l'espère, vous fera découvrir les plus belles routes d'Europe.

Et enfin, merci à Tifenn, elle aussi passionnée de voyage, qui fait partie de cette aventure !

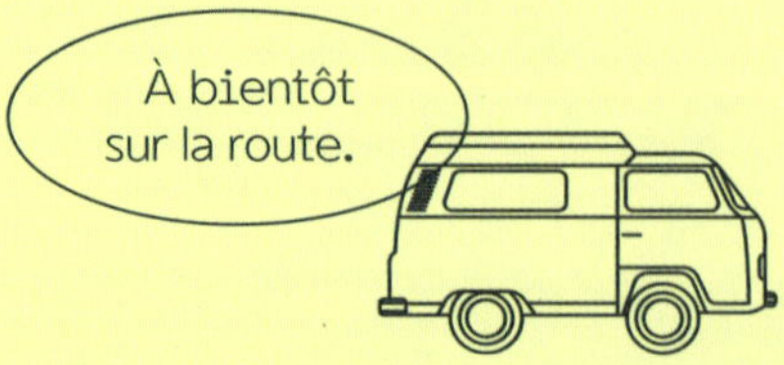

Auteurs et photographes
LILIA RENAULT ET VALENTIN BASTARD

Rédactrice des itinéraires
Bretagne, Auvergne et Corse
TIFENN BUTEL
@THREE VANLIFERS

Réseaux sociaux
WWW.LIRVANHA.COM
@LILIA_RT

HACHETTE TOURISME

Direction générale
CATHERINE SAUNIER-TALEC

Direction
SIDONIE CHOLLET

Conception graphique,
couverture et mise en page
STUDIO MODUS OPERANDI

Fabrication
LIZA SACCO

Contact presse
RACHIDA MAZEF
RMAZEF@HACHETTE-LIVRE.FR

Contact publicité et partenariats
PARTENARIAT-TOURISME@HACHETTE-LIVRE.FR

CRÉDITS PHOTOGRAPHIQUES

Toutes les photos de cet ouvrage ont été réalisées par Lilia Renault et Valentin Bastard, à l'exception des suivantes :

Adobe Stock
p. 17 : Studio Dagdagaz ; p. 18 : Guy Bryant ; p. 65 : Helen Hotson ; p. 66 : teddiviscious ; p. 77–76 : JérémyElain ; p. 80 : Frank ; p. 81 : Helen Hotson ; p. 82 : daliu ; p. 83 : Ofodo ; p. 84 : Mariedofra ; p. 91 : Karl-Heinz Strüdel ; p. 93 : Gael Fontaine ; p. 95 : Bernard 63 ; p. 126 : Uwe Bertram ; p. 147 : Unclesam ; p. 148 : Laura ; p. 150 : efesenko ; p. 151 : Frog 974 ; p. 152 : patm83 ; p. 157 : rh2010 ; p. 158 : Zedspider ; p. 159 : f11photo ; p. 203 : Thiago ; p. 224 : Bits and Splits ; p. 224 : A.Jedynak ; p. 195 : aiisha ; p. 199 : Visual Intermezzo

Shutterstock
p. 19 : Foto Matevz Lavric ; p. 38 : Victor Maschek ; p. 40 : Michael Firmbach ; p. 40 : Katrin Friedl Fotografie ; p. 40 : Artyart ; p. 45 : Francesco Scatena ; p. 52 : Photos NorthLight PhotoArt ; p. 59 : Photo RR ; p. 61 : walshphotos ; p. 79 : Rolf E. Staerk ; p. 142–143 : agaglowala ; p. 145 : Rudmer zwerver ; p. 146 : iacomino FRiMAGES ; p. 149 : Tollin Nicolas ; p. 149 : Evannovostro ; p. 161 : Massimo Santi ; p. 164 : Déplacements ; p. 186 : marchéa1982 ; p. 186 : M. Vinuesa ; p. 197 : trabantos ; p. 199 : proslgn ; p. 223 : Cortyn ; p. 230 : David Ionut ; p. 231 : DaLiu ; p. 247 : Pani Garmyder ; p. 257 : Wailani ; p. 259 : Photographie d'Unai Huizi ; p. 264 : Bardhok Ndoji (Ndoji) ; p. 265 : kasakphoto

Hemis
p. 86–87 : JAYET Pierre ; p. 89 : LENAIN Hervé ; p. 90 : GUY Christian ; p. 92 : CAVALIER Michel ; p. 94 : Aqua Image ; p. 96 : GUIZIOU Franck

Édité par Hachette Livre
(58, rue Jean-Bleuzen, CS 70007,
92178 Vanves Cedex)

Imprimé par Graficas Estella (Espagne)

Achevé d'imprimer : novembre 2025

ISBN : 978-2-01-732683 0
Codification : 23-1140-1

Dépôt légal : octobre 2025
Édition 01